尽 善 尽 美 弗 求 弗 迪

华为绩效管理

引爆组织活力的价值管理体系

陈雨点 王旭东

著

電子工業出版社

Publishing House of Electronics Industry

北京·BEIJING

内 容 简 介

本书基于使华为的绩效管理体系在不同类型企业内落地的目的，对于众多企业如何学习华为的绩效管理体系进行了全面的分析，从华为高绩效文化、导向客户价值创造、绩效目标围绕战略达成、组织绩效过程管理、绩效辅导与沟通、绩效评价与考核、薪酬福利导向冲锋、多元化的精神激励、用机会牵引和激活人才九个方面，全面梳理了华为绩效管理的方法和案例，同时融合了咨询服务中的一些实践工具，是广大企业管理同行可以有效借鉴的一本全面介绍华为绩效管理落地的指导用书。

图书在版编目（CIP）数据

华为绩效管理：引爆组织活力的价值管理体系 / 陈雨点，王旭东著. —北京：电子工业出版社，2021.3

ISBN 978-7-121-40518-1

Ⅰ.①华… Ⅱ.①陈…②王… Ⅲ.①通信企业—企业绩效—企业管理—经验—深圳

Ⅳ.① F632.765.3

中国版本图书馆 CIP 数据核字（2021）第 022614 号

责任编辑：杨　雯
印　　刷：三河市鑫金马印装有限公司
装　　订：三河市鑫金马印装有限公司
出版发行：电子工业出版社
　　　　　北京市海淀区万寿路 173 信箱　邮编　100036
开　　本：720×1000　1/16　印张：19.5　字数：271 千字
版　　次：2021 年 3 月第 1 版
印　　次：2025 年 10 月第 20 次印刷
定　　价：68.00 元

凡所购买电子工业出版社图书有缺损问题，请向购买书店调换。若书店售缺，请与本社发行部联系，联系及邮购电话：（010）88254888，88258888。

质量投诉请发邮件至 zlts@phei.com.cn，盗版侵权举报请发邮件至 dbqq@phei.com.cn。

本书咨询联系方式：（010）57565890，meidipub@phei.com.cn。

近年来，我和我的团队一直致力于中国企业的管理研究、咨询辅导和培训工作。在与众多企业接触中，我们了解到，许多企业经营者和管理者对学习华为的管理之道抱持着非常大的热情。

过去两年，即使在外部不利的环境条件下，华为依然维持了良好的发展水平。2020年7月13日，华为公布了2020年上半年的财报。财报显示：华为在2020年上半年销售收入为4540亿元，同比增长13.1%，净利润率达9.2%，与全球领先的电信运营商签订了91个5G商用合同，60多万个5G商用基站模块发往欧洲、亚洲等地。

面对极为严苛的外部挑战，华为是如何让所有员工义无反顾地为公司创造价值，共同抵抗外部打压的呢？其中，以客户为中心、以奋斗者为本、长期坚持艰苦奋斗和自我批判的企业文化起到了很大的凝聚作用。我们服务的一家金融企业领导曾说："外部不打压华为，我们还觉得自己的公司和华为差不多，都是民营企业，都能排到世界500强前200名。外部一打压华为，我们觉得华为太厉害了，那我们就得认真学习一下华为了。"

为了让这样的学习活动变成真正意义上的组织革新，全面提升组织竞争力，我和我的团队全面梳理了华为的管理方法，涵盖了企业文化落地、组织变革、战略解码、绩效管理、干部管理、人才发展等方面的内容。

具体到华为绩效管理，华为内部流传一句话："任总每天最发愁的事情，就是如何分钱。"这句话说的不是华为很有钱、钱多得不知道怎么分，而是如何合理地分钱。钱分得合适，大家都有干劲；钱分得不合适，不仅打击了大家的积极性，还可能闹矛盾。"大碗喝酒、大秤分金"的江湖做法，即使再"给得起钱"，也无法真正吸引人才、激励人才。

华为强调的"以奋斗者为本"是要让每一分钱的发放都导向奋斗，激发创造力。华为首先是愿意发钱的（老板不自私），其次是会发钱的（有方法：股票、各种薪酬制度等），最后是能发好钱的（发钱激励的目的不是为了"人爽"，而是导向业务成功）。事实上，华为每发一次钱员工都要签字，主管也会跟员工沟通，其实这就是一次文化教育的机会。

因此，一家企业要想充分发挥人才优势，一定要从"给得起钱"这样一个简单粗放的认识，向科学的绩效和激励管理体系转变。华为独特的人才选拔、考核评价及激励机制，是众多企业真正要去学习、领悟的关键核心。

就本书的创作来说，我们的顾问团队和研究小组通过相关的咨询辅导项目，与一些企业经营者和管理者进行了深入沟通，对众多企业如何学习华为绩效管理体系进行了全面的分析，对于如何将华为的绩效管理体系在不同类型的企业内落地进行了积极而有效的探索。我们全面梳理了华为绩效管理的方法和案例，同时融合了我们在咨询服务中的一些实践工具，旨在为广大管理同行提供一本全面介绍华为绩效管理落地的指导用书。

衷心希望本书能够对读者朋友们有所启发，并且能够提供切实有效的帮助。因为笔者经验有限，若您有更加高明的建议，恳请不吝指正。

陈雨点

第1章
华为高绩效文化

第2章
导向客户价值创造

第3章
绩效目标围绕战略达成

第4章
组织绩效过程管理

第 5 章
绩效辅导与沟通

第6章
绩效评价与考核

第7章
薪酬福利导向冲锋

第8章
多元化的精神激励

第 9 章
用机会牵引和激活人才

第 1 章
华为高绩效文化

　　在华为的发展历程中，以客户为中心、以奋斗者为本、长期坚持艰苦奋斗、自我批判的核心价值观洗礼了一批又一批华为人，促使人人争当奋斗者，力出一孔地创造价值。华为倡导的高绩效文化，成就了客户，也为华为员工带来了可观的回报，最终让华为成了一家世界领先的科技公司。

1.1　以客户为中心，以奋斗者为本

客户是企业生存的唯一理由。企业要基于客户需求，在企业经营上做到简单、高效，最大化地为客户创造价值；同时，企业要发展人才，激发人的欲望和创造力，使奋斗者得到合理的回报。客户与奋斗者之间价值交换的基础就是高绩效，它在"以客户为中心"与"以奋斗者为本"两个矛盾的对立体之间，建立了一种平衡。

1.1.1　以客户为中心是一切工作的根本

华为公司不断迈向新的管理高度，以什么来确定企业的组织、流程、干部的发展方向呢？以什么作为工作成绩的标尺呢？任正非提出："我们要以为客户提供有效服务，作为我们工作的方向，作为价值评价的标尺。"对于客户来讲，其需求内涵可以概括为三点：质量好，服务好，运作成本低。企业要想持续不断地满足客户的需求，就必须具有强大的价值创造能力，这种能力在企业内部的具体体现就是高绩效。

　　工作的高绩效支撑了公司的发展，公司的发展保障了员工的成长需要。华为人力资源管理体系中的价值创造、价值评价、价值分配三位一体的价值链管理体系，推动了华为高绩效文化的落地，在公司内部形成了一种全力创造价值、科学评价价值、合理分配价值的良性循环（见图1–1）。

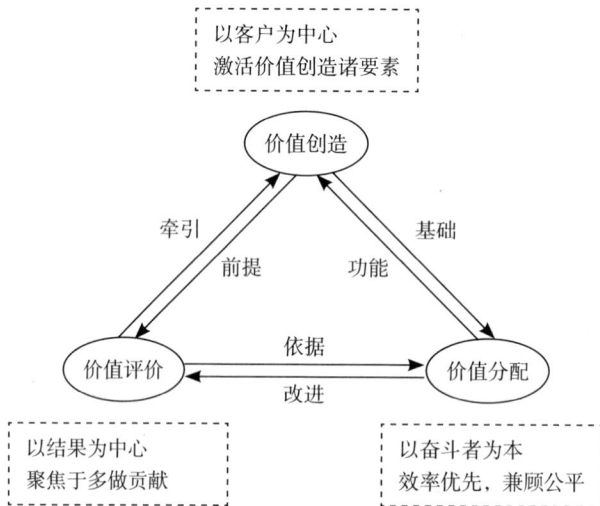

图 1–1　华为价值链管理体系

　　华为通过价值链管理体系对岗位价值、胜任能力水平（任职资格）、劳动态度（文化价值观）、工作绩效等方面进行客观公正的评价，使得员工工资的确定（以岗位价值评价为主）、奖金的分配（依据绩效评价结果）、股权的获取（以劳动态度评价、岗位价值与绩效评价、长期潜力为主）、职务的晋升（以绩效评价、任职资格评价、干部领导力评价为主）都有客观依据，各类奖惩不是由老板说了算，也不是由各级管理者说了算，而是由这套评价体系说了算。

　　华为高级管理顾问吴春波教授这样评价华为的价值链管理体系：华为的人力资源是一个金刚石的结构化模型。

　　首先是价值创造。调动一切可以调动的因素，以客户为中心，为客户创造价值，挖掘这些价值创造要素，激活要素。正如任总说的："华为没有可以依存的自然资源，唯有在人的头脑中挖掘出大油田、大森林、大煤矿。我们把这些能量调动起来，就能创造更多的价值。"

其次是价值评价。价值评价是什么？是论功行赏，干得好、干得坏都要评一评。价值分配，给干得好的人、奋斗者多发，叫激励；给干得一般的人发合适的，叫回报；给那些干得不好的人少发，叫约束。

在用机制、体系保障公司知识型劳动者得到合理价值分配的同时，华为希望员工要着眼于贡献，做大市场格局，而不是仅仅关注眼前的利益，格局太小、眼界太窄的人，很容易被时代的洪流、公司发展的迅速步伐甩在后头。

在激烈的市场竞争中，并不是每一家企业都能够获得足够的为客户服务的机会的，因为客户掌握着选择供应商企业的权力。只有客户满意，企业才有机会持续提供服务，因此需要自始至终对客户保持一份敬畏之心。

中国移动 2020 年 5G 大单被华为揽去一半以上份额。此次中国移动采购总金额超过 371 亿元，华为中标金额 214.1 亿元，占比高达 57.7%。从技术实力来看，华为 5G 布局早，具有明显的优势，在全球来说都是数一数二的。从性价比来看，华为 5G 技术领先，性能好，价格优，符合华为一贯倡导的以客户为中心、为客户创造价值的经营理念。

同样寄希望于服务好中国市场，诺基亚贝尔却明确表示，由于中国 5G 市场竞争压力较大、竞标价格较低，导致利润水平承压，公司仍将以利润和现金流作为首要考虑的因素。这样的态度也导致了诺基亚贝尔 5G 开发落后于华为和爱立信等竞争对手。最终的结果是，一直想分得中国 5G 市场一杯羹的诺基亚贝尔，在此次招标中因报价较高全面出局。

心有不甘的诺基亚贝尔于 2020 年 3 月 31 日致函中国联通领导层，

恳请中国联通领导们在制定招标规划时，能更多考量各厂商的历史服务表现。就诺基亚贝尔提及的历史服务表现，《经济观察报》刊文中一位参与中国移动 5G 测试的相关人士评论道："不单单这一次，长期来看，诺基亚贝尔的历史测试结果并不好。"他透露："诺基亚贝尔在去年中国移动的测试环节中都没有送测产品，它能拿下标的一般是靠后续服务支持。"他还补充表示，在中国移动此次招标测试的几大厂商中，诺基亚贝尔是唯一一家无法交付高性能产品的厂商。

企业的生存价值和生存空间只能通过市场竞争来取得，企业要想取得为更多客户服务的机会，就必须持续不断地提高自身的效率，并且依靠效率的持续提升，降低产品和服务的成本，提升产品和服务的质量，以更快的速度响应客户的需求。唯有高效率，企业才能为客户提供全方位的服务。效率的竞争永远是市场竞争的主旋律，而效率的客观表现就是企业内部绩效水平的高低。

1.1.2　优秀人才的奋斗是高绩效的保障

华为很早就通过管理变革项目来提升公司的运作效率和整体绩效。通过持续的管理变革，不断强化对优秀人才的管理能力，激发优秀人才的创造力；通过对奋斗者的牵引，确保实现组织的高绩效。

从初创至今，华为都一直重视人力资本的力量，提出人力资本增值要优先于财务资本增值的理念。华为在 1995 年讨论《华为基本法》的过程中，逐步确立了"以奋斗者为本"的人力资源管理指导思想，改进了中国企业最早"以人为本"的用人观念。纵观华为的发展历程，拥有卓有成效的奋斗者是华为 33 年来保持持续发展活力的关键。这也是在"以人为本"的基础上发展起来的一种更加公平公正的人才管理思维。

【任正非观点】强调按贡献拿待遇，工资不随工龄增长而上升

我们从来不强调按工龄拿待遇。调薪的时候经常有人说："我的工资好几年没涨了，是否应该涨一点？"我想说的是，这几年他的劳动质量是否进步了？他的贡献是否大了？如果没有，为什么要涨工资？我们有的岗位的职级要封顶。有的岗位的员工的贡献没有变化，他的报酬是不能随工龄增长而上升的。我们强调按贡献拿待遇，只要你贡献没有增大，就不应该多拿。

在华为看来，"以人为本"使得奋斗者、守成者、懈怠者都受到企业同等的待遇，这难免会影响奋斗者的工作积极性。"以奋斗者为本"则对不同类型的员工施以更有针对性的激励措施。对奋斗者持续关爱、培养、奖励；对守成者引导、教育、激励；对懈怠者或限期悔改，或一劳永逸地清理出队伍。"以人为本"为"以奋斗者为本"的人才发展指明了方向，而"以奋斗者为本"则是对"以人为本"的深化。

在创业之初，华为就主动到各大高校邀请老师带学生去华为参访并寻求技术合作、招揽优秀人才。现在华为高管团队中的很大一部分人都是1989年至1995年改革开放后最早的一批名牌大学的硕士、博士，这无疑为华为的成长奠定了人才基础。近年来，随着业务的不断拓宽，华为走到哪里，迎面而来的都是搏杀激烈的竞争场面。为了在激烈的竞争中更好地抢占先机，夺取更大的市场份额，华为在人才引进方面始终保持着领先。

华为除了对大学毕业生开出很高的起薪，其招聘规模也是惊人的。华为每年都会面向国内外名牌大学招聘大量应届毕业生。

2019年，对于在通信制造领域的华为公司来说，是极不平凡的一年。在面临外部打压的不利背景下，2019年6月，华为开启了天才少年招聘计划：2019 年从全世界招进 20～30 名天才少年，2020 年又招进 200～300 名天才少年，华为对这部分顶尖学生实行年薪制，年薪为 100 万～200 万元不等。

华为总裁办邮件 2019（068）中写道："华为公司要打赢未来的技术与商业战争，技术创新与商业创新双轮驱动是核心动力。创新就必须要有世界顶尖的人才，有顶尖人才充分挥发才智的组织土壤。我们首先要用顶级的挑战和顶级的薪酬去吸引顶尖人才。"天才少年的引进，充分体现了华为对于人力资本的重视。如果华为不重视人力资本的价值，其价值创造之路很可能迷失方向，自然就难有足够的价值供员工分配了。

知识分子的引进，只是华为发展人力资本的第一步。人才进入企业后，华为用配套的人才管理政策牵引这批年轻人上战场，在实战中成长，成为真正的优秀人才。学历、资历只是进入华为的门槛，真正检验一个人是不是奋斗者，还得看他能不能在战场上打出成果来。

华为海思芯片公司总裁何庭波曾说："华为没有花架子，所以华为人也很少玩花样。我们公司的基本概念是朴实的，喜欢玩花样的人很难在公司滥竽充数、搭便车、占便宜，即便混过了一时，最终还是会被甄别出来的。只有不断贡献、出成果的奋斗者们，才会在华为内部的人才竞争中脱颖而出。"

1.1.3　人力资源体系建设要支撑以奋斗者为本

奋斗者不是天生的，需要依靠组织的力量来牵引和激发。任正非对人才和人才管理有自己的独特思想，他认为："人才不是华为的核心竞争力，对人才进行有效管理的能力才是企业的核心竞争力。"

华为的价值链管理系统并非一开始就条理清晰，中间也经历了一段时间的摸索。任正非在考察美国一些优秀的科技企业过程中，被西方企业科学的管理所触动，发现华为的管理差距太大，就决定要对华为的管理体系进行升级改造，由此展开了持续性的管理变革项目。

华为在 1995 年成立了工资改革小组，开始重新设计工资分配方案。工资改革小组由 30 多人组成，包括各个部门的负责人和人力资源部的专家。工资改革小组很快碰到了难题：工资确定的依据是什么？依据绩效，还是职位或能力？如何处理资历的问题？工资改革小组在三四个月的时间里开了很多会，每次开会讨论都相当激烈，但就是没有结果，因为每个部门都觉得自己的部门很重要。最后各部门勉强达成一致，做出了一套大家都认可的职务工资体系。然而在具体应用时，这套职务工资体系并不那么好用，因为难题又出现了：是让人适应制度，还是让制度适应人？

任正非对这套体系不满意，他强调"如何分钱"是事关华为生死的大问题，不能随意了事，华为要有一套科学合理的评价方法，自己搞不好就要借助于"外脑"。于是，华为当时的人力资源总监张建国去香港考察后，选定了两家咨询公司：一家是美国合益公司，另一家是 CRG 公司。

最终，华为确定由合益公司帮华为设计薪酬体系，CRG 公司帮华为的莫贝克公司做薪酬体系，看哪个更实用、更有效。最后华为沿用的是合益公司设计的薪酬体系。

1997 年，华为与合益公司的合作正式开始，进行人力资源管理变革。在合益公司的帮助下，华为逐步建立了职位体系、薪酬体系、任职资格体系、绩效管理体系及各职位系列的能力素质模型。合益公司帮华为设计了三张表格，用来客观评价每个岗位的能力要求、风险和责任，每个岗位对应相应的级别，最终在当时建立了共 25 级的薪酬架构体系。这套人力资源体系的核心包括三个方面：在职务晋升上，"让最有责任心的人担任最重要的职务"；在薪资上，"坚定不移地向优秀员工倾斜"；在股权分配上，员工的持股份额根据"才能、责任、贡献"等情况综合确定。

借助这套体系，华为逐渐形成了成熟的人才与干部选拔、培养、任用、考核机制。

华为在人力资源管理上不断地改进，不断地进步，造就了一支真诚为客户服务的员工和干部队伍。

从 2005 年开始，华为又与 IBM 公司合作，进行干部领导力模型的建立和领导力开发培养，为华为面向全球发展培养领导者。

30 多年来，尽管华为公司的组织结构在不断变化，职级体系也在变动，但是人力资源管理体系的基础架构没有大变，并且持续在优化。在价值链管理机制下，员工的利益与公司发展紧密联系在一起，在公司内营造了人人争当奋斗者的氛围。

1.2　长期坚持艰苦奋斗文化

华为从一家只有几个人的小作坊，成长为一家世界一流的企业，是靠无数华为人的艰苦奋斗积累起来的，艰苦奋斗精神已经成为华为人的文化符号。

1.2.1　人人都可以成为奋斗者

在华为，员工可以自愿提出奋斗者申请，签订一份奋斗者协议。在奋斗者协议中，有这样的表述："自觉履行奋斗者申请中的承诺，成为与公司共同奋斗的目标责任制员工。"

被批准成为奋斗者不一定能享受到什么待遇。公司同意员工成为奋斗者后，员工依然要主动出击，冲锋在前。批准奋斗者协议这个动作只是表示员工有了参与奋斗和分配奋斗果实的条件，但还要看员工的现实表现，重要的是践行。管理者要关注员工每个阶段的践行情况，通过阶段性的考核来评价员工的贡献。华为奋斗者申请－践行－评价－回报流程如图 1-2 所示。

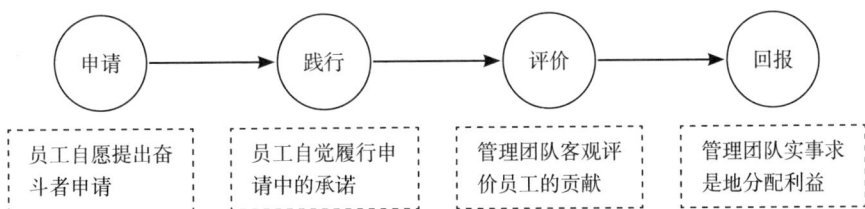

图 1-2　华为奋斗者申请－践行－评价－回报流程

华为的奋斗者协议简单理解就是一种责任承诺。有了奋斗者协议，华为人能够时刻朝着正确的方向努力。在华为人看来，奋斗者协议并不是一种"束缚"，在更多的时候，它起到一种激励和警示作用。正是因为有了千千万万的奋斗者无怨无悔的努力，才有了华为今天的成功。

华为创立初期，没有任何市场基础，一切都要从零开始。为了能够在市场有立足之地，华为员工始终秉承"唯有更多身心的付出，以勤补拙"的信念，夜以继日地钻研和进取。他们经常为了一个项目，在几个月的时间里夜以继日地工作。华为员工都有一个床垫在办公室。午休时，席地而卧；晚上加班，累了就在床垫上睡一会儿，醒了爬起来再干。一张床垫成了华为人的半个家，他们携着这张床垫走过了创业期，走向了国际化。

2011 年，在日本福岛核灾的恐怖中，华为员工仍然展现了服务到底的精神，不仅没有因为危机而撤离，反而加派人手，在一天内就协助软银、E-mobile 等客户，抢通了 300 多个基站。自愿前往日本协助的员工，甚至多到需要经过身体与心理素质筛选，够强壮的人才能被派到现场。

软银 LTE 部门主管非常惊讶："别家公司的人都跑掉了，你们为什么还在这里？""只要客户还在，我们就一定在。"当时负责协助软银架设 LTE 基站的专案组组长李兴回答得理所当然，"反正我们都亲身经历过这川大地震。"

可以看出，即使华为现在已经如此成功，但是人人争当奋斗者的文化已经烙印在华为人的灵魂深处。

打造"百年老店"要有同舟共济者，奋斗精神是企业持续发展之魂。忠诚的奋斗者是企业的最大财富，是企业最值得尊敬的人，是实现企业宏伟愿景的真英雄。

1.2.2　不被成功迷惑，坚持思想上艰苦奋斗

坚持艰苦奋斗，就是永远不停止前进的步伐，始终保持向前冲的姿势。华为如今已经成为全球第一大通信设备制造商、第一大手机制造商，于是有员工认为创业时期形成的"床垫文化""奋斗文化"已经不需要了，乐于享受生活，放松了自我要求，怕苦怕累，对工作不再兢兢业业。但华为高层始终保持着清醒，他们看到了这些变化背后的危险，认为必须防微杜渐。

【任正非观点】繁荣之时，勿忘艰苦奋斗

繁荣的背后，都充满危机，这个危机不是繁荣本身必然的特征，而是被繁荣包围的人的意识。艰苦奋斗必然带来繁荣，繁荣后不再艰苦奋斗，必然失去繁荣。千古兴亡多少事？悠悠。不尽长江滚滚流。历史是一面镜子，它给了我们多么深刻的启示。忘却过去的艰苦奋斗，就意味着背弃了华为文化。

一个没有艰苦奋斗精神做支撑的企业，是无法长久生存的。曾经的柯达，因为在胶卷时代很成功，企业内部便产生骄傲自满情绪，失去了艰苦奋斗的动力，结果在数码时代来临后，迅速一败涂地，直到破产。

2019 年 10 月 15 日，任正非接受北欧多家媒体采访时，即兴创造了一个新名词：员工资本主义。他说："华为是员工集资的，是一种新模式，也可能未来大多数企业都会使用这种模式，这种模式就是'员工资本主义'。区别于华尔街大股东资本主义，华为员工没有大富翁，但每人都有一点股，相当于退休保障金，可以让他们在退休以后维持一定的生活条件，在生病时有一些补充的医疗费用。"

任正非认为，这种模式和北欧提倡的人民资本主义是一个道理。虽然北欧是最富有的地区，但是北欧没有大富翁。挪威的超级富翁都开小小的汽车，住小小的房子。任正非提出要"向挪威学习"，不要一想到买汽车就买大大的，买房子也要买大大的。中国还是一个发展中国家，大家在心态上不能奢侈盛行，应该把钱省下来用于生产和投资，要持续地艰苦奋斗和为客户创造价值。

奋斗是永恒的旋律，虽然华为已经成为高科技领域的一面旗帜，但华为在创业初期形成的"床垫文化"仍在传承。在许多华为人已不再仅仅为收入而奋斗的今天，华为强调的艰苦奋斗不只是身体上的，还应该是思想上的。华为海思芯片公司总裁何庭波就是一个典型代表。

20 世纪 90 年代，中国通信与半导体产业尚处在萌芽期。27 岁的何庭波从北京邮电大学硕士毕业后，来到华为。

作为一名女工程师，何庭波工作起来比男生还要拼。她的打拼，让她渐渐崭露头角，并且很快被委以重任，一个人前往上海组建无线芯片团队，从事 3G 芯片研发。在上海的两年，何庭波忘我工作，拼尽全力，在技术上勇于挑战。几年后，何庭波又被调往硅谷，夜以继日地忙了两年。在这里，何庭波目睹了中美两国在芯片设计上的巨大差距，这激励着她继续负重前行。

从高工到总工，再到中研基础部总监，在竞争激烈的华为，作为一个女员工，何庭波表现得出类拔萃。2004 年，任正非交给何庭波一个"吓人"的任务，研发自己的芯片。"给你 2 万人，每年 4 亿美元的研发经费，一定要站起来！"任正非说。

虽然有人、有钱，还有老板的支持，但是海思的起步仍然不容易。芯片开发是一项复杂的系统工程，技术难度大，研发周期长，没有弯道可以超车。何庭波对此心知肚明。每次碰到难以逾越的困难、员工士气低落时，她总是给他们打气："做得慢没关系，做得不好也没关系，只要有时间，海思总有出头的一天。"

华为有一句话叫作"板凳要坐十年冷"。华为着手研发自己的芯片，这是一个英明的决定，同时，也意味着海思团队踏上了一条"不归"路。从此，每一个海思人注定要与苦寂、平凡、重复、琐碎和高度的责任心为伴。在这条路上，他们只能默默奉献自己的青春、执着。成功则已，不成功，也许就是一辈子埋头钻研的状态。但是这并不影响海思团队成员十年如一日的艰苦奋斗，他们默默地前行了十余年，才有了今天我们所看到的海思。华为还有千千万万这样的奋斗者，他们的努力奋斗，为客户创造了价值，也带来了企业的成长。

1.3　融入团队，积极参与群体奋斗

团队的力量远大于个人的力量，华为人艰苦奋斗的同时也不忘强调群体协同作战，在价值创造上更强调团队的整体业绩。

1.3.1　个人奋斗要融入团队

一滴水只有融入大海才永远不会干涸，才能掀起滔天巨浪。同样，一个人只有融入团队才能成长。任正非在《胜利祝酒词》一文中写道：

"华为的企业文化是建立在国家优秀传统文化基础上的企业文化，这个企业文化黏合全体员工团结合作，走群体奋斗的道路。有了这个平台，你的聪明才智方能很好发挥，并能有所成就。没有责任心，不善于合作，不能群体奋斗的人，等于丧失了在华为进步的机会。"

【任正非观点】个人奋斗要融入团体

任何时候都要以公司利益和效益为重，个人服从集体。任何个人的利益都必须服从集体的利益，将个人努力融入集体奋斗中。

"胜则举杯相庆，败则拼死相救。"一个人如果想在华为大有作为，就一定要融入团队。IBM 公司曾对团队下过这样的定义："团队就是一小群有互补技能，为了一个共同目标而互相支持的人。"

华为的朱易维（化名）在一次突然的工作调整中深刻体会到了什么叫群体奋斗，也正得益于团结协作他才顺利完成了项目。

当时华为代表处无线和能源部门的两位产品经理、支持系统部的技术顾问和系统部主任都分别回国参加培训或休假。一时间，整个系统部售前铁三角只剩下交付经理、临时出差支持的产品经理和客户经理朱易维。

作为客户界面唯一的接口人，在工作调整后的半个月内，朱易维接到的电话成倍增加，经常忙到凌晨三四点才能回复完所有客户的邮件。工作任务接踵而来，为了争取更多与客户见面的机会，他常常一大早就出门，中午饿着肚子和客户"交锋"，傍晚才回到办公室。

朱易维事后回忆起那段时光，多次感慨："如果没有交付经理陪我一起工作到凌晨，系统部主任远程给我出谋划策，代表、副代表陪我一起去见高层客户，我不可能顺利完成各项工作。在那时我体会到了团队的价值，在我需要炮火的时候，他们八方支援！"

一个人的力量是有限的，必须依靠集体的力量去战斗。正是许多来自不同部门的团队成员的持续奋斗与协同作战，使得朱易维为客户带来了成功，也给自己带来了成功。

1.3.2　取长补短，发挥各自优势

《晏子春秋·内篇问上二十四》中强调："任人之长，不强其短；任人之工，不强其拙。"意思是要用人的长处和优势，而不可勉强别人的短处和劣势。

在团队中，每个人都有存在的价值和理由，必须借助每个人的特长，强化团队的战斗力。学会取长补短，发挥各自优势，就能所向披靡。正如科学家卢瑟福说的那样："科学家不是依赖个人的思想，而是综合了几千人的智慧。所有的人想一个问题，并且每个人做自己的部分工作，添加到正建立起来的伟大的知识大厦中。"

巨阙宝剑固然锋利，但补鞋不如尖利的锥子；锦绣丝绸固然华丽，但用来洗脸不如一块粗布；豹子固然凶猛，但人们还是会用猫来捉老鼠。在团队中，每个人都有各自的优势，只要企业善加利用，就能让团队发挥出巨大的能量。

华为员工杨龙（化名）担任 QCC（品质管控）圈长后不久就遇到了麻烦。当时，他们不仅缺乏定量数据，而且问题分类也不明朗，很多工作都要从头开始，数据收集的工作量很大。刚开始，杨龙一直在独自奋战，几天后仍然没有一点头绪，他有点打退堂鼓了。杨龙找到了辅导员，说："如果做不好前期数据分析工作，我就放弃做圈长了，否则就是让大家的努力建立在一个不牢靠的基础上。"

辅导员看着有点激动的杨龙，笑着说："不用因为个人技能不足就觉得愧对圈员，可以和大家一起学习啊。"杨龙这才恍然大悟，为什么自己

不知道向圈员求助呢？

　　杨龙把圈员召集起来，开始向大家征求意见，圈员也非常配合。那些熟悉数据收集工作的人主动承担起收集数据的工作，那些擅长数据分析工作的人则开始分析数据。同时，杨龙又在 QCC 交流园地中求助，得到众多圈友的支持与不少有用的建议。他不再犯愁了，开心地笑了起来。最终，杨龙的 QCC 走上了正轨，数据收集工作也获得了系统的解决方案。

　　【任正非观点】用人所长，不求全责备

　　　　在人生的路上，我希望大家不要努力去做完人。一个人把自己一生的主要精力用于改造缺点，等你改造完了对人类又有什么贡献？每个人都发挥自己的优势，也多看看别人的优点，从而减少自己心理上的压抑。

　　"役其所长，则事无废功。"只要发挥一个人的长处，凡事就不会不成功。同样的道理，如果能够借助别人的长处弥补自身的不足，那么也绝不会有完成不了的工作。

1.3.3　不只有个人的英雄，更有团队的成功

　　我们不仅要为团队中的个体成功而骄傲，更要为整个团队的成功而骄傲。工作中，只有每个人都做到高度协同，朝着一个方向努力，才能获得更大的成功。在这个过程中，优秀的管理者要善于将团队成员紧密凝聚在一起，充分发挥团队的能量。

　　2001 年 7 月，华为 GTS（全球技术服务部）资深项目管理专家王海暾被公司派到沙特主持 STC（沙特阿拉伯电信）的 TEP450 项目的交付。

　　该项目是华为在中东的第一个大项目，公司上下十分重视，时任片区总裁的丁少华表示必须拿下华为在中东的第一单。

　　虽然王海曤是颇有经验的项目经理，但当时的华为却从未有过 TK（一站式交钥匙）项目的交付经验，就连海外交付经验也很少，公司在人员和技能储备上还远达不到交付项目的要求。

　　责任重大，公司下达了"使命必达"的要求。王海曤经常在客户和工作地之间忙碌奔波，回到公司就立即带领团队梳理要点，逐渐摸清土建、光网铺设等工作的思路。为了节约时间，王海曤一般不吃午饭，偶尔用一杯咖啡或快餐应付。

　　在高强度的压力下，项目团队中开始出现一些不和谐的声音，这是王海曤始料未及的事情。项目组一位老员工提醒他："海曤，你自己当拼命三郎，自己不吃饭，有没有想过别人要吃饭？有没有想过别人的感受？项目管理不是一个人的事，是整个团队的事！"

　　王海曤陷入沉思："以前我们总强调要自我激励，'我是公司最棒的项目经理'，但在这个行当里时间长了，我发现项目管理的精髓还是在于发挥团队合力！需要强调'我们是最棒的团队'。"在后续的工作中，王海曤有意识地关注团队能力的建设。他组织全体成员开会，在会议上赋予团队使命感："我们承担的是公司第一个 TK 工程，公司把这样一个项目交给了我们，说明我们是公司最棒的团队！"与此同时，他还加强对项目成员的能力培养和个体的关怀。

　　2001 年年底，项目组在沙特库莱斯市的机房成功呼叫，这是华为在沙特打响的第一个电话。2002 年 10 月，第一期项目成功交付，获得了客户高度评价。至此，华为彻底打开了沙特市场的大门！在完成项目交付的过程中，王海曤培养出了一个出色的团队，完成了从"我最棒"到"我们最棒"的团队建设。

　　要想将团队建设好，必须有良好的沟通。管理者要把团队的价值、方向、目标及改进点向团队成员讲清楚，这样大家才能心向一致，形成合力。

在业内，华为以"打群架"能力强著称。这就需要管理者善于激发团队成员，用好的方式方法赋能团队，将团队的智慧固化成工具和方法，从而让团队力量得到最大限度的发挥。

2003 年圣诞节之际，华为拿下了阿联酋 Etisalat（阿联酋电信）和中国香港 Sunday（原新世界电讯，后被 CSL 收购）的 3G 商用网络合同。但当需要真刀真枪地交付商用局的时候，华为 GTS 规划优化六级专家谢智斌发现华为没有一套系统的资料能够指导 UMTS（通用移动通信系统）网规网优的交付。于是谢智斌和团队成员在交付香港 Sunday 项目的同时，把交付流程和遇到的问题总结整理成指导书，并且在项目上进行验证和优化，形成了 UMTS 第一版网规网优指导书，为后续的批量交付打下了初步基础。

2010 年谢智斌进入挪威项目组，有了多年来形成的及时总结的习惯，谢智斌主动寻找能够降低出错概率的流程、方法和工具，将其纳入技术方案，并且以技术方案为载体不断总结经验，形成问题处理的标准动作，用于指导团队工作，整个团队的交付效率得到了极大的提升。

2011 年 6 月，谢智斌在 3MS 社区创建了无线规划和优化技术（Radio Planning and Optimization Technical）团队，分享 G/U 搬迁和 LTE（3GPP 长期演进技术）新建等项目交付的技术经验。与此同时，他建立了三个 espace* 技术交流群，实时解决网规网优工程师关于技术、工具、资料、流程等方面的问题。团队成员通过技术交流分享经验、获取帮助、提升能力。

从这个案例中可以看出，谢智斌通过把交付过程中的问题和经验整理成指导书，与团队成员交流和分享，促进了团队成长。

---

* espace：华为自主研发的企业即时通信工具，用于内部员工的沟通交流。

华为的价值创造、价值评价和价值分配的高绩效文化，正是在群体奋斗的基础上得以传承，并且被发扬光大的。

1.4　奋斗者定当得到合理回报

在华为，员工改变命运的途径有两个：一是奋斗，二是贡献。员工个人的奋斗可以是无私的，而企业不应让奉献者吃亏。要使这个文化落实到考核和分配的细节中去，血脉相传。华为始终秉持"绝不让'雷锋'吃亏，奋斗者定当得到合理回报"的分配理念。当员工接受这个假设去奋斗并一再得到验证时，这个假设就转化为一种信念，流淌在组织的血液里。

1.4.1　有欲而刚：管理就是管欲望

管理说到底就是管人性，管人性说到底就是管欲望。一部华为的发展史，就是一部人性的管理史。在任正非看来，"无欲则刚"这个说法是违背人性的，无欲者很难做到所谓的刚强、有力量。

华为管理顾问田涛先生曾总结道："是欲望的激发和控制，构成了一部华为的发展史。"在分析和探讨华为对欲望管理的成功实践时，我们会发现：一家企业管理的成与败、好与坏，背后所展示的逻辑，有很大一部分是人性管理的逻辑、欲望管理的逻辑。

华为信奉的是"有欲而刚"，它每年给员工的薪酬和激励超过公司营收的18%。华为对人性的管理是简单而纯粹的，管理就是管欲望，只要激励到位，奋斗者就会真心实意、尽心竭力地为公司奋斗、为客户创造价值。

华为激励机制的设计主要涉及两大理论：一是ERG理论，二是双因素理论。ERG［Existence（生存）、Relatedness（关系）和Growth（成长）三个词的首字母〕理论是在马斯洛需求层次理论的基础上，提出的更加接近实际经验的理论。它指出，人一共存在三种核心需要：生存需要、相互关系需要及成长和发展需要。在公司管理中，华为将这一理论衍生得更加职业化、工作场景化（见图 1-3）。

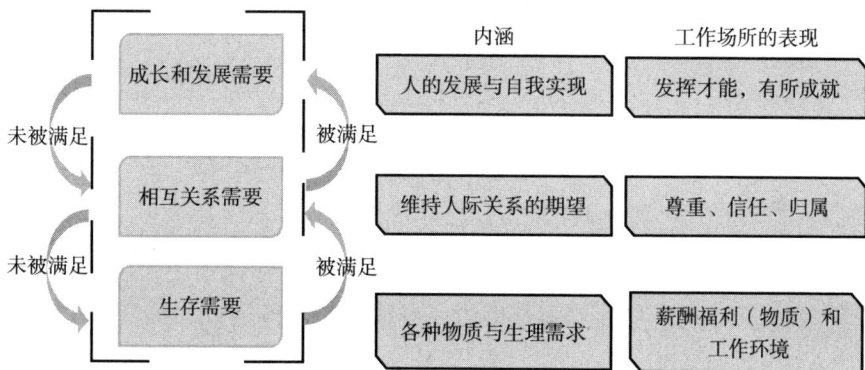

图 1-3　ERG 理论图解

　　华为对这三种核心需要在工作场所中的表现做了转译：生存需要，即员工的薪酬福利（物质）和工作环境；相互关系需要，即员工在与上级、同事、下属相处的过程中，有足够的尊重、信任，对自己所在的团队、部门，甚至对公司，有足够的归属感；成长和发展需要，即员工具备充足的工作表现机会，有任职资格体系或职业发展通道牵引员工发展，员工能够得到合理赋能或相应的辅导。

　　双因素理论则指出，引发人们工作动机的因素主要有两个：一是激励因素，二是保健因素。只有激励因素才能给人带来满意感，而保健因素只能消除人们的不满。这意味着，满足员工的某些需求，并不一定能激励员工的积极性。

　　如图 1-4 所示，如果一家企业只是在保健因素上加大员工激励投入，即便投入无限加大，员工满意度也只会无限接近一个较低的水平，这说明企业应当在保障保健因素的基础上，注重员工更高层次的激励因素。

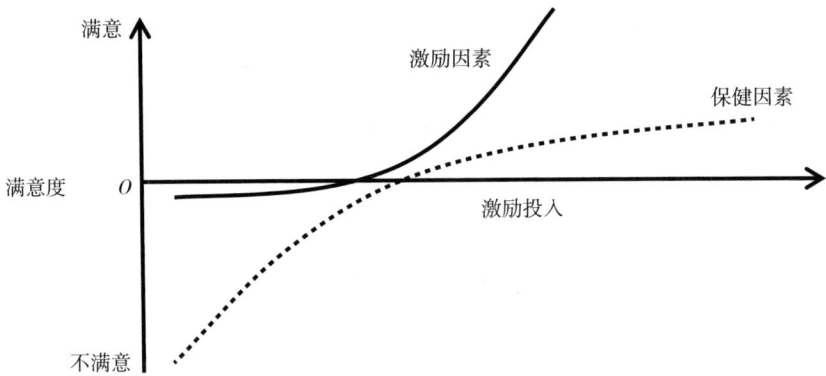

图 1-4　双因素理论

　　激励机制终究是为企业创造价值服务的，因此必须适配企业业务发展导向。企业应当结合自身战略发展和内部管理的需要，综合考虑采用何种激励机制。

　　华为公司在设定激励机制的基本规则时，始终针对不同的员工和不同的层级，遵循"让基层的员工有饥饿感，中层的员工有危机感，高层的员工有使命感"的原则，层层解构，因为"饥饿感""危机感""使命感"是这三个层级的员工各自不同的底层动机。只有当公司抓住这些动机，才可能通过机制将其转化为员工的工作动力。基于这样的动力，员工就能自然而然地表现出高绩效的动作和行为。

1.4.2　绝不让"雷锋"吃亏，奋斗者定当得到合理回报

　　外界最常听到关于华为薪酬分配的一句话是"绝不让'雷锋'吃亏"，但事实上，这句话的力度不足以形容华为对员工薪酬激励的程度。华为对优秀员工薪酬的投入，绝不仅仅是"不让他们吃亏"这么简单，对于那些为公司做出重大贡献的员工，华为给予他们的薪酬回报有时甚至超出员工本人的预期。

媒体曾经曝光过一份华为公司在 2016 年校园招聘中发放给一位应届毕业生的录用书。该录用书的基本内容如下：

职位为研发类，工作地点为南京。薪酬福利包括三项主要内容：第一，税前年薪为 288 000 元，其中包括税前月薪 18 000 元，年终奖金 72 000 元（要求考核 B 及以上）；第二，公司会对入职满一年且绩效表现优秀的员工提供长期激励计划，也就是给员工配股或发 TUP（时间单位计划）；第三，除了按国家法律法规帮员工缴纳社会保险和住房公积金，还承诺在聘用期间为员工购买医疗商业保险。员工试用期为 6 个月，合同年限为 4 年。

同年，国内其他 IT 公司平均年薪不到 70 000 元，其整体回报和华为制定的应届毕业生薪酬框架差距较大。

企业通常靠愿景留人，靠激励留人，靠文化留人，但不能用道德绑架"雷锋"。华为将薪酬定位在"有竞争力"的水平，员工工资水平定位于市场上有竞争力，根据员工的年度绩效，贡献越大，整体回报也越大。

任何一家企业的人力资源都可以划分为三类：奉献者（贡献大于回报）、打工者（贡献等于回报）和偷懒者（贡献小于回报）。在正常情况下，奉献者、打工者和偷懒者应该得到与其贡献相匹配的回报。而在一个不好的机制下，当奉献者老是吃亏时，他就会反思，对自己的行为产生怀疑，进而减少自己的贡献，使贡献与回报低层次相等，从而变成打工者。同样，打工者也会向偷懒者转变。结果是，奉献者变成了打工者，打工者变成了偷懒者，最后大家都偷懒了，没有付出和贡献。

华为构建的是一个"不让'雷锋'吃亏"的薪酬分配机制——让奉献者得到更合理的回报，拿得更多，分享自己奋斗的胜利果实，打工者就会因为羡慕而向他们看齐；偷懒者将会受到惩罚，他们只有两个选择，要么离开公司，要么增加投入，将自己变成打工者和奉献者。让"坏人"不得志，让"好人"不吃亏，这样，公司就有了正气和正义。

正是因为华为坚持奉行"绝不让'雷锋'吃亏，奉献者定当得到合理回报"的分配理念,员工个个被激活,人人争当"雷锋"。

1.4.3　对最佳角色在最佳贡献时间段给予最佳回报

2017 年,华为董事、公共及政府事务部总裁陈黎芳在与新员工座谈会上指出,职场人要想在工作中脱颖而出,就要找准方向,在最佳时间以最佳角色,做出最佳贡献。

什么是"在最佳时间以最佳角色,做出最佳贡献"?按照陈黎芳的说法就是,13 级、14 级的员工(属于刚进公司的新员工)要抢着干活,因为新员工的工作态度非常重要。15 级、16 级的员工要把本职工作做好,把手里的每一件事情都做好,即使不能一次做到位,也要很快改进。17 级至 19 级的员工(这个等级的员工有机会进入管理层)要做好开创性、跨领域的工作。

华为之所以呼唤更多人"在最佳时间,以最佳角色,做出最佳贡献",是因为公司发展需要每个员工能够在自己的岗位上发挥出最大的价值,而公司也会给予相应的回报。

【管理观点】鼓励冲锋,千军万马上战场

√ 拉车者比坐车者拿得多:加大工资和奖金的激励力度,降低股票分红的力度。

√ 一线与机关拉开差距:通过获取分享机制调配。

√ 绩优者与普通者拉开差距:给火车头加满油。

√ 非物质奖励:给予荣誉、尊重、认可、健康保障等。

√ 物质文明与精神文明建设双促进。

华为对敢于"抢滩登陆"的勇士持续给予培养发展的机会,因为他们能帮助激活组织。"抢滩登陆"的勇士指的是自愿加入新市场、

新业务开拓队伍的干部和员工。出于稳定性考虑，大多数人往往更倾向于在已经发展成型的市场上，或者在已经成熟稳定的业务上打拼，因为这部分市场和业务状况比较稳定，不会有太大风险。那些新市场和新业务都是未知的，前景是不确定的，他们的绩效与他们对市场的开拓程度、业务发展情况是紧密联系的。自告奋勇投入其中，无疑是一场"冒险"。

为了激发员工参与挑战，打破组织稳定性，华为在薪酬设计上加入了艰苦区域系数、战略市场系数等，让"抢滩登陆"的勇士获得更多的薪酬回报，以及更多的培养、晋升机会。这样，华为的人才就会前仆后继地走向公司最需要战斗的市场，使公司始终保持活力，持续冲击"高地"。

当然，"抢滩登陆"的勇士未必都能"抢滩成功"（指创造高绩效），而且即便一些勇士"抢滩成功"了，他们也未必已经具备晋升的基本素质。"抢滩登陆"的都是勇士，但勇士能不能继续向纵深发展，继而成为将军，还要经过选拔、培养、筛选等一系列严苛环节。紧接着，筛选出来的 1/3 精英会被推荐到公司的干部后备队，而公司会为他们提供更多的实践机会。

对于有发展潜力的干部和员工，华为开放很多机会让大家参与，但给了机会之后，最终要做出贡献才能算数，从而获得最佳回报。华为有一句话，叫作"我们的人生痛并快乐着，机会和挑战并存，艰苦奋斗才能成功"。

1.5　责任结果导向，差异化激励

为激发奋斗者精神，华为坚持责任结果导向，通过差异化激励设计让那些为企业做出贡献的员工得到足够的回报。同时，用"三高机制"来增强员工的行动力，使员工时刻保持战斗状态，助推企业持续发展。

1.5.1　强化责任结果导向的绩效管理

现代管理学之父彼得·德鲁克说过："管理是一种实践，其本质不在于'知'而在于'行'；其验证不在于逻辑，而在于成果。其唯一权威就是成就。"面对竞争激烈的市场，企业只有坚持责任结果导向的绩效管理，为客户创造价值，才能生存下来。

员工在华为公司加班，按工作时间下班，坐班车要自己付车费，但如果加班到晚上9点以后，不但回程班车免费，更有公司提供的免费夜宵。这就使得很多下班之后没有别的安排的员工会选择留在公司消磨时间，解决掉回家的路费和夜宵问题。有些领导会倾向性地认为加班的员工态度更积极，考评结果也更好。对此，人力资源部正本清源，明确公司对员工的评价，看责任贡献。没有价值的加班只是苦劳，谈不上功劳。

【任正非观点】不懈地奋斗要以创造价值为基础

我们要持续不懈地努力奋斗。"乌龟精神"被寓言赋予了持续努力的奋斗精神，华为的这种"乌龟精神"不能变，我也借用这种精神来说明华为人的奋斗理性。我们不需要热血沸腾，因为它不能点燃为基站供电。我们需要的是热烈而镇定的情绪，紧张而有序的工作，一切要以创造价值为基础。

对员工绩效的评价，华为始终坚持责任结果导向，在结果的基础上再看过程。责任结果就是每个岗位应该承担的职责所要求的结果，最终体现为为客户创造的价值。华为给员工的薪酬是以他的贡献大小和实现持续贡献的任职能力为依据的，不会因为员工的学历、职称高，工龄长，以及内部"公关"做得好而支付任何酬劳。

刘雨凌在进入华为之前，就听说了关于华为加班的传说。当时的她觉得华为的员工都很能吃苦，于是便抱着"年轻人要多吃点苦"的念头，坚定地选择加入华为。

刚进公司，刘雨凌仍然觉得加班和艰苦奋斗几乎是画等号的。在很长一段时间里，刘雨凌经常加班到深夜，周末也不休息，每天都是"两点一线"。当然，她并不是因为磨洋工而加班的，而是一直在实实在在地做事。在刘雨凌看来，由于自己的知识和经验比较缺乏，她很愿意多花一些时间和精力让自己更快地成长，更好地完成交付，加上在加入公司之前，就受到了加班作风的熏陶，她将加速成长和加班结合了起来。没过多久，刘雨凌就得到了部门主管的赞赏，这使得她更加坚定了"只要肯吃苦，常加班，就能在公司站住脚"的想法。

后来，刘雨凌成了项目组组长。她在第一次参加集体评议的时候，反复强调项目组的某某同事总是加班到很晚，希望大家能够给予这位同事更好的考评结果。刘雨凌一说完，她的主管就告诉她，评价一个人不是看他辛不辛苦、累不累，而是看他最后的交付成果。这次争论，让刘雨凌开始重新思考"艰苦奋斗"的定义。在经过更加深入的体会后，她逐渐意识到加班不等于艰苦奋斗，艰苦奋斗需要结合绩效来考虑。没有贡献和成果，就算再怎么加班，也是不会获得好评的。

在这之后，刘雨凌的工作依旧繁忙，但是对加班这件事情本身，她已经不太关注了。在完成工作任务时，她只是不断地问自己："这次的忙碌能为客户创造价值吗？能使业务目标取得一定的进展吗？"

不难看出，刘雨凌从最初的员工视角，结合自己的工作经历，转变了对于"艰苦奋斗"的理解，转变了对于"如何获得高业绩评价"的理解，随之，她对自己完成工作的标准也做出了改变。

很多时候，不少员工会出现"自己感动自己"的行为举措。比如，员工 A 奋战在一线两三天都未曾合眼，员工 B 连轴辗转于各地等，但最终这样的努力、奔波，并没有换取到什么结果。当得知自己的业绩评价不高时，这些员工会委屈，觉得自己是做了贡献、创造了价值的。这时候，管理者会发现，员工所理解的"做贡献"与公司期待他们做的"贡献"基准不同。因此，华为强调责任结果，不仅要从正面提，为员工明确目标，还要从反面提，告知他们最低基准。这样的激励和导向才能保障最终有正确的结果输出。

华为特别注意那些为公司的战略目标和长远利益主动承担责任和做出贡献的员工和干部，不让他们吃亏，秉持奉献者定当得到合理回报的原则。华为绝不鼓励员工消磨时间式的加班，也只会从卓有成效的奋斗者中选拔干部。

1.5.2　用"三高机制"催生行动力

华为靠什么让奋斗者冲锋不止、奋斗不息呢？最基本的方法是以奋斗者为本的文化价值导向，并且通过高压力、高绩效、高薪酬这一"三高机制"驱动大家持续艰苦奋斗。

一是高压力。首先是危机文化压力。华为内部很少谈成功，大部分时间在谈危机和挑战。很多企业把压力控制在管理层范围内，而华为则不断向员工传递危机意识，让所有员工始终能感受到外部市场竞争的压力。其次是内部竞争压力。1996年，华为就以市场部集体辞职为契机，引入末位淘汰机制，通过"干部能上能下，工作能左能右，人员能进能出，待遇能升能降"四能机制，将外部市场竞争压力转化为内部竞争压力，使员工始终处于内部人才竞争压力之下，不敢懈怠。任正非指出："让管理层有危机感，如果因为吃饱了懈怠，就有饿狼在虎视眈眈惦记你的职位，职位随时有人替代，有可能马上不保，可谓危机四伏；让基层有饥饿感，基层员工还没'吃饱'，财富积累还没达到一定程度，只有不断提升能力，不断拼命干，才能获得更多报酬。"

二是高绩效。华为强调以责任结果为导向，强调机会和资源向高绩效者倾斜。华为每年的年度目标都是有挑战性的，除了 2002 年和 2012 年，华为的公司年度目标全部都达到了。对于绩效管理，华为建立了战略绩效解码体系、组织绩效管理体系和个人绩效管理体系。

员工绩效承接部门组织绩效，确保公司目标能层层落实。组织绩效结果不同，内部员工个人绩效结果的分布比例也不同。绩效考核结果直接挂钩员工的奖金分配、职业生涯发展等。

三是高薪酬。华为的激励包括物质激励和精神激励。从物质激励来看，包括三部分：工资、奖金和股票分红。如果被外派国外，还有外派补助和艰苦补助。华为 2019 年年报显示，2019 年公司在员工工资、薪金及其他福利上支出达 1 490 亿元，以华为 19.4 万名员工计算，员工平均年薪近 76.8 万元。以近 20 万人的体量，平均薪酬水平又如此高，足以令员工开足马力工作。从精神激励来看，华为设置了最高管理奖"蓝血十杰"奖，截至 2019 年 8 月，华为已经有 1 077 人荣获该奖项；有"明日之星"奖，至今有 14.8 万名华为人获得该奖项；还有家属奖，任正非亲自为华为人的家属颁奖。他指出："我们奋斗的目的，主观上是为了自己和家人幸福，客观上是为了国家和社会进步。最应该获奖的，应该是我们员工背后几十万的家人。其实他们才真正非常伟大。他们忍受了多少痛苦，才成就了华为，没有他们就不可能有华为的今天。"此外，还有各种部门级奖项等，各种奖励层出不穷。

"三高机制"是华为保持高绩效的重要支撑。员工拿着高薪酬就会有高压力，在高压力下就会创造高效率，而高效率带来的是高绩效和高薪酬。这是一个无限循环的过程。

1.5.3　差异化激励，奋斗者也要分出一二三

华为通过建立客观公正的评价体系，向所有员工传达"以责任结果为导向"的绩效评价原则，希望员工能在日常工作中用这样的标准要求和检验自己。

依据员工的岗位类别和实际贡献，华为将员工分成三类：普通劳动者、一般奋斗者和有成效的奋斗者（见表1-1）。

表1-1　评价对象分类和差异化的回报设计

员工类别	划分标准	机会	工资	奖金	股票
普通劳动者	12级以下 未申请成为奋斗者 放弃奋斗者资格	无	平均水平 或稍好	无	无
一般奋斗者	普通绩效 踏踏实实做好工作 贡献大于成本	考察锻炼 等待机会	稍好	平均水平	正常饱和度
有成效的奋斗者	高绩效 有使命感	及时任用 担当责任	明显高于 平均水平	高于平均 拉开差距	更高的饱和度

1. 普通劳动者

华为将12级及以下员工或未申请成为奋斗者的员工划为普通劳动者。对于这类人的待遇，按照法律法规的相关报酬条款，在保障他们利益的同时，根据公司经营状况，给他们稍好一点的报酬。

2. 一般奋斗者

这类人需要平衡家庭和工作，因而并不是真正意义上的积极奋斗者，他们可以准点上下班。对于这类人，华为指出：只要他们所做的贡献大于支付给他们的成本，公司就会接受他们，而且会给他们稍高于社会一点的报酬。

3. 有成效的奋斗者

这类人是华为事业的中坚力量，是华为最需要的人，他们有权以奖

金和股票的方式与公司分享利益。华为渴望能够有越来越多的人走进这
个队伍。

　　"以奋斗者为本"一直是华为的核心价值观。为了不断激活组织的活
力，激励奋斗者，华为除了实施差异化的激励机制，还始终坚持末位淘
汰制——每年分层淘汰绩效考核结果排名在后 10% 的干部。华为认为组
织太稳定就会带来懈怠，末位淘汰作为激发组织活力的一个手段，发挥
了很大的作用。

　　坚持推行末位淘汰制度，将危机感和责任感植入员工的日常工作中，
不仅能够有效提升企业的综合效益，更是对员工负责的表现。企业对员
工负责，员工对绩效成果负责，绩效成果对企业效益负责，形成一个良
性的循环，企业就能健康地发展下去。

第 2 章
导向客户价值创造

　　华为的哲学就是以客户为中心，为客户创造价值。帮助客户商业成功，华为才能成功。华为取得今天的成功就是因为始终围绕满足客户的需求，聚焦客户的痛点和压力，围绕提升客户满意度开展工作。

2.1　以客户为中心，持续满足客户需求

谈到以客户为中心，很多时候会让人觉得有点空。华为把客户需求管理提高到一个非常高的优先级。长期以来，华为强调客户需求驱动产品和服务创新。产品路标不是自己画的，而是来自客户关注的痛点、挑战和压力！

2.1.1　客户需求是产品的路标

什么是以客户为中心？用 70% 的时间来倾听客户的声音，客户的需求就是产品的路标。为了把技术和产品做到极致，更好地满足客户需求，华为坚持每年将 10% 以上的销售收入投入研发，在 2019 年更是达到了 15.3%，近十年华为的研发投入合计超过 6 000 亿元。

【任正非观点】多与客户打交道，认真听取意见

很多知识智慧掌握在客户的手中，我们要多与客户打交道，乐意听取客户意见。华为人即使受到客户责骂，也会认真地听，因为客户骂的地方就是客户最不满的地方，也是客户最大、最迫切的需求。

华为为什么一再强调要倾听客户的声音呢？这是因为华为有一段时间技术思维比较重。外界评论华为人时，总是很自然地贴上技术直男的标签。为此，任正非在内部讲话中谈到，华为产品开发最大的问题是，简单的功能做不好，而复杂的东西做得很好。为什么呢？简单的东西大家不喜欢做。这就是技术导向，而不是客户需求导向。

当下无比风光的华为终端业务，2017年曾出现P10手机闪存等问题，被网友们热议。华为消费者BG（Business Group，业务集团）CEO余承东在微博上发表了《反省倡议书》（以下简称《倡议书》）。他表示，华为手机部门将进行深刻自省，迅速改进！

正如余承东在《倡议书》中所说的，特别行动小组要主动聆听来自消费者的各种声音。在各种消费者活动日，余承东带领华为消费者业务管理团队到零售店站店，深入一线与消费者近距离沟通。此外，对于华为内部工作流程慢的问题，余承东还号召华为消费者业务全体员工改善华为的工作流程和服务态度。

通过余承东发表的《倡议书》，我们看到了华为剔除"工程师思维"的决心，也看到了华为并没有忘记"以客户为中心"的初心。

松下幸之助说："领导一万个人的时候，就只能靠上帝。"这个上帝就是客户。让员工同意这个说法很容易，但要想让他们真正执行却很难。大多数人都觉得这很有道理，可是为什么无法在执行中做到呢？从根本上说，还是由于员工缺乏客户需求导向意识，并且企业在流程制度和管理上也没有将这种意识加以强化。

华为在这方面做得比较出色。华为在 1997 年从 IBM 引入了 IPD（Integrated Product Development，集成产品研发）流程，并且提出"先僵化，后优化，再固化"的要求，在业务处理工作中加以落实。在 IPD 的引导下，华为将市场管理和产品研发流程相对接（见图 2-1），先通过市场调研了解客户需求，将需求进行分类，然后根据对应的研发流程进行产品研发。由此客户需求在产品研发中得到了系统化的管理。

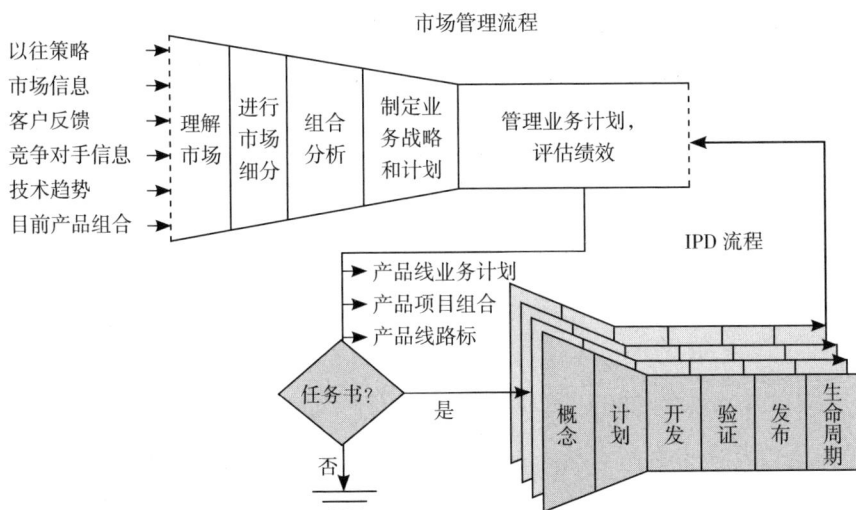

图 2-1　市场管理与研发流程的对接

在引入 IPD 之前，华为的研发浪费非常严重，研发效率较低，产品被市场接受度低，客户反馈问题不断；在引入 IPD 之后，经过几年的变革转化，华为具备了快速根据客户需求开发产品的能力，产品开发周期缩短了 50%，产品质量得到了明显提升，产品开发失败率降低了 95%。

2.1.2　让组织绩效目标支撑满足客户需求

"产品开发的路标就是客户需求导向。这是我们一切工作的出发点与归宿，是华为的魂。"这是华为人在经历数次波折后得出的结论。在绩效管理中，无论是设定绩效目标还是进行绩效考核，华为都是以满足客户需求为依据的。

【绩效源头】围绕客户关注的挑战和压力，提供解决方案

√ 通过"铁三角"营销团队，拓展和挖掘客户需求。

√ 满足客户个性化需求，根据客户需求定制方案。

√ 提供产品＋服务的整套解决方案。

√ 提高客户转换成本。

√ 通过增值服务获取增值收益。

很多人喜欢埋头苦干，认真把工作做好，这种精神令人钦佩。不过在钦佩之余，我们是否想过，认真工作是否就意味着有更好的收益？这也是华为人经常反省的问题。

从成立之初到 2009 年，华为无线硬件研发部门经过了凤凰涅槃，研发出来的产品中有不少以其良好的品质和服务摘得了全球销量桂冠。当时，硬件单板架构已经比较简洁、稳定，但研发人员依然思考着如何为客户创造更大的价值，于是，提出了降成本、提性能的新的研发策略，夜以继日地研发更好的单板。

当单板项目组兴冲冲地拿着成本更低、性能更好的单板对产品进行大规模升级的时候，意想不到的问题发生了：由于架构设计没有考虑长远发展，单板、硬件、软件结合过于紧凑，升级仅仅从单板自身出发，忽略了对网管、主机、跨产品等的影响，使得升级时所有的环节都要进行相应的变动。最后，每次升级都搞得一线销售人员如临大敌，甚至有客户直接要求："禁止再次升级。即便老单板再慢，我们也不升级了！"

研发原本是计划通过降成本来为客户省钱的，结果却造成了"老单

板停不掉，新单板上不去"的尴尬局面，不仅降低了客户满意度，还增加了各种成本。

从以上案例中可以看出，华为研发人员的出发点是正确的，但错在了执行思路上。想当然地设计，只从研发的角度去关注产品的指标，没有考虑客户全网，忽视了客户所关注的全局稳定性，因此，团队在这段时间里所做的努力其实就成了无用功。显然，这样的做法也得不到好的绩效评价。

华为的组织绩效必须围绕客户需求和关注点展开，项目组或部门的组织绩效如何，取决于它们在一定时间内帮助了多少客户解决了多少问题，提供了怎样的解决方案，为客户创造了什么价值。如果客户的问题得不到解决，组织绩效必然是不佳的。

华为项目经理曾勇军记得在一次实战任务中，他所在部门的目标就是要帮助客户增加 WTTX 无线宽带用户，目标数量是 40 万个新用户。然而起初客户每月的新增用户还不到 1 万个，这样的差距让曾勇军和同事们都很着急。

在这样的情况下，曾勇军首先将队伍进行功能性的整合。在团队整合完毕后，曾勇军开始与同事们梳理思路：运营商潜在的高价值用户在哪里？怎样精准规划站址，让每个基站能获取最多的用户？什么样的建站节奏能先吃到最甜的部分？曾勇军发现，在思考如何达成组织绩效时，他更多的是从客户运营的角度来考虑的。

这样的思考帮助曾勇军所在的一线团队找到了正确的切入口，剩下的便只需要大家齐心协力地干活了。在接下来的工作中，曾勇军和团队成员一起确定了精准规划站址需要的步骤、工具、数据，根据各方信息，做出了南非最大城市约翰内斯堡的站址规划。他们一边规划，一边通过不断更新的信息寻找问题，不久便发现 30% 的基站并没有多少话务量。

根据采集到的话务模型，他们立即精确定位了规划方案的改进点。正是这种精细地切入客户实际情况的站点规划，在后续进展中，完美地满足了客户的诉求，客户的新增用户数也得以在短时间内实现翻番的增长。最终，曾勇军所在部门也完成了其绩效目标。

华为一线部门是直面客户的，同时其他支撑部门也要积极与一线部门沟通客户的诉求，保证整个组织能够前后贯通地为客户服务，满足客户的需求，实现为客户创造价值的初衷。

2.1.3　以强大的"铁三角"组织快速响应客户需求

在前后拉通、协同作战上，"铁三角"组织作战方法的设计和选择能为贯彻组织战略提供重要保障。大量华为一线团队的作战日志表明，华为项目团队的作战方法是根据市场反应、客户需求及业务内容的属性，不断演变和进化的。

2006年8月，某国电信运营商获得电信运营牌照，准备在当地建设一个移动通信网络。华为是收到招标邀请供应商中的一家，驻当地的华为代表处工作人员披星戴月地干了两个月，结果却被客户彻底排除在外。面对这样的结果，当地代表处的各个部门开始总结反思，梳理了争取中标过程中的众多不足之处，但似乎都不足以"致命"。讨论到后期，一位主管注意到了一个现象：华为与客户商谈的时候，总是负责人带着七八个人去，每个人都会向客户解释各自领域的问题。对此，客户的CTO（Chief Technology Officer，首席技术官）曾大为不悦，当场抱怨道："我们要的不是一个数通网、不是一个核心网、更不是一个TK网，我们要的是一个可运营的电信网！"

除了扰乱了客户的视听，导致商谈效率低下，这样的商谈队伍构成还不利于充分关注客户需求，因为每个人都在尝试输出、表达，却没有人专门负责吸收、倾听、记录客户的诉求，分析客户的痛点。反思到这一问题后，该代表处意识到必须调整自己的组织，使自己的项目组织能够与客户组织成功匹配，从而争取做厚客户界面。

于是在 2006 年年底，该代表处改变了项目团队作战方式，组成三人小组，一人负责客户关系，一人负责交付，一人负责产品与解决方案，使客户接口实现归一化。他们一同见客户、一同交付、一同办公，甚至一起生活，客户经理、产品经理、交付经理三个角色很快融合到了一起，并且逐渐了解对方领域的知识和技能。经过半年的运作，代表处在一些项目上逐渐取得了优势。将客户、产品和交付紧密融合的三角组合模式，在华为被称为"铁三角"。

在"铁三角"作战单元中，客户经理负责管理客户关系，抓住市场线索，确认客户需求；产品经理负责基于客户需求，制定整体解决方案以满足客户需求、为客户更好地创造价值；交付经理负责确保产品交付周期和质量，通过满足客户需求，实现及时回款的目标（见图 2-2）。

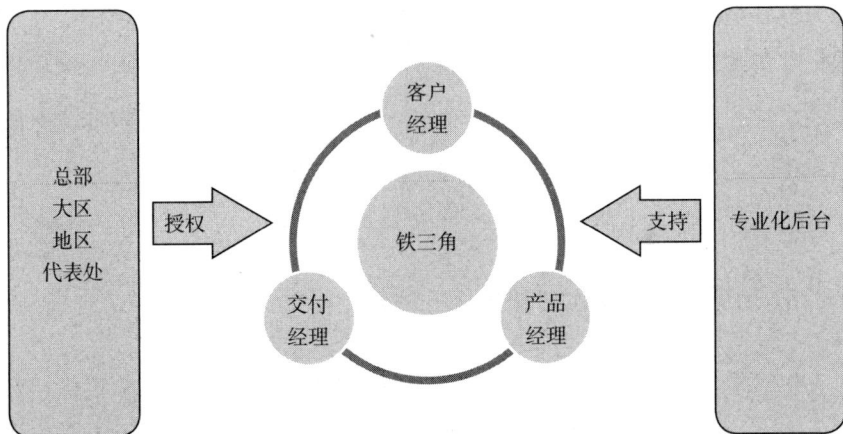

图 2-2　华为"铁三角"组织与平台支持

　　"铁三角"组织的建立，有效破除了内部的部门墙，使得组织内部的沟通更加畅通，进而快速响应客户需求。如果是简单的老项目，前端采用"精兵组织"模式，由能力强、人数少的团队搞定；如果是复杂的项目，则采取"1+1"或"1+1+1"的动态加载模式。"1+1"是"营销小团队 + 产品小团队"形成"狼狈组合"，而"1+1+1"是"营销小团队 + 产品小团队 + 交付小团队"组成另一个"铁三角"式的"狼狈组合"，解决各种复杂的新项目。

　　华为不断推进"铁三角"作战方式，让一线呼唤炮火，其目的就是发现机会，抓住机会，将作战规划前移，呼唤组织力量，实现目标。"铁三角"内的组织关系，不是一个三权分立的制约体系，而是紧紧抱在一起生死与共、聚焦客户需求的共同作战单元，其目标只有一个：满足客户需求，成就客户商业价值增长。

2.2　为客户创造价值，与客户共同成长

　　为客户创造价值，就必须理解客户的真实需求。客户遇到的问题是什么？客户提到的是隐含的需求吗？有些客户在沟通过程中往往已经谈到了解决方案，但如果不去挖掘和理解客户真实的问题和痛点，客户提到的解决方案也许并非最适合。因此，只有深度分析客户需求，才能适配真正贴切的解决方案，才能真正为客户创造价值。

2.2.1　对客户产生贡献才是真正的绩效

　　有许多企业在进行绩效管理时，都把销售额当成一个核心指标。然而随着时代的发展，在管理学专家经过深入研究及企业管理者大量实践后，大家都认识到：有效产出，即售出的产品或服务，最终对客户产生的价值，比销售额更重要。

随着移动互联网时代的到来，运营商面临着业务发展和商业竞争上越来越多的挑战，如 5G 网络要如何盈利，如何解决增量不增收等问题。

华为通过领先的智能化工具平台、先进的方法论和全球的成功经验多方面使能客户，包括引入 CWR（协同、平台、实现）商解方案，从传统的网规网优和精品网层面升级到数字化运营转型和商业层面。通过 CWR 的智能洞察、实时规划等能力，在 4G 用户迁移、新业务快速发放、后付费用户数增长等方面真正帮助客户商业成功，增加对客户的黏性。

华为帮助客户成功，体现在不只是支撑客户 DOU（Dataflow of Usage，平均每户每月上网流量）增长，还进一步从提升决策效率、降低运营成本、价值投资建网等多维度辅助运营商运营，帮助客户完成数字化运营转型，达成最终的商业成功。

为了牵引员工时刻关注客户需求，为客户创造价值，华为建立了自己的绩效标准，其中有一条就是只有最终对客户产生贡献才是真正的绩效。

【绩效导向】华为认可的绩效

第一，关键行为过程，以结果为导向。

第二，最终对客户产生贡献才是真正的绩效。

第三，素质能力不等于绩效。

所有不能为客户创造价值的劳动都属于无效劳动，不是真正的绩效。任正非对此做过一个生动的比喻："我们将煤炭洗得白白净净，但终究对于客户是没有产生更多价值的，所以不能叫艰苦奋斗。"这也正好对应了华为的"奋斗观"，那就是尽心和尽力是两码事。大多数人只注意身体上的艰苦奋斗，却很少注意思想上的艰苦奋斗，而大多数为客户创造价值的奋斗，要求身体和思想上双重努力。

客户的需求是不断深入的，企业把自己定位成"客户有什么需求，我来满足"的时代已经过去了。华为曾经对自己的定位是网络设备供应商，而行业和客户的发展，要求华为转型为商业解决方案提供商，成为能够与客户一起探索未来，并且一起面对未来的挑战与风险的商业合作伙伴。华为为了满足客户的需求，大力推进支撑商业解决方案运作的业务变革和组织变革、IT转型的人才结构优化，继续开展全球能力布局建设等。这些持续提升自身能力的举措，都是为了能紧跟客户需求，持续为客户创造价值，保持华为的市场领先地位。

2.2.2　坚定不移地为客户创造价值

在华为的核心价值观中，有这样一句话：为客户服务是华为存在的唯一理由。天底下给华为钱的只有客户，是客户一次次帮助华为克服了困难，所以华为始终坚持对客户好。华为坚定不移地为客户创造价值，就是站在客户立场上，比客户多想一步，不断地为客户提供有效服务。

1998年，华为刚与AIS合作时，AIS只是泰国的一个比较小的移动运营商。合作后，华为根据AIS的需求，给它提供质量好、服务好的产品和解决方案，从而使AIS逐渐成为泰国股市市值最高的公司。

1999年6月，AIS和DTAC（AIS的竞争对手）同时推出了预付费业务。当时，华为前后8次对AIS的设备进行改建和扩容。其间，华为在60天内就完成了设备的安装和测试，建设周期相较于业界的平均周期大大缩短。这样的专业水准和服务质量快速满足了AIS的需求，有力地帮助了AIS快速抢占市场，把竞争对手远远地甩在了后面。

华为还专门为AIS开发了高达80项的业务特性（这些特性不断满足着AIS在发展过程中的新需求），使得客户的ARPU（Average Revenue Per User，每用户平均收入）值有效提升，从而大幅提高了客户的盈利能力和竞争力。

从以上案例中可以看出，华为通过聚焦移动运营商 AIS 的需求，帮
助它提升竞争力和盈利能力，迅速抢占市场。与此同时，华为也得到了
长远的回报。就本质而言，提升客户的竞争力和盈利能力是华为与客户
双赢的一种局面。

华为 30 多年来始终把为客户创造价值和客户利益放在首位，在帮助
客户获得成功的同时，自己也成功地在市场站稳了脚跟，最终赢得了海
内外众多客户的信任。

2.2.3　与客户结成生命共同体共同成长

华为轮值董事长郭平说过：“华为作为一家百分之百的民营企业，30
年来生存不是靠政府，不是靠银行，客户才是我们的衣食父母。”这句
话说起来容易，实现起来却很难。比如说，通信产业会因为技术标准、
频率波段不同，衍生出不同的产品，一个电信商可能为了满足消费者，
需要用到三种技术标准，采购三套不同的设备，其中安装与后续维修费
用，甚至高过单独购买设备本身。

站在一个制造商的角度，客户买越多套产品，就能赚取越多服务费。
但华为考虑的是如何帮客户省钱！它站在电信运营商的角度思考，主动
研发出把三套标准设备整合在一个机柜里的方法，帮客户省下了 50% 的
成本。

短期来说华为是亏了，但是客户省下的钱可以用于其他投资，开发
出更新的产品，从消费端赚来更多的钱，再回头跟华为合作，双方一起
成长。

为了与客户结成命运共同体，华为的策略是深淘滩，低作堰——留
存合理利润，保证企业能活下去，不追求利润最大化，让利给客户，让

利给上下游企业。这样，在自身发展的同时，也能促进行业良性发展。

【管理观点】成就客户，就是成就自己

我们坚持以客户为中心，快速响应客户需求，持续为客户创造长期价值，进而成就客户。为客户提供有效服务，是我们工作的方向和价值评价的标尺。成就客户就是成就我们自己。

任正非曾说："华为的魂就是客户，客户是永远存在的。华为要琢磨客户在想什么，我们做什么东西卖给他们，怎样才能使客户的利益最大化。我们要天天围绕客户转，就会像长江水一样川流不息，永远奔向大海。"企业用自己的产品和服务帮助客户赚钱，让客户获得成功，就可以吸引更多的客户，实现企业和客户共同成长。

2012 年 9 月，中国香港成为全球首批发售 iPhone 5 的地区，但新手机仅支持 1800M 频段的 LTE 网络。当时拥有最多的 iPhone 合约用户的和记香港子网，却没开通 LTE1800M 网络。如果和记不能在最短时间内完成 LTE1800M 网络部署并通过认证，不仅无法针对新手机进行商业拓展，而且还面临合约用户流失的风险。

华为与和记香港子网经过谈判，确定了 LTE1800M 全网调整的合同条款，按照客户要求，华为要在 2012 年年底完成 500 个站点商用。新手机的发布让和记香港子网面临着越来越大的商业压力，交付时间也被一再提前，到最后客户竟然要求在 10 月底完成全部 500 个站点的交付。到后来和记子网从 CTO、CEO 到集团副主席再到集团主席都在问："华为最快 1 个月能做多少个站点？"和记甚至要求华为最好能在 10 月中旬交付 500 个站点，10 月底再交付 500 个站点！

当时香港最高的交付记录是单月 200 个站点，是华为不久前在和记创造的。但眼下这个项目却要求在 1.5 个月的时间内提速 4 倍，华为的一线项目组和代表处面对这个几乎不可能完成的任务感到了极大的压力，但是没有任何员工以最初与和记签订的合同条款来找借口。

华为员工都在与客户同步思考如何达到目标。当和记最后的目标变成单月完成 1000 个站点的时候，华为正式承诺客户在 10 月底交付 800 个站点。在华为内部，项目负责人一直鼓励项目组成员："不管怎样，希望大家化不可能为可能，创造华为香港的交付奇迹。"华为的多个高层领导也先后到香港与和记互动，承诺一切以和记的商业成功为目的，全力支持和记的网络商用。

为完成任务，华为把一天 24 小时分成了 3 个时间段，按 8 小时的实施周期排班，按照高峰期每天 40 ~ 50 个站点的目标进行倒排。华为人的辛苦最终没有白费，凭借前期与和记合作积累的经验和对网络的熟悉，根据梳理出来的关键路径，在最短的时间内完成了 1000 个站点的交付，新建了一个基本覆盖香港所有核心区域的 LTE1800M 网络。

客户感慨道："不敢相信能够达成目标，不敢相信华为团队能创造这个奇迹。"10 月底，香港和记通过认证，抢占了 11 月份的机会窗，在后来的 2 个月内其 4G 用户数增长 100 倍。华为帮助客户达到了预期的商业目标。

类似这样的案例华为在全球各地时刻都在发生。从商业逻辑来说，客户选择供应商，一定是选择能帮自己投入产出比最大、品质服务最好的。有句话说得好：利他就是最好的利己，助人就是助己，生存就是共存。

2.3　始终聚焦客户，做大市场规模

聚焦客户，就是以客户为中心，时刻关注客户需求，为客户提供快速、及时、低成本的服务。只要聚焦客户，就可以在坚守阵地的同时，

撕开口子，进一步做大企业的市场规模。

2.3.1　始终坚持以客户为中心

以客户为中心，不只是体现在和客户合作的初期。在持续服务客户的过程中，客户的需求也是在不断升级的。很多优秀的企业，都因故步自封没有持续跟上客户需求的脚步，从而被历史所抛弃。

2019 年 5 月，美国软件业巨头甲骨文公司宣布在中国裁员 900 人！这个消息一出，震惊了很多人。

一家曾经与微软和 IBM 齐名的跨国公司，竟然在中国这么大的市场有如此巨大的退步，究竟是什么原因？

有人说：在别的公司，客户就是上帝。但在甲骨文公司，情况并非如此，这是一家比较强势，甚至可以说有点傲慢的公司。这是因为以前中国企业的技术落后，而甲骨文公司拥有当时先进的数据计算业务，客户需要它的帮助，甲骨文公司便逐渐由以客户为中心演变为以自我为中心。

阿里巴巴在兴起的时候，依靠的就是甲骨文公司的数据分析和计算能力，并且成为甲骨文公司在中国最大的一个客户。随着阿里巴巴业务的高速发展，甲骨文公司的数据库业务已无法满足阿里巴巴的需求，可是甲骨文公司没有考虑客户需求去更新自己的产品，而是始终认为自己的产品是最好的，于是阿里巴巴用了 10 年时间研发了云计算服务系统。

在云计算服务系统建立后，阿里巴巴就终止了和甲骨文公司的合作，撤销了与其的合作关系。

被击败的甲骨文公司总裁埃莉森却仍然认为自己的技术是最好的，甚至有些傲慢地表示："云计算到底指什么？"很快，甲骨文公司的市场份额跌出了前五。

可以看出，甲骨文公司在中国走到如此地步，源于它不能紧盯客户需求，在技术和服务上以自我为中心。

华为在创立之初就确立了最重要的核心价值观——以客户为中心，并且把它写入《华为基本法》。如今，在华为总部，我们遇到的每一位员工，不论是任职多年的资深主管，还是刚加入公司不久的菜鸟工程师，甚至是负责接送的司机，都把以客户为中心挂在嘴边，以客户为中心已经深植于每个华为人的基因中。

2018 年 9 月，战争骤然而至，华为驻利比亚代表处被迫上演了一次现实版的"红海行动"。其实代表处每隔一段时间都会进行撤离演练，所以当收到撤离指令时他们对此轻车熟路。但是客户却有各种担心，担心华为撤离后，网络没法保证，交付没法保证，甚至担心华为撤离后不会回来了。在这种情况下，很多华为人自告奋勇地留下来，他们认为这个时候更加需要留下安抚客户，跟他们在一起共患难，从而与客户建立真正的感情。

随着战争形势的恶化，代表处的员工不得不开始分批撤离。撤离前，很多员工冒着危险去见客户，反反复复跟客户解释并尽量争取得到客户的信任。

不过，还是有部分员工留守利比亚。代表处管理层轮换守在利比亚，保持与客户的沟通。网络维护员工也留在利比亚，保障客户网络的通畅。在战火纷飞下，他们还争取去现场拜访客户，也会邀请客户到办公室进行技术交流，"让客户随时找得到我们"。

华为一直践行着以客户为中心的诺言，将赢得客户的信任作为自己的追求，因此在行业竞争如此激烈的今天，才能保持自己的市场领先地位。

2.3.2　用耐心与坚韧赢得客户信任

服务客户是一场持久战。在服务客户的工作中难免会遇到各种问题，导致客户不满及投诉，重点在于要能化解这些投诉，将不满降低，最终让客户满意。即使客户错了，也要尊重和理解，用耐心与坚韧，赢得客户的信任。

2013－2015 年，华为公司驻孟加拉国的 banglalink MEGA 项目遭遇客户投诉，曾一度产生信任危机。

在 banglalink MEGA 项目启动之初，孟加拉国政府刚刚开放 3G 牌照，各运营商都在全力冲刺 3G 网络建设，力争在 3G 业务上赢得先机。当时，华为占据了 GP，banglalink，Airtel 三大客户的 3G 网络建设的大部分份额。其中 GP 与 Airtel 两大客户前期网络准备较充分，而且它们的 3G 网络建设难度较低，3G 站点 On Air（在线商用）速度很快。而 banglalink MEGA 的项目是一个综合项目，涵盖了微波搬迁改造、2G 搬迁、天线更换、3G 新建的综合联动，难度系数相对较高。

在项目建设初期的多次分析与策略研讨会议上，华为项目组始终认为自己的建设方案能够满足客户的需求，而没有意识到客户的真正诉求是 3G 的建网速度要和 GP，Airtel 一样快，此时 banglalink 3G 的 On Air 速度已远远落后于 GP 和 Airtel。

在一次进度汇报会议上，客户的 CTO 气愤地将正在汇报的华为工作人员赶出了办公室，并且在一两天后，将投诉信发到了代表处，投诉华为无法支撑 banglalink 快速 3G 建网，延迟 3G 业务商用，影响其商业战略。

华为地区部和代表处管理团队启动应急措施，在紧急研讨后制定出应对方案以挽回客户。在了解客户的真正诉求后，华为团队重新调整项目结构，投入更多资源，优先保障 3G 网络开通，努力提高 3G 的 On Air

速度。新方案实施一段时间后，逐渐达到客户期望，项目也开始进入正轨。最终项目顺利完成，banglalink 的 3G 建设速度也赶上了 GP、Airtel，banglalink 非常满意，并且表示以后要继续和华为合作。

客户购买了通信网络设备，接着有好几年的使用期，华为要提供相应的服务，因此服务承诺就成了华为与客户关系的重要桥梁。只要有客户投诉或反映华为产品有故障，华为人都会承诺"圆满解决"，抱着"比客户还要着急"的态度，让客户知道华为采取的措施和计划，让客户知道华为正在努力地解决问题。

2009 年年初，华为开发的一款新产品在北方某地第一次投入使用。由于有一台设备出现了故障，客户向华为驻当地办事处求援，但办事处的技术人员出差了。最后，公司决定派研发部的四名开发人员立即搭乘飞机前往，承诺以最快的速度将设备恢复正常。

四名开发人员一到办事处，就同办事处的人员开着车子前往故障设备地点。为了节省时间，他们就随便在车上啃了几块面包。已经是晚上 9 点多钟了，路况很差，他们迷了路。好不容易找到一家村落问路之后，一行人在凌晨 1 点钟左右赶到县城，却被告知故障设备在 60 公里外的小镇上。他们顾不上休息连夜赶路，差不多凌晨 3 点的时候赶到了现场。经过抢修，设备恢复到了正常状态。

这只是华为人为客户服务的一个缩影，每天在世界各地都上演着华为人急客户之所急，争分夺秒为客户服务的故事。早期的华为虽然没有朗讯、阿尔卡特等国际公司的先进技术，但它始终用耐心和坚韧的态度为客户服务，赢得了客户的信任，从而在市场上获得了一席之地。

2.3.3　细分客户，从撕开口子到做大市场规模

华为不单纯以国家大小来评定代表处级别，而是结合当期市场贡献和市场发展潜力来综合评定级别。它基于市场的增长空间进行资源投入，坚持优质资源向优质客户倾斜，充分了解并挖掘客户需求，持续耕耘市场，扩大市场容量。

华为坚持聚焦重点市场和高价值的客户，但也不放弃中小市场的机会。通信行业是一个全球竞争的行业，每个"阵地"对企业发展都很重要，都有自身的价值和意义。对于大国，华为强调市场格局和市场地位，确保领先；对于小国，则强调经营结果和投入产出，聚焦盈利。在分布广泛的大大小小的"阵地"上，华为将红旗一面面地插上去。通过点的突破产生样板示范作用，再进行规模复制。"聚焦"就是要求团队围绕项目来经营，做一个拿下一个，保证效果。撕开一两个口子后，就要关注整体格局的构建，而非浅尝即止。因此，华为只要进入一个市场，就彻底深耕这个市场，确保达到不可被撼动的地位。在这样的市场策略牵引下，华为在全球的市场扩张速度很快，效果也很明显。

2004年，彭博刚结束香港的3G扩容项目后，还没来得及庆祝，就被派往欧洲，公司希望他能带领团队拓展沃达丰的业务。初到沃达丰系统部的时候，部门里只有他。在这之前，华为没有和沃达丰做过一分钱的生意，哪怕沃达丰有24个子网，由此可见初期的拓展有多难。

为了一次和沃达丰集团客户的面谈，彭博在西班牙和德国之间来回飞了六次。好不容易在机场见到了客户，原计划约见30分钟，15分钟后，客户便不耐烦地说："你们可以走了，在我主管的这块领域，未来3～5年都是不可能选择华为的。"经过一个冬天后，公司高层专程赴欧洲拜访客户的时候，当场表示华为的无线产品经得起任何考验，这样的承诺让客户吃惊。沃达丰集团的CTO将信将疑地说："那就把华为的产品放到

最严格的德国来进行测试吧。"

　　为了得到一个满意的测试结果，彭博与同事们全面地进行了几个月的准备，但是德国子网却因为各种原因坚决抵制华为的测试。经过多番努力，对方还是回应"不可能"。后来华为在西班牙子网争取到了测试的机会，但当地客户还是说："你们在这里测试可以，但不可能有真正进入沃达丰西班牙子网的机会。"

　　听到这样的话，彭博团队成员心里不是滋味，但他们依旧奋力拼搏，像做商业网一样做实验局。客户的每一个要求，他们都积极响应。其中，有一个西班牙高铁的覆盖网方案，客户仅仅提出了希望看看华为的解决方案，他们三个月内就在上海的磁悬浮沿线搭建了覆盖网，并且请客户到上海现场体验。在华为将实验局做完后，后续招标中客户出人意料地选择华为进入沃达丰子网。要知道，西班牙子网是沃达丰最大的四个子网之一，也是它全球子网中增长速度最快的一个子网。

　　西班牙项目的成功，让沃达丰这家世界级的运营商认识了华为。在那之后，华为逐步获得了沃达丰客户群的多个项目。尽管如此，华为依然迟迟无法叩开德国子网的大门。

　　在2005年被德国子网拒绝测试后，2008年，德国子网再次发出了3G招标，经过激烈竞争，华为得以挤进最后三家的采购短名单。然而，最后在技术和商务都占优势的情况下，客户还是对华为说"不"。面对这样残酷的结果，彭博团队依然不肯放弃，彭博之后就去拜访了德国子网的CTO，诚恳地说："中国人有一项非常优秀的品质，就是无论项目得失，都有足够的耐力和毅力。"

　　2010年，德国率先启动了LTE建设，希望通过国家宽带拉动经济增长，而沃达丰德国承担起了这一历史使命。这一次，华为敏锐地捕捉到机会，凭借之前对客户网络的深入了解，开创性地向客户提出2G/3G/LTE三网合一的解决方案。功夫不负苦心人，这一次华为终于被沃达丰德国接受了。

可以看出，在这场消耗战中，华为在面临各种各样的挫折和困难时，没有中途放弃撕开德国子网这个口子，而是以极大的耐力和毅力坚持了下来，最终获得了成功，赢得了欧洲"巨头"客户的信任，打开了欧洲市场，得以进一步做大市场规模。

2.4　围绕客户满意度，用心做好服务

提升客户满意度是公司持续发展的基础，华为在从线索到回款及客户关系管理流程中，设计了专门的客户满意度管理流程。在销售和服务体系的考核指标中，均引入了客户满意度考核。华为持续每年通过第三方机构开展客户满意度调查，公司各部门均需要阅读调查的结果，并且进行分析，分析维度涵盖了战略、产品、客户、团队、流程、协同、能力等各方面。通过这些深入细致的分析，找到影响客户满意度的症结，把其列入第二年的部门重点工作中进行改善。

2.4.1　提供贴近服务，及时响应客户

围绕客户满意度开展工作，应是企业和员工工作的基本常识。因为这样一方面可以让企业树立明确的目标和方向，让员工有目的地工作；另一方面可以促使企业和员工不断地给客户提供最好的服务，使其持续与公司保持合作。

在接待德国客户参观的时候，华为的接待人员会用一口流利的德语问好，并且按照德国传统的礼节排好座位。或许在别人的眼中，这只是一个微不足道的举动，但反映了华为人时刻关注客户需求的工作态度。

在华为人看来，为客户提供贴近服务，随时随地响应并满足客户需求，是获得客户认可、实现业务增值的关键因素。

　　早些年，各地县局对小交换机拥有采购权，而华为当时刚刚开始创业，没有建立较好的客户关系，只好从跨国公司无暇顾及的全国县局做起。例如，在黑龙江各个县城，爱立信只派了几个人负责，华为却派出 200 多人常年驻守。每个县电信局的本地网项目，华为都要力争拿下。

　　后来，县局的采购权被收至省局，爱立信等跨国公司从县城撤离，但是华为在各地县城的投入仍然没有减少，因为县局对设备的选型仍有建议权和评估权，而且，当华为的设备出现问题时，华为的技术人员随时连夜赶往现场日夜守护，哪里出问题，立马维修更换。

　　2000 年春节，黑龙江的一个本地网交换机终端出现了问题，但是由于网上运行着多种机型，客户也不知道问题出在哪个厂家的设备上。华为的技术人员在一天内从深圳赶到黑龙江，发现问题不在华为，但是出问题的厂家始终没有回应，于是华为的技术人员将自己的接入网改接到另一路由，通话恢复了。客户喜不自胜，亲热地招呼："走走，出去喝酒。"

　　华为始终坚持以客户为中心，每层每级都贴近客户，快速响应客户需求，让客户得到优质服务，提高客户满意度。如果一个企业愿意把客户真正当作上帝，用心做好服务，即使它的产品不是那么完美，技术还比较粗糙，客户也会愿意原谅它、接纳它，愿意给它更多机会。

　　在华为创业早期，西方通信行业的公司成立时间大都超过了 90 年，拥有巨大的资本、人才、技术与产品优势，华为该如何竞争呢？

　　在 20 世纪 90 年代中后期，华为公司刚刚投入研发，产品质量、可靠性比不上国际大公司。此时靠什么赢得客户？靠价格和服务！与国际大公司相比，华为的产品质量虽然只有八九成，但是价格也只有三成。在当时的市场上，自然有客户愿意选择华为的产品。由于通信设备本身需要高度的可靠性，质量不够高怎么办？光靠价格便宜是不够的，华为就提供了贴身服务。八九成的质量、三成的价格加上 300% 的服务，华为构建了差异化的商业模式。

这种商业模式在被客户接纳的同时，也帮助华为争得了生存空间。华为通过这种方式赚了钱，大力投入研发，不断提高产品质量，最终产品质量变得和国外大公司的一样，现在还超过了它们，这就是华为当时的战略选择。这种方式也帮助华为逐渐走向了成功。

2.4.2　把客户真正当作上帝，用心做好服务

华为一直不断强化"为客户服务是华为生存的唯一理由"，提升员工的服务意识，并且坚持以为客户服务作为一切工作的指导方针。

华为管理顾问黄卫伟说："华为的核心竞争力就是有着比竞争对手更强的服务客户的能力。"华为通过时时刻刻关注客户，为客户提供超出其预期的服务。这样在提升客户满意度的同时，也能够为公司带来更多客户及利润。

2009 年 5 月，华为沙特代表处成立了合同管理及履行支持组织（CSO），组织成员是从代表处的不同部门抽调过来的，总共 10 人，其中李选（化名）被任命为 CSO 主管。

一位客户经理向他反映："我每次去客户那里，客户都要问我华为是不是很富裕，为什么有这么多货款没收回，公司不派人来收呢？"其实，这是客户对华为开不出合格的发票而感到无奈和生气，因为客户方实行的是预算制，如果当年的预算没有完成，那么来年的预算就会受到影响，进而影响接下来的市场拓展。

李选意识到发票开具问题严重影响了客户关系。他发现，在这里华为开具的发票被拒率高达 20%，审批周期更是长达 48 天，由此导致客户对华为开票情况非常不满。

一次，客户经理为了解决开票问题，去拜访客户的合同部主管。这位主管很恼火，要求华为在一周内开出 1 亿美元的发票。客户经理来不及解释就被轰出了办公室。代表处一个季度最多能开出三四千万美元的发票，但代表处认为这些问题必须解决，否则会影响华为在当地的发展。于是李选和团队顶着巨大压力，每天都工作到凌晨一两点。一周后，华为开出了 1 亿美元的发票，客户的合同部门主管感到很惊讶，连声赞叹。原来这位合同主管当时并不是真的要求华为在一周内开出 1 亿美元的发票，而是借此对华为施压，希望华为尽可能多地开出一些可以支撑付款的发票。到 2009 年年底 CSO 为代表处开出可支撑回款的票据超过 5 亿美元，开票准确率从原来的 40% 提高到 90%，开票周期从 140 天缩短到 40 天。

在客户接触层面，为了更好地提升服务质量，不断地优化、规范服务产品，华为实行了"三统一"服务体系：统一服务规范（执行标准），统一服务接入（受理），统一服务监控（过程质量监控）。

1. 统一服务规范

在服务方面，华为制定了严格的"电信级"服务标准，极大地规范了服务的每一个过程。参与客户服务的工程师无论是谁、在哪里都要按照标准进行工作，保证服务的质量及服务水准的一致性。

2. 统一服务接入

为了快速解决客户遇到的问题，华为还统一了服务接入。华为和合作伙伴们共同建立了特殊服务团队——800 服务热线团队。客户一旦发现问题，通过 800 服务热线就能立即获得华为的快速服务。

3. 统一服务监控

华为不仅有服务的实施标准和专业服务团队，还成立了专门的质量监控部门，负责对所有服务活动的服务过程和服务质量进行统一监控，然后逐一回访客户，确认服务效果和满意度，以使客户的需求得到长期、有效的满足。

华为实行的"三统一"服务体系，是围绕客户满意度提升工作价值的具体体现，已经成为华为维系客户关系的纽带，间接创造了巨大的利润。

2.4.3　专注于细节，围绕客户满意度开展工作

管理大师德鲁克曾提出了三个非常经典的问题："我们的业务是什么？我们的客户是谁？客户心目中的价值是什么？"最后，德鲁克给出了这样的答案："从规定企业的宗旨和企业的使命来讲，中心论点只有一个，即客户。"企业通过产品和解决方案拿下合同，但最终要依靠服务赢得客户满意，才能持续并扩大合作。

> 【任正非观点】以客户满意度作为工作的评价依据
>
> 　　客户需求是华为发展的源动力。我们必须以客户价值为导向，以客户满意度为标准，公司行为都以客户的满意程度作为评价依据。

提升客户满意度，光靠竭诚为客户服务的态度还远远不够，还需要有专业的服务水准和严丝合缝的流程。以华为客户接待服务为例，可以堪称世界一流，其速度、流畅度和精确度令人赞叹。

在客户参观华为前，华为客工部工作人员会首先和客户进行电话沟通，力求了解更多的关于客户的信息，如客户来访人员中核心人员名单、性别、年龄及民族等信息，同时最重要的是了解客户此次参访最大的诉求。了解这些信息对于工作人员更有针对性地安排参访和讲解会非常有帮助，也能让工作人员对整个参访团队做到有的放矢。

当天的参观接待，华为会安排一辆礼宾引导车全程陪同引导。由于

担心客户不太熟悉路程，华为的礼宾车会提前停靠在高速公路出口（从深圳市区前往华为基地需要经过梅观高速）。客户到达后，华为工作人员也会诚挚邀请参访企业带队领导乘坐礼宾车，华为期望通过这种方式显示出对于领导的尊敬和重视。华为基地很大，到不同的参观地点必须用车，因此这辆礼宾车会在客户参访华为期间一直担任引导角色，华为的工作人员也会在不同的参观地点进行电话沟通和确认，确保到了不同的地方总会有华为的接待人员微笑迎接。

客户参访华为的第一站是华为产品展厅。当客户进入产品展厅后看到的第一幅画面是显示有"欢迎某某莅临华为参观"的电子欢迎牌，这让每一个参访华为的人都有宾至如归的感觉。紧接着华为会安排全体参访人员合影留念，参观华为产品展厅。在产品展厅中，华为还会安排专业讲解员介绍华为的产品和服务，让参访人员能够全方位了解华为的产品和服务。

华为是把客户接待作为一项系统工程来对待的，将客户接待流程织成一个大网，各项工作环环相扣，任务连着任务，牵一发而动全身，在高效的背后其实是一整套的服务流程和标准，这是值得所有企业借鉴的。

【客户满意度体系】华为客户满意度评估

分层分级开展客户和合作伙伴的满意度评估：华为除了有第三方客户满意度调查，还有自己的业务满意度评估：基于每个项目、每个合同关闭阶段的满意度的评估及基于出现的问题、投诉等一些事件进行调查。

时时、事事以客户满意为标准，在于态度、在于行动、在于规范，更在于细节。古人云："天下大事必做于细。"对华为人而言，客户服务无小事，务求在细节上展现华为的用心与周到。

　　华为 L 经理曾经带一批法国客户拜访上海移动和江苏移动公司，拜访流程中还需要与对方高层沟通。飞机在当天早上 5 点落地，L 经理接的机。法国代表团中一位四五十岁的女士着急地对 L 经理说："很不好意思，我忘了带名片。"

　　如果只是在华为内部交流这也没什么，但她是去见上海移动和江苏移动公司的总经理的，没有名片是蛮失礼的。L 经理对这位女士说没有关系，华为团队会帮她解决这个问题。大概到下午 3 点，华为客户服务团队带来一盒精美的名片，名片上有法文也有英文，当时那位女士就被震惊到了。

　　许多企业教导员工要围绕客户满意度开展工作，但仅仅停留在嘴边，实际上员工并不知道如何操作。一个不起眼的细节和一个不起眼的角色都会影响客户感知，最终影响成败。为了能够更好地围绕客户满意度开展工作，企业员工应针对客户的实际需求，从细节做起，为客户提供有针对性的服务，在小事、琐事中体现出专业性和敬业态度。

2.5　让面向客户的贡献者"升官发财"

　　华为价值观的核心是"以客户为中心"，这从根本上定义了华为文化的一元性：面向客户的多劳者、贡献者才能"发财""升官"，除此之外，别无其他。

2.5.1　价值创造，以责任结果为导向

　　在华为，只有对客户做出贡献，为公司创造价值，才能获得相应的回报。只有减少重复的劳动，聚焦团队目标提高工作效率，并且在承诺的时间内完成目标，取得成果，才算在工作中做出了贡献。

　　以责任结果为导向的核心是不同岗位员工承担对应的职责（工作范

围）与责任（团队与文化建议、环境营造、长期目标实现等），对应此责任的成果贡献成为价值的衡量标准。长期以来，华为始终明确员工业绩评价的第一指标就是责任结果贡献，根据对客户产生的贡献大小来确定价值分配。强化"以责任结果为导向"，就是要让价值回报坚定不移地向有业绩的优秀员工倾斜。结果贡献突出的，要让他拿得多；反之，没有结果贡献的要尽量让他拿得少一些。因此，一名在海外奋斗的一线员工，如果取得市场突破，有超出预期的绩效结果，那么他的奖金是可以超过坐办公室的机关管理者的。

对成果和贡献的尊重，是一个持之以恒的管理过程，一旦在员工心中埋下了这样的种子，他们就会将成果和贡献看作工作的第一目标，正如任正非所说的："华为要通过业绩评价体系把贡献导向的优良作风固化下来，使之像长江之水一样奔流不息。"

2.5.2　对员工的评价看贡献，而不是看加班加点

与责任结果的考评相比，对过程的考察和评价相对放在次要位置，否则会忽略价值创造这一目标。在华为工作虽然加班是常有的事，但对员工的评价主要还是看贡献，而不是看有没有加班加点。一些企业或者管理者喜欢以加班多少来评价员工的劳动态度，其实这样的评价是存在问题的。对于一些能够很快地把活干完，质量还很高，贡献也很大，但就是不加班的员工来说，就会带来消极的影响。不以责任结果为导向，管理层就不能进一步挖掘员工的潜力，也无法给考评对象更好的平台和机会，最终没办法激发他们创造更大的价值。

2019 年，胡玲在 2012 实验室从事 HR 工作期间，发现为应对美国将华为列入"实体名单"的举措，华为研发人员经常加班，并且经常占用自己的休息时间免费加班，一个月加班的时间平均超过 150 小时。

胡玲刚好是研发人员转岗过来的，对于曾经共事过的伙伴们的辛苦自然是深有体会的，所以她在向 HR 主管杨瑞锋汇报时，建议在做月绩效考评时给他们更好的考评结果。而 HR 主管杨瑞锋看完报告后建议认真分析一下加班动作背后的成果产出，看看是否有员工借加班之名在"划水"。杨瑞锋的初衷，体现了绩效考评要看加班背后的贡献度这一指导思想，但是由于杨瑞锋有些过于简单、粗暴的表达，以及胡玲并未站在HR 的角度考虑问题，致使华为 HR 与研发人员对立了起来，进而演变成了一场不大不小的"信任危机"。

由此可以看到，今天战时状态下的华为，虽然加班已是常态，但即便如此，考核部门仍然时时关注着每个员工的工作状态及绩效产出。

过度关注员工是否加班加点，强调的不是贡献和结果，而是一种形式主义。从形式上来说，加班就是将自己正常的工作时间延长，只要超过了下班的时间，员工还没走就算加班，这样的行为还是需要合理评价的。大部分的员工是真的由于工作量过大、时间紧迫，必须连轴工作，但也有员工可能是由于正常的工作时间内效率过低，这样的加班值得奖励吗？所以华为向员工强调，公司不要太多形式主义的东西，如果可以，在员工完成工作的情况下，公司甚至希望能够减轻员工的负担，减少会议、减轻考核，目的只有一个，那就是让员工有更多的时间和精力投入和聚焦到自己的工作任务上，做出成果。

华为向所有员工传达"以责任结果为导向"，就是告知员工，公司对员工的业绩评价是依据员工的成果和贡献来评价的，希望员工能在工作中用这样的标准要求和检验自己。华为不需要虚假繁忙的员工，即便做一个"停不下来的陀螺"，也应该为了最终商业成功的目标而旋转。

总之，一个部门、一个员工，即使再努力，但没有成果和贡献，只会破坏和降低公司的绩效。

2.5.3　重点激励为客户创造价值的贡献者

华为强调，能够积极、真诚地面对客户，并且持续为客户创造价值的贡献者，在为公司创造价值的同时，应当获得与贡献相应的回报。为了构建更大、更结实的客户关系网络，华为不断改善激励措施，牵引员工多为客户"花心思"，多对客户"下功夫"。

对于公司的多劳者和贡献者，华为充分保证他们的物质回报，强调他们理应拿那么多工资，不需要偷偷摸摸，因为考核结果说明他们达到了既定的标准，为公司创造了对应的价值。

华为运营商 BG 总裁邹志磊曾这样总结华为对员工的物质激励："我们要一碗米，它不是给你一斗米（1 斗 =0.01 立方米），它给你十斗米；你准备吃一顿大餐，它给你十根金条。"的确，在华为人眼里，华为的物质激励投入足够大度。

2012 年年底，华为在某国中了近 10 亿美元的标，一个攻克了多年却始终没能收入囊中的"大粮仓"终于被拿下。为此，华为公司给参与竞标的团队 700 万元奖金。

紧接着，在 2013 年上半年，合同正式签订后，公司又奖励了该团队 1 000 万元。这样的奖励金额让地区部总裁大为吃惊，便跑去跟任正非说："老板，之前已经奖励了，这次只要请大家吃个饭就行了。"

任正非听到后，很生气地说："你自己吃饱了，就不管兄弟们死活了？那我请你吃饭，把你的奖金股票工资都给我，我天天请你吃饭。"说完这些后，任正非又接连打了 5 个电话给这位总裁，他说："你要认真想想，兄弟们在一线干活不容易，要给大家分好钱才行。"地区部总裁回复道："老板，1 000 万元太多了，我不敢要，压力太大，哪有一个项目奖这么多的？我虽然一分钱不要，但我感到内疚。"最终签订合同后的奖金按 700 万元发放了下去。

华为十分注重员工激励，给予员工的甚至可能超出员工期望的，这无疑会进一步调动员工的工作积极性。事实上，不可能所有企业都像华为一样进行那么大力度的物质激励，但在经营发展中还是需要基于自己的利润水平，给予员工较为合理的物质激励的。

对于为客户创造价值的贡献者，华为在给予相应的物质激励的同时，还会给员工一些非物质激励，如提拔、授予荣誉称号等。1997 年，公司设立了荣誉部，旨在奖励突出贡献者，如为了奖励为公司持续商业成功做出重大和突出贡献的团队（每 400 个团队选 1 个）和个人（每 100 人选 1 人），公司设立了金牌奖，这是授予员工的最高荣誉性奖励。2018 年华为共评选出 1815 名金牌个人，456 个金牌团队。

在华为，让面向客户的贡献者"升官发财"，已经成为一种文化。公司通过成果贡献来衡量员工的绩效。对于面向客户的贡献者、多劳者，不仅给予与贡献对应的物质奖励，还给予他们充分的精神激励，从而使得他们时刻保持战斗力。

2.6　围绕商业价值实现，技术与市场要拧麻花

今天的华为以客户需求和技术创新双轮驱动，把握市场机会，规避风险。客户需求驱动，就是以客户为中心，围绕客户的现实挑战与商业诉求而不断创新；技术创新就是以技术为中心，为了确保未来的核心竞争力，抢占战略制高点。客户需求与技术创新像拧麻花一样，共同驱动企业发展。

2.6.1　做"工程商人"，工作以商品化为导向

客户的需求并不总是与技术开发的要求相匹配的，因此，在"以客户为中心"的价值创造理念下，华为员工要树立"工程商人"思维。所谓

"工程商人",就是在作为工程技术行家的同时,能够多一些商人味道,真正理解客户需求,积极服务市场,而不要"孤芳自赏"、一根筋走到底。

研发工程师的专业本能是渴望把产品做好,认为只有把产品做好才能真正体现自己的价值。如果无技巧性地、简简单单地把产品做好,往往获得的评价不高,而运用先进技术把产品做得复杂,获得的评价就会很高,这其实不是以客户为中心,因为客户往往需要实现同样目的的更简单的产品和服务。

华为要求研发人员在做工程师的同时,还要做商人,积极跟踪市场,关注客户需求。因为将技术、产品和解决方案转化为客户的商业成功,才能为公司创造价值。

【任正非观点】一切评价体系都要围绕商品化

紧紧抓住产品的商品化,一切评价体系都要围绕商品化,以促使科技队伍成熟化。我们的产品经理要对研发、中试、生产、售后服务、产品行销……负责任,贯彻沿产品生命线的一体化管理方式。这就要求建立商品意识,从设计开始,构建技术、质量、成本和服务的优势,这也是一个价值管理问题。

工作要以商品化为导向,是指所有部门及员工都要以商品化的思维方式组织工作,即进行有市场需求的技术研究开发,而不是仅仅局限于单个部门或个人的工作方式,这样就能够发挥差异化优势,实现最终产品(或服务)的商品化。华为不管在市场拓展还是研发上,都是通过充分发挥各部门的合力优势,占领市场的。

1996年中国电信市场上接入网产品的机会点突然出现,邮电部允许原交换机局通过v52技术接口带其他厂家的用户模块。但是一开始华为中研部的接入网产品发展得并不好,原因是接入网产品与交换机业务部的远端模块有冲突，而当时交换机业务部又是华为中研部第一大部门。由于起初只是在一个部门内发展，接入网产品的内部研发资源得不到保障，研发进度较慢。眼看着老对手中兴的接入网产品在市场上的占有率大有提升，新对手 UT 斯达康也借接入网产品在中国市场上发展起来，华为市场部频频向公司总部告急。任正非把当时的中研部总裁李一男叫去狠狠地批评了一顿，给李一男醒了醒脑。

1996 年年底，中研部专门成立了以多媒体业务部、交换机业务部、传输业务部、无线业务部共同参与的跨部门接入网新产品攻关项目组，以求资源共享，发挥产品和技术间的组合优势，增强核心竞争力。

各个业务部均安排核心骨干人员参加项目组，在项目组的统一安排下进行集体技术会战和技术资料的统一制作。除提供骨干人员参加外，各业务部对接入网产品的相关内容也进行了会诊，针对接入网的版本做了新的开发。跨部门项目组成立后，华为公司在三个月的时间内，就一举突破了新产品的关键技术问题，而且在如何创新地组建接入网络，发展电信新业务（如 ETS 无线接入、会议电视等）方面，率先提出并实现了新的业务应用。华为各业务部通力配合，研发出了无论在功能上还是在成本上都有差异化竞争力的接入网新产品。

华为中研部接入网产品开始时研发不顺利，到后来跨部门合作研发成功，正好验证了工作要以商品化为导向的重要性。

不仅是组织工作，工作评价也应该按照商品化思维展开，关注成果达成，这样才能引导员工建立科学的工作习惯。如果不注重商品化，即使产品做得再好，工作再努力，也无法实现高绩效。

2.6.2　围绕客户需求创新，领先市场半步

在高科技领域，没有创新，要想生存下去几乎是不可能的。企业没

有喘息的机会，哪怕只落后一点点，就意味着逐渐死亡。华为一直以实现客户的价值为经营理念，进行不懈的技术创新和管理创新。实践证明，不创新才是公司最大的风险，只有不断创新，才能持续提高公司的核心竞争力。核心竞争力提高了，才能在竞争渐趋激烈的社会中生存下去。

【管理策略】华为公司的创新理念

√ 创新有风险，但不创新才是最大的风险。

√ 大力倡导创新，反对盲目创新。

√ 只能领先竞争对手半步，领先三步就会成为"先烈"。

√ 开放合作，一杯咖啡吸收宇宙能量。

√ 在继承的基础上创新。

√ 创新要宽容失败，给创新以空间。

华为在大力倡导创新的同时，指出为创新而创新是盲目的，是不可取的。只有在深刻理解客户需求的前提下，对产品进行持续创新，才会有持续竞争力。

华为在 1998 年中国联通的 CDMA 项目招标中落选，这对华为而言是一次重大的打击。众所周知，华为所采取的是压强战术，如果失败意味着整个投入打了水漂。后来，华为内部做了检讨和分析。当时公认的 3G 产品有两个版本——IS95 和 IS2000 版，前者相对成熟，而后者采用了新的技术。华为在战略分析上认为 IS95 只是过渡产品，最终要向 IS2000 版过渡，况且它还可以兼容 IS95，于是投入大批资源研发 IS2000 版。招标时，联通考虑到 IS2000 是新研发出来的，性能不够稳定；IS95 虽然较老，但可以保证系统运营的稳定性，权衡之下，联通选择了 IS95。

　　在这个项目上，华为之所以会失败，归根结底就是缺少与客户深度沟通，没有倾听客户的心声。

　　先进的技术、产品只有转化为客户的商业成功，才能为公司创造价值，因此华为提出了"领先半步"策略：成功的技术往往只领先市场"半步"，太超前的技术很可能因市场还不需要而难以实现价值。为避免研发人员只追求技术的新颖、先进而缺乏市场敏感性，华为一直坚持研发战略要从"技术驱动"转变为"市场驱动"，并且做出硬性规定：每年必须有几百个研发人员转做市场工作，同时有一定比例的市场人员转做研发。

　　华为深知，当一个产品的技术先进到客户还没有对它完全认识与认可时，就不会有人来买，产品卖不出去却消耗了大量的人力、物力和财力，也就丧失了竞争力。所以，华为始终聚焦客户当下面临的烦恼和压力，持续不断创新，坚持领先市场半步。

2.6.3　面向价值创造，技术与市场要拧麻花

　　拥有先进技术，并不等于拥有财富，它必须转化为商品，被大量的人以高于成本的价格购买，才能获得财富。

　　贝尔公司发明了半导体，瑞士是第一个开发出石英表的国家，但它们都没能像日本一样，将技术成功地转化为商品，获取应有的市场价值。正如华为人说的那样，技术是用来卖钱的，卖出去才有价值。

　　1992 年，郑宝用带领着十几个开发人员，准备开发数字局用机。当时，他们只有开发模拟空分用户机的经验，对开发局用机则一无所知，于是决定开发模拟空分局用交换机，并且将其命名为 JK1000。

　　1990 年，中国的固定电话普及率只有 1.1%，排名世界第 113 位。1992 年，华为预测，按照中国电信产业的总体目标，2000 年固定电话普

及率为 5% ~ 6%，因此，先进的数字程控交换机在中国不适用。结果，事实并非如此，到 2000 年，中国固定电话普及率比预想的高出 10 倍之多，这注定了 JK1000 的命运。

1993 年年初，在华为投入了全部的开发力量和巨额的开发费用后，JK1000 成功问世，并且在 5 月获得了国家邮电部的入网证书。在市场推广上，华为也志在必得。可是到了 1993 年年底，数字程控技术得到了普及，华为的 JK1000 空分交换机刚推出就面临没有市场的危险局面，很快市场便被数字程控交换机占领了。JK1000 空分交换机在市场上败下阵后没多久，华为的研发队伍又在 CT2 项目上吃了亏，让华为公司遭受了巨大的损失。

华为永远不会忘掉这个惨痛的事件，因为通过这件事，人们认识到研发必须紧紧抓住产品的商业化，从技术驱动转变成市场驱动。

今天的华为已经走到了世界通信业的最前沿，进入了领先一步的无人区，处在无人领航、无既定规则的环境中。在这样的背景下，华为不得不迎难而上，以战略耐性和巨大投入追求重大技术创新，来保持领先者的地位。

华为董事长梁华在 2018 年 8 月一次讲话中表示，目前我们在某些领域已处于领先位置，面向未来我们需要有产业发展方向的探索。通过以技术创新与客户需求双轮驱动，做多连接、撑大管道、使能行业数字转型，我们未来的价值创造来源也主要是客户需求和技术创新双轮驱动。我们将主动洞察客户需求，通过持续加大在技术创新上的投入，为客户提供有竞争力的 ICT（Information and Communications Technology，信息与通信技术）产品、服务和解决方案。

技术创新不一定能保证我们必然实现新愿景，但是如果没有技术创新，那肯定实现不了新愿景，也不可能取得成长和成功。要想成为智能社会的使能者，自己先要有"势能"，否则就谈不上使能别人。使能者要有强大的平台和扎实的技术，从而改变自己，同时帮助他人去做出改变。

可以看出，在进入无人区后，华为更强调技术创新和以客户为中心的双轮驱动，为客户提供有竞争力的产品和服务。华为明确加大以技术为中心的战略性投入，以领先时代。以技术为中心和以客户为中心两者相结合，意味着以客户需求为中心，来做产品；以技术为中心，来做未来框架性的平台。以满足客户需求的技术创新和积极响应世界科学进步的不懈探索这两个轮子，来推动公司的进步。

第 3 章
绩效目标围绕战略达成

绩效目标的核心是支持业务战略。华为通过"五看三定"模式，洞察市场，制定企业战略目标。然后运用战略解码工具，层层分解企业战略目标，使部门、团队和岗位的绩效目标始终和企业战略目标保持一致，实现企业战略成功落地，从而使企业保持持续获利能力和长久竞争力。

3.1　持续强化企业整体经营能力

任正非说："企业不要一味追求做大，也不要一味追求短时间做强，而是要有持续活下去的能力与适应力。"为此，华为在保持合理利润的基础上，通过坚持进行战略投入，增强土壤肥力，提升企业整体核心竞争力。

3.1.1　提高贡献利润率，保持长期有效增长

企业能否活下去，取决于自己，而不是别人。活不下去，也不是因为别人不让活，而是自己没法活。一个企业要想活下去是非常不容易的，要想始终健康地活下去就是难上加难。

华为副董事长、轮值董事长郭平说："华为追求的是保持长期有效增长。在我们的增长规划中，成为全球 500 强，从来都不是华为的目标。至于跟竞争对手，华为没有做过认真对比。"华为的经营理念就是活下去，追求长期有效增长。只有一直活下去，才会看见长期战略的价值。

从图 3-1 和图 3-2 可以看出，作为一家全球化高科技公司，华为 2012－2019 年平均净利润率为 8.17%，远低于其他高科技企业，而且华为每年在研发投入上都超过了销售收入的 10%，近八年平均占比达到 14.24%。华为不追求利润最大化，而是把公司的长期有效增长作为首要

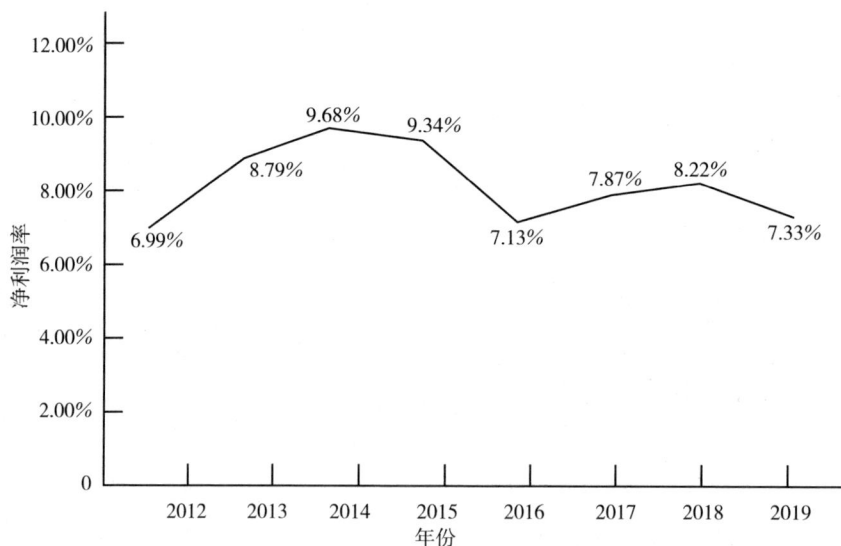

图 3-1　华为 2012－2019 年的净利润率

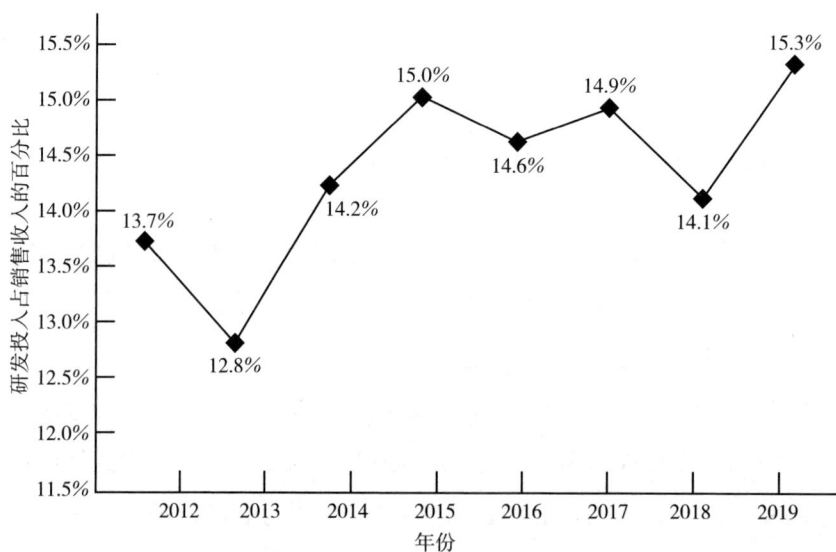

图 3-2　华为 2012－2019 年的研发投入占销售收入的比例

的目标。为了谋求长期有效增长，华为一方面在内部不断挖潜改进，通过"深淘滩"，把对客户创造价值的流程不断优化，规避管理上的一些浪费，实现对客户高效、优质、低成本交付，构建自己的核心竞争力。在同样的价格水平下提供的产品或者解决方案一定最优，同样的产品和解决方案价格一定最低；另一方面降低自己的欲望，与客户、供应商结成利益共同体，每年只保持合理的利润率，把多余的利益让给客户、让给供应商。

华为的商业模式是长期保持饥饿状态，保证持续盈利，不一定要比别人多赚，能活下去才是最后的胜利。一方面要坚持已有优势不动摇，另一方面也要继续往前进，这就是"宝马"——积极关注"特斯拉"，学习"特斯拉"的优势所在，积极看待世界的变化，一旦出现战略性机会点，就投入所有力量。古代的马蹄声渐渐远去，现代的躁动也会慢慢平息。

要想保持长期有效增长，除了关注企业当期获利的能力，还要注重企业未来获利潜力，这也就意味着，企业在发展的过程中，必须平衡当下和未来、短期和长期目标。

2016 年，任正非在日本代表处和日本研究所开员工座谈会，会议上有员工提出日本代表处交付的都是新产品、新技术的项目，导致交付投入大，而公司又对效益提升有要求，请求在效益提升上松松绑。

任正非则说：发达地区不赚钱，难道还让非洲补贴日本吗？赚不到钱，说明我们没有本事。发展需要靠自己赚来机会，而不是靠非洲的钱来投日本市场。非洲的弟兄充满了干劲，争抢了市场，但不能把收获的粮食运到日本来，日本战略投入需要大家努力。

综上所述，企业在管理上应注重的是，既要合理制定企业的规划及战略方向，又要运用科学的企业管理手段，有效地发挥人力、物力等各种资源的效能，来实现企业的经济效益目标。

3.1.2　增加土壤肥力，持续保持竞争的优势

2019 年 5 月，任正非在接受央视专访时表示，去年公司利润太高，常务董事会还做了检讨反思。这不是炫富，这说明我们的战略投入不够。如果战略投入多一点，我们今天的困难就少一点。进行战略投入，就像把家里的"牛粪""猪粪"撒在地里一样，土壤肥力好了，过几年庄稼就可以丰收。

为了持续保持竞争优势，华为曾表示，公司每年会将 10% 以上的销售收入投入研发。2019 年，华为的研发投入达到 1317 亿元，占全年销售收入 15.3%，高于《财富》世界 500 强中排名最高的两家科技公司苹果、三星电子。同时，华为在这一年增加了 1.6 万名研发人员，从事研发的总人数达到 9.6 万余人，约占员工总数的 49%。正如任正非在多次讲话中所表示的："华为要把利润投资在技术研发和行业未来上面，以'多产粮食，增加土壤战略肥力'为目的。"

在 2009 年，华为开始商用第一个 4G 网络时，就投入 6 亿美元开始 5G 的研发。2016 年华为成立 5G 产品线，正式启动 5G 商用产品开发，主要涵盖核心网、承载网、接入网，还有终端。2019 年在 5G 系统侧投入（不含终端）人数有 1 万多人，整个研发费用投入超过 100 亿元。

2018 年 2 月 25 日，在西班牙巴塞罗那举行的世界移动通信大会上，华为消费者业务面向全球正式发布首款 5G 商用芯片——巴龙 5G01（Balong 5G01）和 5G 商用终端——华为 5G CPE（Consumer Premise Equipment，用户终端）。这是世界上最早的 5G 芯片，意味着在 5G 领域，中国已成功实现了领先。在 5G 的整个体系中，华为扮演了从系统设备、终端到芯片各个领域领导者的角色，这种地位目前全世界没有一个企业

可以达到。

截至 2020 年 7 月，华为与全球领先的电信运营商签署了 91 个 5G 商用合作协议，60 多万个 5G 商用基站模块发往欧洲、亚洲等地。

在 5G 技术研发的 10 年里，华为不仅投入了巨大的精力，还有巨大的资金，初步估算，在 5G 方面的研发就投资了大概 500 亿美元，相当于 3348 亿元人民币。这么大体量的投入，从全球来看，只有华为一家。换句话说，这些研发投资差不多可以把诺基亚和爱立信都买下来了。

从以上的案例可以看出，正是由于华为坚持在 5G 上进行战略性投入，提前刨松土壤，增强土壤肥力，多年后才成功地在 5G 上成为世界领先者，最终实现"多产粮食"的目的。

3.1.3 建立均衡的管理体系，有效支撑经营

木桶能装多少水，不取决于最长的那块木板，而取决于最短的那块。企业要想生存和发展，就要遵循木桶定律。在企业的发展过程中，如果一味强化企业比较强的环节，那么弱的只会越来越弱，最终就会导致企业无法长久生存。

经营和管理在目标指向、定位与功能上虽然是有区别的，但两者是统一的，统一于企业这一功能组织中。两者的关系就如太极中的阴阳，相互依赖，共同作用，确保组织目标的实现，这就是一种均衡。在华为，均衡理念最早来源于任正非在华为内刊《管理优化报》上发表的文章《华为的冬天》。

均衡发展，就是抓短的那一块木板。

同志们，你们要想一想，如果每一年你们的人均产量增加 15%，你们可能仅仅保持住工资不变或者还可能略略下降。电子产品价格下降幅

度一年还不止15%吧。我们卖得越来越多，而利润却越来越少。如果我们不多干一点，我们可能保不住今天，更别说涨工资了。

不能靠没完没了地加班，所以一定要改进我们的管理。在改进管理中，一定要强调改进我们木板最短的那一块。

为什么要解决短木板呢？公司从上到下都重视研发、营销，但不重视理货系统、中央收发系统、出纳系统、订单系统等很多系统，这些不被重视的系统就是短木板，前面干得再好，后面发不出货，还是等于没干。因此全公司一定要建立起统一的价值评价体系、统一的考评体系，才能使人员在内部的流动和平衡成为可能。

比如有人说我们重视技术、重视营销，这一点我并不反对，但每一个链条都是很重要的。研发相对用服来说，同等级别的一个用服工程师可能要比研发人员综合处理能力还强一些。所以如果我们对售后服务体系不认同，那么这个体系就永远不是由优秀的人来组成的。我们要强调均衡发展，不能老是强调某一方面。比如，我们公司总发错货，发到国外的货又发回来了，发错货运费、贷款利息不也要计成本吗？因此要建立起一个均衡的考核体系，才能使全公司短木板变成长木板，桶装水才会更多。

我们这几年来研究了很多产品，但IBM以及许多西方公司到我们公司来参观时笑话我们浪费很大，因为我们研究了很多卖不出去的好东西，这实际上就是浪费。我们不重视体系的建设，就会造成资源上的浪费。要减少木桶的短木板，就要建立均衡的价值体系，要强调公司整体核心竞争力的提升。

然而在现实中，很多企业的经营与管理是失衡的：过分重视经营，将全部的精力聚焦于企业的经营效益，使得企业的管理越来越弱，成为木桶中的短木板。结果是，管理缺陷渐渐蚕食了经营的效益，经营的效益因为失去管理效率的支撑，最后导致企业无法实现长久的发展。

所以从长远来看，只有实现了经营与管理动态均衡的企业才能基业长青。正如任正非所强调的：“均衡发展就是要抓短的那一块木板。”

华为 33 年的成长与发展之路，是建立在动态地实现经营与管理均衡的基础上的，通过持续不断的改进、改良，华为不断强化与提升经营管理能力，进而实现可持续发展。

3.2　围绕企业战略设计绩效

管理学家赫尔曼·阿吉斯在《绩效管理》一书中指出，绩效管理是指识别、衡量以及开发个人和组织的绩效，并且使这些绩效与组织的战略目标保持一致的持续性过程。

战略要理清楚企业目前在哪里（差距），要去哪里（机会点和目标），以及怎么去（策略、路径和方法）。华为通过运用“五看三定”模式进行战略规划，包括进行差距分析；通过对市场进行洞察，识别机会点，明确目标，确保公司做正确的事；通过设计科学合理的绩效目标，牵引员工正确地做事。

3.2.1　深入洞察市场，理解战略目标

华为曾经在 2002 年对“小灵通”市场做了放弃的决策，丧失了短期的机会窗的机会点。当然，从另一个层面来看，华为抓住了全球 3G 市场快速发展的战略机会点。华为每次都能识别并聚焦主航道，占领战略制高点。回想华为抓住的各种机会点，大的有无线的 3G、4G 和固网的宽带 FTTx（光纤通信网络），小的有光伏逆变器、手机终端业务和海思芯片。华为是如何准确抓住这些战略机会点的呢？这和它特别重视战略，有强大的战略规划和管理能力密不可分。

【管理策略】抓住战略机会点的核心因素

第一，要有一定的市场空间。如云计算，它的市场规模有几千亿美元，而且还在不断增长。

第二，达成共识。共识包括两个层面：一是核心经营团队；二是高层管理团队和中层管理团队。它们要基于战略规划和战略目标达成共识。

第三，要有很好的管理体系，即以客户为中心的管理体系。

第四，要有强大的团队组织能力。如果队伍不够强大，是无法将战略落地实施的。

第五，能抓住战略控制点。战略控制点可能是品牌，可能是专利组合，可能是客户关系，可能是性价比，也可能是功能比别人好等。

2003年，英国电信在中国启动"21世纪网络"合作伙伴认证，其间考察了华为的能力，对华为的产品和解决方案的质量、公司发展战略、管理合作伙伴体系、质量控制体系、项目管理、企业社会责任等都进行认证。华为把自己做的战略规划交给英国电信审查，结果英国电信回复："这不是战略规划，顶多算明年的重点工作，甚至只是一些工作方向。"这使得华为不得不开始重视战略规划的有关问题。为此，华为在2005年正式引进了战略管理项目，后来逐步演变为"五看三定"模式（见图3-3）。2009年，华为开始将战略规划与公司预算、组织KPI（Key Performance Index，关键绩效指标）相结合。

"五看三定"模式中的战略洞察是通过"五看"的方式来实现的，"五看"是指看行业趋势、看市场和客户、看竞争对手、看自身、看机会，找到机会点。

看行业趋势，就是从宏观的角度对行业发展趋势进行分析，包括国家层面的政治、经济等方面的变化和发展趋势，这些趋势会对行业产生

战略洞察 （环境与价值分析）	战略制定 （目标和策略）	战略解码 （年度业务计划）	战略执行 和评估

看行业趋势

看市场和客户

看竞争对手　　→　定控制点 → 定目标 → 定策略　　年度业务计划　　战略执行、监控、评估

看自身

看机会

输出机会点：
● 战略机会点
● 机会窗的机会点

输出机会点业务设计：客户选择与价值定位、利润模式、业务范围、战略控制点、组织
输出中长期战略规划：三年战略方向、三年财务预测、客户和市场战略、解决方案战略、技术与平台战略、成本策略、交付策略等

输出年度业务计划：
● 体系的目标、策略、行动计划
● 从机会点到订货
● 关键财务指标、预算、组织 KPI

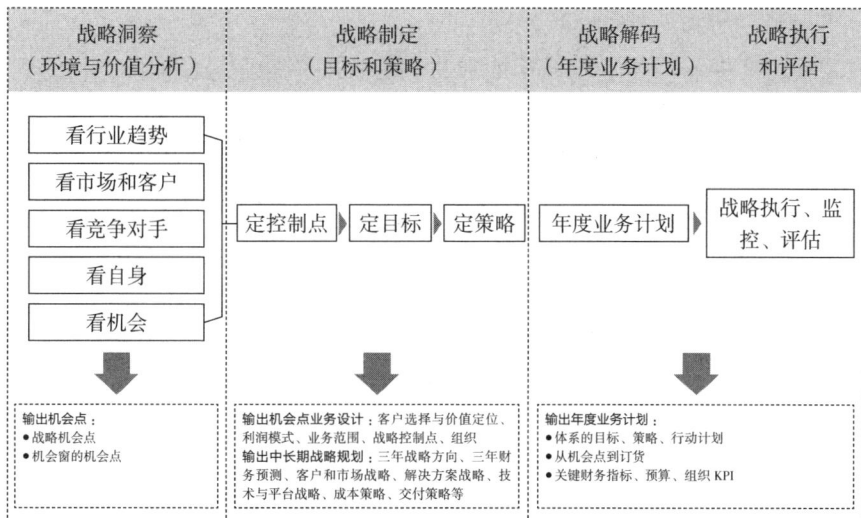

图 3-3　"五看三定"模式

什么样的影响；看市场和客户，就是以客户为中心，聚焦客户的痛点，分析客户的当前需求与变化，发现战略机会点；看竞争对手，就是全方位分析对手的竞争要素，不单单是对手的产品，做到知己知彼、百战不殆；看自身就是建立在对客户与竞争对手分析的基础上，更好地发掘自身的优势，弥补内在的不足，掂量自身是否能够有能力抓住这些战略机会点；看机会就是分析在客户领域的投资机会以及对应的市场空间。

　　企业如果不看行业趋势，就无法从宏观上探知机会的来源；不看市场和客户，就会忘掉自己的"衣食父母"；不看竞争对手，就不知道怎样战胜竞争对手，导致在市场上处于被动；不看自身，就对自身的优势与不足了解不够清楚，无法从开始就抓住与自身能力匹配的战略机会点；不看机会，企业的战略就没有灵魂。

　　战略制定"三定"是指定控制点、定目标、定策略，针对战略确定实施的具体方案。定控制点就是定战略控制点，战略控制点可简单理解为一种不易构建、不易被模仿和超越的中长期竞争力，有不同层级；定目标就是针对战略机会点，确定企业的总体目标；定策略就是目标和方

向明确后，确定实现的具体方案。

通过"五看三定"模式中的战略洞察和战略制定导出的战略机会点聚焦于客户，即抓住客户需求，以客户需求、客户痛点为核心，这样就确保了企业的方向大致是正确的，保障企业在做正确的事。

3.2.2　明确当前和未来的战略机会点

企业除了要理性、科学地制定战略目标，找准战略机会点，还应当使已经确定的战略目标在企业上下明确化，使所有的管理者和员工既清楚地知道战略目标是什么，又明白当下应该做什么去实现它。

面对未来的市场竞争，华为最近几年将云业务版块升级，从战略的高度对其重新定位，使其成为与运营商 BG、企业 BG、消费者 BG 并列的第四大 BG。

2008 年，华为正式将华为云纳入自己的战略版图中，开始投资 IT 产业。次年，任正非在题为《云彩飘扬》的讲话中指出："对华为而言，云计算是颠覆性的技术，会颠覆 IT 产业，甚至有可能颠覆电信网。"

如今，华为在云计算方面已经取得了丰硕成果。根据 IDC（市场研究公司）2018 年发布的报告显示，在中国政务云市场和大数据市场，华为都排名第一。在面向企业客户的大数据统一平台和云操作系统，华为也取得了非常丰硕的成果，市场占有率非常高。可以说到目前为止，华为云一直在朝着当初设立的战略目标前进，并且步步为营。

华为在发展云技术方面的战略目标和战略规划经过层层传递，已经在全体华为人心中建立起了强烈的意识，并且作用于大家的工作。

首先，华为明确了华为云的应用范围。范围明确有助于员工在工作时，尤其在研发中，能够正确取舍。华为决定：先把云计算的技术应用到解决大企业的 IT 架构云化改造以及企业的大数据分析上。在公有云方面，利用掌握的技术增加运营系统，同时增加运维系统，保证用户遇到任何问题可以得到快速响应。再进一步，华为通过加大投入，让公有云和私有云并列发展，从而为客户提供混合云解决方案。

其次，华为明确了华为云的定位。华为云不仅仅是"计算 + 存储 + 网络 + 安全"，而是"计算 + 存储 + 网络 + 安全 + 物联网 + 大数据 + 人工智能"，为客户提供全栈解决方案；华为云也不仅仅是软件与服务，而是"软件 + 服务 + 芯片 + 硬件 + 生态"，真正满足企业对 IT 基础设施、人工智能、物联网的所有需求；华为云还不仅仅在线上提供服务，而是线上线下相结合解决客户问题，助力企业向 IT 转型。

华为希望通过资源倾斜、加大投资，解决一些核心技术问题，并且打造出云平台，建立"连接 + 云平台"模式，给所有的合作伙伴提供一个开放、公平、公正的环境，一起面向未来。

另外，华为为了明确当下和未来的战略机会点，在公司战略沙盘上把战略机会点一一标注出来。面对那么多尚未攻下的战略机会点，需要始终机警地将目光聚焦于公司有望触碰到的价值区域、价值资源和价值城市。华为还把这些战略高地划分成多个阵地，分别加以分析，拿出对应的策略和措施，实事求是地争取获得成功。这样的战略沙盘，让华为始终都处于居安思危的状态。

不难发现，华为在发现和攻破战略机会点方面，不仅能做到"仰望星空"，拓宽自己的眼界，进行数以万计次的预演；还能做到"脚踏实地"，真正有效地做好业务和研发，让梦想变成现实。

3.2.3　组织绩效和个人绩效紧紧围绕战略

围绕战略目标和市场机会，华为人以力出一孔之态充分诠释了什么叫团队作战，什么叫组织能力聚焦。进而，组织绩效和个体绩效的实现也就变得顺理成章。

　　一个企业为什么要做好组织绩效的管理？既然是一个企业，就要定业绩目标；分解了目标，就要衡量达成的结果。所以，确定组织绩效目标的目的是引导、牵引组织的行为，同时支撑企业战略的达成，也是对部门的贡献进行识别。企业考核什么、员工就会做什么，这就是在牵引组织行为。

　　在华为，组织绩效是指在一定时期内，对组织基于自身职责定位承接的公司或上级组织目标完成结果的衡量，一般包括战略目标和业务目标两部分。组织绩效目标确定原则是垂直一致性的：以公司战略为基础，自上而下垂直分解，从公司到体系，再到部门，这表明组织绩效是紧紧围绕公司战略的。

　　个人绩效是员工履行岗位职责和角色要求的有效产出。绩效导向是责任结果，责任结果就是这个岗位应该承担的职责所要求的结果，最终体现为价值创造（见表3-1）。

表3-1　华为的绩效内涵

不评过程和表面现象/事件	评岗位责任结果/贡献/价值
• 表扬信的多少 • 苦劳、加班 • 亮点、出彩、影响力 • 个人能力因素 • 过程指标和部门局部的指标	• 对客户的最终价值 • 基于岗位责任的有效结果 • 个人对团队目标的贡献 • 表扬信、亮点、难度、进度、加班等所承载的贡献/价值

　　孙子曰："上下同欲者胜。"为了使组织绩效和员工绩效始终与公司的战略目标保持一致，华为充分运用战略解码、PBC（Personal Business Commitment，个人业绩承诺）等绩效管理工具。组织绩效的实现依靠个人绩效的实现，但是个人绩效的实现不一定保证组织绩效必然实现。如果组织的绩效能按照逻辑关系被层层分解到每一个工作岗位以及每一个员工，那么只要每一个员工达到了组织的要求，组织的绩效就实现了。通过组织绩效的层层落实最终实现企业的战略目标。

　　通过绩效管理，华为在员工个人绩效和组织绩效之间建立起了直接的联系，确保了员工的工作活动与组织的目标始终保持一致，最终保障了公司战略目标的成功实现。

3.3　将战略解码到组织目标中

"战略解码是战略执行的前提，战略解码的质量决定战略执行落地！"在明确战略目标后，华为通过战略解码，将其自上而下层层分解落实到各部门的绩效目标中，让各部门明确自己的具体任务，配合战略执行落地。

3.3.1　遵循平衡计分原则，保证战略目标承接

清晰科学的战略规划，细致可行的战略解码，是企业从战略到执行、建设核心竞争能力、实现可持续发展的重要保障。很多企业的员工绩效计划往往是空中楼阁，就是因为它们忽略了战略解码工作。战略解码是绩效管理的前提，绩效管理是战略落地的闭合！

战略解码的过程就是将企业的战略规划分解到产品线、销售线（行业或客户），再分解到企业各个部门的过程。换句话说，就是把企业的战略目标分解成不同目标，落地到各个单元，让各个单元去实现。

华为通过对公司战略进行自上而下层层的垂直分解，从公司到产品线，到部门，再到岗位，找到关键的成功因素和重点任务，并且将它们落实到相关组织（部门或岗位）的 KPI 中，甚至主管个人的 PBC 中（见图 3-4），以确保战略规划落实着地。

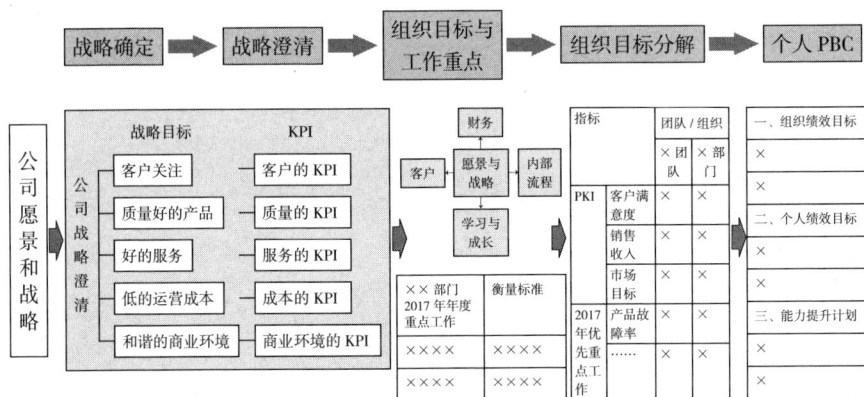

图 3-4　绩效目标的形成（示例）

> **【任正非观点】各部门一定不能孤立地制定 KPI**
>
> 　　KPI 要围绕公司总的战略目标来分解和贯彻，各部门一定不能孤立地制定 KPI。每个部门与产品的覆盖率、占有率、增长率都要有一定的关系。只有在战略目标引导下的管理与服务目标分解，才会起到"力出一孔"的作用。

　　平衡计分卡是当前世界 500 强公司在战略解码过程中运用的主流工具，它是从财务、客户、内部运营和学习与成长四个层面对战略目标进行解码的（见图 3-5）。

　　公司战略解码的具体过程如下。

　　1. 在财务层面

　　公司需要通过相关的财务术语描述战略的有形成果，解码后的主要体现有基本的财务关键成功因素和相关的财务指标。

　　目的：提供组织成功的最终定义，表明战略实施和执行是否对盈余改进有所助力。

　　确定原则：财务策略目标应体现部门的责任和责任中心定位，应支撑战略目标的达成且必须有利于组织可持续发展。

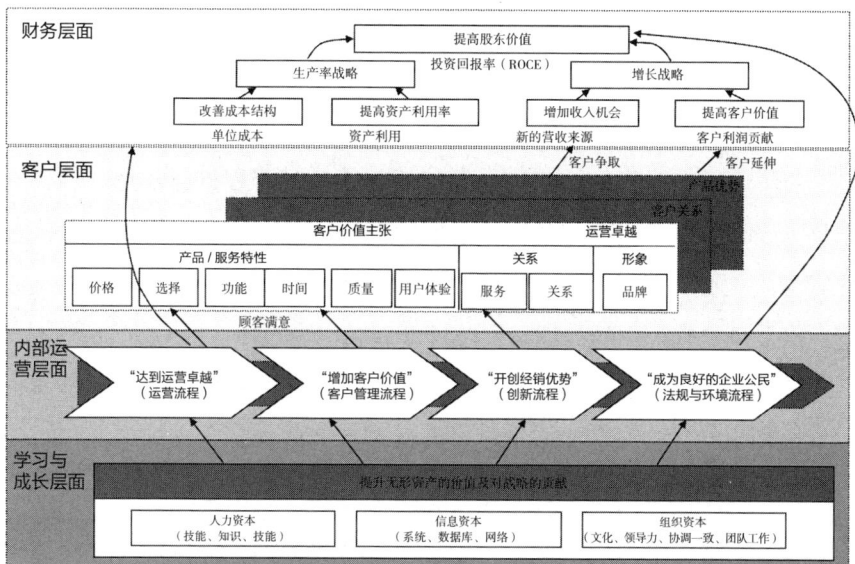

图 3-5　平衡计分卡（示例）

确定方法：基于部门的责任和责任中心定位，确定能够为公司做出的财务方面的贡献（如规模增长、收入增加、风险控制等）；基于战略目标识别重点财务策略。

2.在客户层面

公司需要对公司目标客户及价值主张进行明确描述，如价格有吸引力，用户体验良好，服务周到，品牌形象好等。

目的：通过对公司目标客户的界定，并且对目标客户的价值主张/诉求进行识别，为下一步确定实现客户价值主张的核心流程提供目标。

确定原则：明确目标，细分客户并识别其价值主张，而不是应付所有客户的需求，不同类型的目标客户应分别识别不同的价值主张。对部门而言，客户不仅包含外部客户，还包含内部客户。对内部客户，价值主张应描述服务的结果，过程性要求放在内部层面。客户价值主张的实现应对财务层面有支撑作用，应能够为目标客户创造差异化、可持续的价值。

确定方法：对客户进行细分，确定目标客户；分析目标客户的价值主张；确定客户层面的目标（针对目标客户的策略目标，形成差异化的价值主张）。

3. 在内部运营层面

公司要对战略产生比较重要影响的相关关键流程进行描述。例如，市场／营销管理中的产品销售，运营管理中的持续向客户提供服务，客户管理中的建立并利用客户关系，创新管理中的开发新产品／服务／流程，以及研发管理中的持续研发项目管理。

目的：实现公司战略的两个关键要素，即为客户创造价值并传递价值主张和为财务层面的生产率要素改善流程并降低成本，为下一步识别战略人力资源／信息／组织资本做好准备。

确定原则：应支撑财务层面和客户层面目标的实现；核心管理流程应能传递差异化价值主张和提高生产率，而不是简单的功能汇总。

确定方法：确定能够对客户层面的目标实现起决定性作用的要素；确定能够对财务层面的目标实现起决定性作用的要素；对筛选出的关键要素加以归类。

4. 在学习与成长层面

公司需要描述如何将人力、技术、组织结合起来支持战略。例如，人力资本（战略能力）：执行战略活动所要求的技能、才干、技术诀窍等；信息资本（战略信息）：支持战略所要求的信息系统、知识运用和基础设施能力；组织资本（战略环境）：执行战略所要求的动员和维持变革流程的组织能力。

目的：通过无形资产驱动内部业务流程绩效提高，在向客户、股东和社会传递价值时发挥最大的杠杆作用。

确定原则：无形资产应关注支撑内部层面确定的关键流程运作所需的特殊能力和特征（人力／组织／信息资本）。

确定方法：确定为有效支撑核心流程运作，在团队、员工能力提升及信息基础设施及信息系统建设方面的关键策略；确定为保证战略有效实施，在文化、领导力、协调一致、团队工作等方面的关键策略。

通过运用平衡计分卡将公司的总战略进行分解，华为从财务、客户、内部运营以及学习与成长四个层面确定部门的绩效指标，并且加以衡量。最终成果的输出是股东满意、客户高兴、内部运营高效和员工的学习成长动力大。

3.3.2　抓住关键成功要素，设计相应的衡量指标

管理大师德鲁克说过："战略管理是实现企业目标的一系列决策和行动计划。任何行动从语义学的角度分析都包含这样几个问题，即做什么，由谁做，怎么做，在哪里做和何时做。"

在华为，战略管理体系由组织制定并经最高管理团队确认后，每个重大战略都会经过层层逻辑解码，用数据说话，导出可衡量和管理的关键成功要素，分配到各层级部门，让各层级员工去理解并执行。这样一来，员工就能真正理解战略，并且找到自己在该战略中所处的位置，发挥自己的作用。经过对公司战略进行解码，确定部门的关键成功要素和重点工作任务后，就需要设计相应的衡量指标。

华为的绩效体系分为四个部分：绩效目标设计、绩效过程监控与辅导、绩效考核及绩效应用。这四个部分通过绩效管理组织和责任考核体系来实现。

绩效目标设计是第一步，在对战略进行解码后，从平衡计分卡的四个维度选择可衡量的关键指标，构建 KPI，并且分解落实到对应的部门或岗位上，形成不同层级的 KPI。这样，各组织的目标就更加明确，考核也就更加具体、有针对性了（见图 3-6）。

华为一般通过 KSF（Key Successful Factor，关键成功要素）设计对应绩效目标的衡量指标，具体步骤如下：

（1）识别实现目标的 KSF 或关键业务活动。

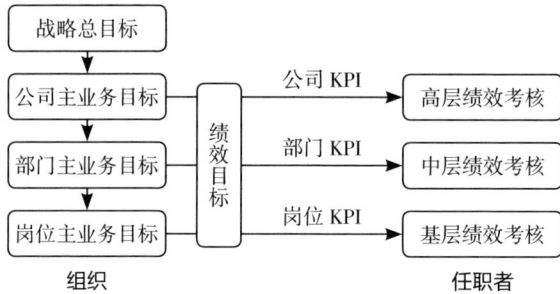

图 3-6　华为绩效目标分解体系

（2）确定各项 KSF 的衡量方法。

（3）基于组织职责确定各衡量指标的责任部门。

用 KSF 分解指标要求对业务非常熟悉。KSF 提炼是否到位，是否设计出恰当的衡量指标，是战略目标能否实现的关键。基于 KSF 设计出衡量指标后，还需要按部门职责明确绩效指标的责任部门。

以华为设备成本管理为例，通过 KSF 分解出降低设备成本的关键要素分别是研发降成本、采购降成本和提升生产效率等，由此设计的对应指标分别是成本节约额、成本下降率和制造费用率，对应的责任部门分别是产品生产部、采购认证管理部和供应链管理部。

通过战略解码将公司战略目标层层分解，转换为绩效目标，然后设计组织的 KPI（见表 3-2）。

在设计好组织的 KPI 后，绩效评价相关部门 / 团队会采取"评""议"结合的方式，以 KPI 测评结果和主管述职报告为依据。

组织绩效测评结果主要应用于以下四个方面：第一，部门员工考核比例的分布；第二，部门绩效的奖励；第三，部门薪酬包和奖金包的确定；第四，干部的任用。在组织绩效较差的团队中，因为总奖金太少，即使个体绩效较好，也有可能比组织绩效优秀的团队中的一般人员领到的奖金要低。

表 3-2　组织的 KPI

类别	指　标	比例	底线值 （80%）	达标值 （100%）	挑战值 （120%）	说明
客户	客户满意度					
财务	毛利					牵引提升合同完成质量和盈利
	销售收入					牵引增长销售量和市场占有率
	费用率					牵引降低人力费用和研发费用
	降成本率					牵引降低成本
内部 运营	合规运营					
	重点项目落实率					
学习与 成长	干部培养					
	核心岗位主管符合度					

注：底线值是公司战略落地的最基本业绩；达标值是反映正常战略诉求的业绩；挑战值是超出公司战略预期的业绩。

3.3.3　重点工作任务是实现战略目标的抓手

华为的组织绩效管理运作可分解为战略规划与解码、战略执行与监控、组织绩效评估与反馈、评估结果应用四个模块（见图 3-7），四个模块的次序为递进式，由前一个模块的完成带动后一个模块的开启。

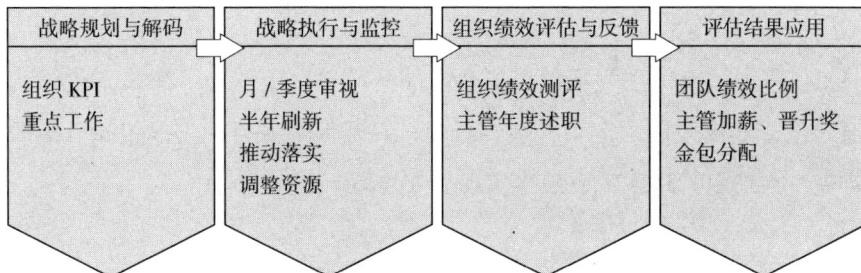

战略规划与解码	战略执行与监控	组织绩效评估与反馈	评估结果应用
组织 KPI 重点工作	月 / 季度审视 半年刷新 推动落实 调整资源	组织绩效测评 主管年度述职	团队绩效比例 主管加薪、晋升奖 金包分配

图 3-7　华为的组织绩效管理运作模式

华为各部门、各项目团队在经过科学的战略规划和解码后，分解得出需要完成的组织 KPI 与重点工作，甚至在一些较为庞大的工作任务下还会分出子项目。其中，各部门、各项目团队需要完成的重点工作是通过对公司战略进行解码，凸显出各部门、各团队在公司战略中的独特价值，然后再落实到具体负责人的。重点工作负责人明确工作目标和评价标准后，要输出详细的可执行的措施，以确保重点工作的落地和完成。

通过战略规划和解码，各部门或项目组的所有成员都能明确自己的具体工作任务。在后期的战略执行中，管理者依然需要发挥领导作用，推进执行工作。有的时候，各部门在完成重点工作时会有一些不可控因素，导致成果差强人意，于是就需要管理者通过合理的决策体系来协调。为此，华为会举行 ST（Staff Team）会议，集合各部门主管一起分析战略重点工作的落实情况，如重点工作举措是否执行到位、有无风险、能否按期完成等，以及时调整部门资源，按期完成重点工作。华为对重点工作落实的监控是通过定期审视（如月、季度审视）、半年刷新方案、推动落实、调整资源等方式实现的。

对战略重点工作的执行进行监控，既有利于保证整体战略的实现进度，又有利于及时对特殊情况做出灵活反应。可以说，重点工作任务是实现公司战略目标的抓手。

3.4　让部门主管为组织绩效负责

在华为，部门主管不仅需要负责团队绩效，还要与下属员工进行沟通讨论，辅导他们制定个人绩效目标，以确保个人目标支撑组织目标的实现，在绩效管理体系下最终实现多方共赢。

3.4.1　组织绩效与管理者个人绩效的关系

管理学界曾经就美国（以股东利益为中心）和日本（把员工利益放在首位）模式展开了一番讨论，期望得出一个孰优孰劣的结论。不过随着时代的发展，现代企业逐渐有了统一的认知：在绩效管理体系以及组织绩效管理机制下实现多方共同胜利，即"多赢"。为了保证多方都是赢家，企业就要确保员工的个人目标服从企业的战略，使个人目标与企业目标保持一致。

2010 年，华为的李亮（化名）被调往 B 国工作，在当地的中国员工表示 B 国当地员工普遍扛不住压力，一旦业务量剧增，就无法在客户要求的时间内完成工作。李亮认为这是个非常严峻的管理问题，但当时的业务量还比较小，影响不是特别大。

到了 2011 年 5 月，B 国 ERP（Enterprise Resource Planning，企业资源计划）刚刚上线磨合，华为积压了大量订单。同一时间五大项目工作量全面暴增，仅仅是其中的一个项目就要求在 4 个月内完成 8 000 站的交付，中心仓库发货量需求从每天 100 站激增到 200 站。李亮意识到人力不足，于是通过招聘、外包、借用等手段迅速新增了近 40% 的人力。原以为能大幅提升效率，但李亮发现每天的发货产出仅仅提升了约 20%（118 站 / 天），离目标还差得远。

李亮联系了当地主管，与他沟通加班的事宜，但当地主管有些为难，并且询问是否能加一倍的人手。他表示在 B 国是不允许员工加班超过 2 小时的，一周的工作时间不能超过 54 小时。如果要求员工连续加班，工会将提出劳动保护要求甚至罢工。于是华为只好安排中国员工投入仓库的工作中，结果中国的员工每天十几个小时连轴转，B 国的 100 多名当地员工却还是不紧不慢地干着自己的活，毫无一丝紧迫感。

为了调动 B 国当地员工的积极性，各级主管集体讨论发现：由于在 B 国没有合理的价值评价体系来激活组织，当地员工都是拿月薪、加班费的，而且根据 B 国的法律，不能对工作者的工作情况进行直接排序和通报，所以对于当地员工来说，没有多劳多得的激励，干多干少都一样。发现问题的关键后，他们立即采取了相应的解决办法：首先明确了当地主管的工作目标，并且对之前的工作环节进行了简化，不再细分客户群，只要求每班次总发货总量至少 70 站。接着将当地员工按"拣、验、发"的工作流程分成三人一组，记录组员每天的发货结果，并且用柱状图的形式将各小组的结果公示出来，每周对前三名的小组采用多元化激励，张榜公布优秀团队的照片。

建立了合理的绩效管理体系后，华为在完成公司目标的同时考虑到了员工的个人目标，将个人目标、团队目标与公司目标的方向调整到相同的方向，于是 B 国项目组在没有新增加人员的情况下，每天的发货产出提升了 80%，达到了 210 站 / 天。

绩效管理体系是衔接个人与企业目标的纽带。很多企业的绩效管理没有关注组织目标和个人目标的协同。华为通过绩效和激励的关联，牵引员工关注组织目标的实现，同时适配以奋斗者为本的分配策略，确保员工的个人目标支撑组织目标的实现。

华为管理者的绩效包括：管理者所管辖部门的 KPI、管理者个人工作的 KPI 和重点工作，以及团队管理举措。任正非在个人绩效管理优化工作汇报会上强调，如果组织经营效果不好，部门主管是不可能有好的绩效成绩的。

作为一个团队的主管，自己不仅必须是一个能冲锋陷阵的干将，还必须是一个能带领团队攻城拔寨的主帅。团队的整体绩效是部门主管的"紧箍咒"，是干部提拔任用的前提和必要条件。团队绩效的测评结果要全面应用于该部门的调薪、奖金包和职级比例的分配。另外，主管还必须注重自身业务素质的提升，在团队和组织氛围建设等方面不断进行优化和创新。对员工普遍反映不够好的主管不予提拔。

3.4.2　部门主管要辅导下属制定绩效目标

华为在管理团队绩效和个人绩效中借鉴了 IBM 的考核模式，让部门主管辅导下属做 PBC。团队主管需要与员工进行沟通，辅导他们对自己承诺的目标进行分解并量化，协助其制定 PBC，以便员工在执行时能兑现他们的绩效承诺。

为了平衡团队绩效和个人绩效之间的关系，要求做到"上下对齐"，就是目标对齐、思路对齐、意愿对齐。

【管理策略】华为管理者辅导下属制定 PBC 的思路

1. 了解整体的现状和问题。"今年与去年相比，产品有哪些变化？这些变化对团队的业务提出了什么要求？"

2. 澄清目标。"团队今年要达到什么目标？为什么是这样的？"

3. 聚焦独特价值。"哪些事情是部门主管必须花大力气去关注的？""在这些事情中哪些由主管完成，哪些由下属完成？为何要这样分配任务？""做好这件事情的关键举措是什么？"

4. 强调结果导向，明确真正成功的标准是什么。"这件工作怎样才算落地了？""做到什么程度就能让上级和客户很满意？"

5. 回顾目标和问题。"问题解决了吗？""上级和客户满意了吗？"

在辅导下属做个人 PBC 时，首先，部门主管需要深入地了解下属的业务领域，通过沟通理清业务思路，真正实现上下对齐。而且通过这次彻底的沟通，日常沟通有了全局的视角，进而大大降低日常的沟通成本。其次，主管不要轻易下结论，而要不断地启发下属。对员工来讲，沟通能让他们开启思路，学会结构化思考，找到解决问题的方法。最后，主管和员工应各司其职，各尽所能。主管应通过不断刨根问底澄清下属所在岗位的独特价值，帮助每一位下属把最主要的精力聚焦在最关

键的工作上，提高团队效率。

主管和下属共同制定绩效目标的模式，有助于主管考察员工的最终业绩，也能了解到整个过程中下属的工作情况，及时调整工作偏差，在帮助下属更好地完成 PBC 的情况下，获得更好的团队绩效。对下属绩效目标的辅导不是为了完成考核去做过程检查，而是帮助员工达成业务结果，同时促进其成长。

3.4.3　强化奋斗者精神，落实目标责任

华为《致新员工书》中有这样一条："在华为，您给公司添上一块砖，公司给您提供走向成功的阶梯。希望您接受命运的挑战，不屈不挠地前进。您也许会碰得头破血流，但不经磨难，何以成才？"

无论是《致新员工书》中的话，还是体现个人绩效目标责任的 PBC，都是华为奋斗文化的体现，是部门主管传承奋斗文化的工具。与此同时，主管们还会强调：奋斗要产生成效才是真正的奋斗。也就是说，工作要以成果为导向。

华为前副总裁徐家骏在离职后给任正非写了一封信，信中提到华为的绩效管理应遵循"对职业负责，对目标负责，对自己负责"的原则，并且说道："大企业肯定会有绩效考核，但如果片面地追求考核成绩，而不对自己负责、不对自己的目标负责，失去工作的使命感、责任心和好奇心，必将不能达到自己的最佳境界。而一个企业如果能够成功营造一个环境，让每个人尽量发挥到最佳境界，企业将会战无不胜。"

2008 年，华为的赞比亚 MTN 300 个站点的全 Turnkey 项目是地区部第一次大规模交付的 Turnkey 项目，客户方要求华为在 12 个月内完成交付。在这 12 个月里华为要完成挖地、打地基、做塔、立设备和开通业务等全 Turnkey 项目工作，时间紧张。由于没有经验，项目进展十分缓慢，

整个项目组都焦躁不安。为了组织大家找到推进项目进展的解决方案，项目经理每天晚饭后都和项目组成员一起开会讨论，历时 180 多天，项目组仍然没能从困境中解脱出来。

徐海明原本是项目合同经理，负责合同履行和变更工作。面对项目困境，他主动写邮件给华为代表处的领导立下"军令状"，承诺 60 天内交付 13 个站点，如果不成功，他就卷铺盖回家。领导同意了，给了徐海明赞比亚卡布韦区域。项目组其他成员得知这个消息，也纷纷立下绩效承诺，表示如果不能实现客户要求，就和徐海明一起承担失败的后果。

项目组立下"军令状"之后，每个成员都干劲十足。卡布韦站点交付区域十分偏僻，市电供应不到这块地区，项目开展期间的用电几乎全部依靠"历史悠久"的发电机。一次老旧的发电机出了故障，徐海明只能组织项目组将所有车发动起来，用车灯提供工程现场照明。经过努力，终于在 60 天内交付了 13 个站点。正是得益于在工作上的当责意识，徐海明在华为一步步实现了自己的事业理想。

在华为，有很多像徐海明这样的一线主管，他们把公司的业务目标看成自己必须完成的任务，在工作中坚决达成目标、取得成果，并且主动承担起目标责任，引导和激励下属为组织的战略目标做贡献，从而使得华为的奋斗文化得到不断强化。

3.5　个体目标要支撑组织目标实现

彼得·德鲁克认为："企业中的每一个成员都有不同的贡献，但是所有贡献都必须为着一个共同目标。他们的努力必须全部都朝着一个方向，他们的贡献必须互相衔接而形成整体——没有缺口，没有摩擦，没有不必要的充分劳动。"华为通过战略解码，让员工充分理解公司的总体战略目标，并且将个人绩效和组织绩效捆绑在一起，实现对公司总体战略的有效支撑。

3.5.1　让员工充分理解组织目标

战略目标虽然重要，但是在战略制定上也不能过犹不及。有的企业喜欢一次次制定看似完美的战略，并且反复地向员工宣讲，却不考虑员工是不是能够理解所谓的"战略"。戴维·帕门特更是宣称，如果一个人被失眠困扰，那么他可以试着去读一读企业的战略规划，也许读到第二页的时候，就已经陷入沉睡了。

战略方向是企业高层管理者要关注的事情，但是基层员工更需要明确的是他要做什么，做到了能得到什么。让员工理解为什么做，怎么做是非常重要的。

在华为的一次内部会议中，时任华为公司CFO（Chief Financial Officer，首席财务官）的孟晚舟做完财务报告之后，任正非忽然说道："时间还很充裕，谈谈你对华为发展目标的看法。"于是，孟晚舟便将壮大欧洲市场、致力开发新一代智能产品、打造电信网络新平台等战略构想阐述了一遍，还没等她说完，任正非打断了她："你的战略构想很好，但是如何向下面的人传达，说你要当世界老大呢？"孟晚舟一时语塞，不知道如何回答。

任正非接着说："制定战略是公司层面的事，我们的员工未必关心公司的事，他们更关心自己一年能拿多少钱。但是我们要让员工觉得公司的事业是和他们息息相关的，光喊几个口号是不行的。以前行得通是我们人少，现在我们的员工一个体育场都站不下，我们的声音怎么传给体育场外面的员工？"

华为对公司战略目标进行层层解码，将其传达到各个部门、各个员工，对员工岗位层面采取的是 PBC 绩效考核方法。PBC 是指"个人业务绩效承诺（Personal Business Commitment）"，采取自上而下的方式将公司目标逐层分解至每一个员工，员工对自己所属岗位需要承担的责任目标、在一定期限内达到的业务结果和重点要完成的关键任务，以及个人的学习成长方面有书面的承诺，并且与主管达成一致。

【管理策略】PBC 是华为公司对每个员工的期望和考核的标准

层层制定目标：

√ 每年年初，公司向各产品线下达绩效目标。

√ 各产品线将下达的目标分解至部门、片区、办公室、科室。

√ 在和员工沟通的基础上，将目标分解到各个员工。

绩效目标要求：

√ 目标须符合 SMART 原则（具体的、可衡量的、可达到的、与其他目标有相关性、有时限的）。

√ 员工个人目标应紧密围绕组织目标，与组织目标保持一致。

√ 员工目标的挑战性应与员工职务级别、薪酬级别成正比。

√ 实行矩阵管理的岗位，员工目标由行政上级、业务上级共同确定。

华为 PBC 强调责任结果导向，兼顾短期和长期目标，考核维度全面，推动了公司的业务增长和高效执行，有效支撑了华为的持续发展。

3.5.2　将个体绩效与组织绩效捆绑起来

个人绩效的实现，是为实现组织绩效而服务的，因此，在制定个人绩效时，应当先考虑的是与组织绩效的匹配性。前面我们提到过，华为在个人绩效管理上引入了 PBC 并进行了优化，优化后的 PBC 结构如表

3-3 所示。

表 3-3　华为优化后的 PBC 结构

一、业务目标
关键结果指标——个人承接 KPI
1. 经营指标（KPI 指标）
2. 市场目标
个人关键举措目标——共 6 ~ 8 项
1. 个人年度业务目标（战略诉求、山头目标、高层客户管理等）
2. 个人年度管理改进目标（交付流程改进、组织建设等）
二、人员管理目标（共 3 ~ 4 项）
根据各自负责的部门的团队与人员管理挑战，设置目标
三、个人能力提升目标（共 2 ~ 3 项）
根据个人能力短板，设置个人能力提升指标，非职业发展计划

　　PBC 的制定是一个双向沟通的过程，是员工和部门主管在沟通协商中制定的，而不是简单的任务分解与对上级命令的执行。这样一来，既能提高员工个人的参与感，还能把员工的个人业绩与部门的绩效目标相融合，同时保证公司的绩效目标与部门的绩效目标紧密结合，使得公司目标能够被切实地执行。

　　员工 PBC 里的目标是个人绩效评估的主要依据，影响着对员工的价值分配。如果将员工收益比作"蛋糕"，组织绩效决定了整个"蛋糕"的大小，而员工个人绩效则决定了每个员工能分到多大的"蛋糕块"。通过这样的方式，华为将个人绩效与组织绩效进行了有效捆绑，使两者达成了平衡。

　　有这样一家企业，由于没有建立明确的责任制度，经常有人"出工不出力，出力不出活"，或者干自己的私活；还有人漫不经心，懒懒散散，以致工作效率低下。例如，生产小组需要跟进的任务，常常出现小组成员相互推诿，都认为既然是小组的任务，自己没有必要去冒这个头，致使生产任务常常出现延误。

调研后发现，员工之所以这样做，是因为个人绩效和团队绩效没有很好捆绑，缺少有效的考评手段。大部分员工认为既然没有责任人，那就有问题大家承担，有责任大家分担，实质上人人都没有责任。由于抱有这种思想，员工非但不能明确自己在团队中所扮演的角色，更不知道自己究竟该做什么。

很多企业将个人绩效与团队绩效割裂开来，各自独立，实际上是不利于推动个人绩效和团队绩效提升的，而且，也不利于员工培养团队意识，融入团队，实现协同发展。因此，要通过组织绩效分解，与个人绩效形成强捆绑关系，从而做到"力出一孔"。

3.5.3　个人绩效目标根据岗位不同差异化

在对企业总体战略进行解码后，企业依次建立了各级的指标体系。首先，基于企业的总体战略，找出企业的业务重点，并且确定这些关键业务领域的 KPI，从而建立企业级 KPI；其次，各部门主管依据企业级 KPI 设计部门级 KPI；最后，各部门主管和部门的员工一起将部门级 KPI 进一步分解到个人 KPI，形成员工 PBC 考核中的主要依据。

华为对员工的绩效目标设定并不是采用简单分解的方式的，而是按照业务目标和岗位职责的要求，制定考核指标，高层管理者、中基层员工以及基层员工的绩效衡量要素是差异化的。

> **【管理策略】华为对不同层级员工的绩效目标关注点不同**
>
> 对于不同层级的员工，华为考察的侧重点各不相同，对于高级别的人员，关注其经营结果；对于中层级的人员，基于部门现状，考核的内容也有不同，不是简单分任务；对于基层员工，也会基于部门的实际情况，设置适配部门目标的考核要素。

笔者曾给 A 企业做过一次管理咨询。笔者当时访谈了 A 企业的总经理、人力资源部主管、门店经理和区域经理，并且对营业员进行了问卷调查。结果发现：A 企业目前在绩效管理中存在的主要问题是企业对营业员、门店经理、区域经理的考核指标都是营业额和毛利。只要门店经理负责的所有营业员完成了当期的绩效目标，门店经理的绩效目标也就完成了；区域经理负责的区域内的门店经理的绩效目标完成了，那么区域经理的绩效目标也完成了。等于说，A 企业的门店经理、区域经理每次只要把门店、区域的经营目标分解给营业员，其余什么都不用做，躺着就能获得回报。不同岗位的 KPI 没有差异化，形成了俄罗斯套娃式管理，导致企业产生了躺赚阶层。

于是笔者根据 A 企业的营业员、门店经理、区域经理等在企业战略中的独特价值，对他们的 KPI 做了区分，形成差异。对于营业员，他们是企业的基层员工，设置的考核指标以营业额为主；对于门店经理，企业不仅要关注他们的营业额，更要考核他们在当期的利润，这样牵引他们关注门店的利润增长，而不是坐等营业员完成目标；对于区域经理，他们应该关注的是新市场拓展和改善落后门店的经营，增加土壤肥力，因此要设置对应的 KPI，牵引他们关注企业的长期发展。

通过对 A 企业的不同岗位进行差异化绩效考核，企业的躺赚阶层逐渐消失了，员工的工作积极性有了显著提升。

依据岗位的职责来设置不同绩效考核指标，实现差异化考核，能够体现不同岗位的独特价值，充分发挥绩效考核"指挥棒"作用，激发员工的工作积极性，进而提升企业的管理效率。

第 4 章
组织绩效过程管理

好的绩效管理是企业战略落地的保障，但是很多企业对绩效的过程管理是缺失的，最终导致结果不尽如人意。对此，华为强调各级管理层要做好对绩效的过程管理，有效支撑企业战略的实现。

4.1　组织绩效管理的关键

华为副董事长、轮值董事长徐直军说："站在管理者角度来讲，做绩效管理，就是要让你的下属愿意死心塌地跟着你一起干、迎接挑战、追求卓越，去共同达成组织的目标！"为了做好组织绩效管理，华为一直在完善组织绩效管理体系，强调从战略规划到组织绩效，再到个人绩效，要上下对齐，层层支撑到位，确保企业战略目标落地。

4.1.1　完善组织绩效管理体系

事实上，要想让企业的奋斗者都能正确地执行目标，激活组织效能，最核心的管理就是完善组织绩效管理体系。

基于组织绩效管理体系，把组织的目标分解到奋斗者身上，每个奋斗者就有了相应的个人目标。同时，为了让奋斗者发挥主观能动性，成功实现个人目标，绩效管理体系还需要进一步为奋斗者明确利益分配方式。

华为高级副总裁吕克先生曾是笔者在华为工作时的直接领导。作为公司负责引进外部知识的负责人，他成功地建立了华为公司的职位管理体系和全球薪酬管理体系。吕总于1993年以实习生身份加入华为，一开始的工作是技术研发，参与了智能平台增值系统的软件开发等工作。1998年以后，他逐步深入接触人力资源方面的管理工作，发现要实现个人绩效目标与组织绩效目标一致，就要建立一套完善的绩效管理体系来明确利益的分配。

当被问到为何设计这样的绩效管理办法时，吕总回答说："大约用了两年时间我们建立了组织绩效管理体系，以及组织绩效同组织奖金的回报关系管理机制，使奖金的生成和分配有了依据，同业务目标的完成有了相对直观的挂钩关系。"

随着管理的不断深入，让吕总担心的是绩效KPI的导向可能在操作执行中过于片面和强化，反而造成部门墙、指标僵化等管理弊端；而一些部门为了落实工作要求，也容易要求在KPI中加入很多指标，从而使得KPI指标数量更多、更复杂。但是，这也证明当时出台的这套管理体系很有用，大家都觉得要用它来达到管理目的。

客观地说，这套体系和机制在华为当时快速发展的情况下，有利于更清晰地理解目标和把目标有效地分解到各个部门，从而为业务目标的实现起到了非常大的推动作用。

良好的组织绩效是需要全体员工朝共同方向努力才能取得的，每个人的绩效都是构成组织绩效的一部分。因此，员工完成工作，不应当仅仅考虑自己的个人绩效目标，还应当在此基础上，努力配合部门同事的工作，实现组织绩效的提升。

另外，组织绩效管理和组织内各项具体管理工作紧密联系，在实施过程中难免会遇到一些阻碍，所以需要有一个强有力的管理机制进行管控。为了确保组织绩效管理体系规范有序地运行，加强对绩效管理工作的控制和监督，华为一方面在人力资源管理系统中建成一整套的绩效管理流程，负责绩效管理工作的策划、实施、监督和制度适宜性的评估纠偏等；另一方面业务绩效目标的实现主要基于一套规范的组织运作与管理体系进行指导、监督与评估，行政管理团队、经营管理团队会议便是例行的运作模式，经营分析、重点工作落实、组织绩效评价、资源分配等都是通过这两类会议，由管理团队进行集体讨论和决策的。

4.1.2　上下对齐，层层支撑到位

企业在管理组织绩效之前，应该明确各部门、各组织应承担的责任，这样才能更好地实现企业的战略目标。

在对企业战略目标进行解码的过程中，不论是按职能部门进行横向分解，即把目标项目根据各个部门的独特价值分解到有关职能部门，还是按管理层次进行纵向分解，即把目标逐级分解至每一个管理层次，甚至分解到个人，目的都是使企业战略目标和部门绩效目标、部门绩效目标和个人绩效目标上下对齐，各级管理者与所有员工对部门职责和员工的岗位职责一目了然，分层担责，这样就不会出现战略无法落地的情况。

一个周六的早上，华为西安研究所接到了一个紧急电话：某省有个32模的点瘫痪了，导致几万个用户的通信都受到影响，希望研发人员能够马上前往解决问题。项目组长罗璇（化名）迅速组织团队开展工作，但是由于是新建的团队，团队成员只对自己职责内的事情比较熟悉，缺少解决问题的深度支撑能力，在处理综合性紧急事件时相互之间配合不熟练，他们奋战了 10 多个小时还是没能解决问题。在巨大的压力下，项目团队成员更加慌乱了。最终，只得求助该省的一个售后服务专家，才顺利地解决了问题。

事后，西安研究所收到了服务专家发来的邮件，"希望研发能'知耻

而后勇'。"项目组长罗璇说："当时觉得特别丢人，我们痛定思痛，开始重新梳理重大事故的处理机制，明确流程和每个人的分工，强化每个人的关键能力，以确保对重大业务问题的深度服务能力，保障组织绩效的实现。"自那以后，再遇到类似的问题，团队都能以成熟的方式来应对了。

从上述案例中可以看到，由于员工和团队的工作目标没有实现上下对齐，每个员工只关心自己的工作，缺少对重大业务问题的综合性理解，遇到重大问题时不能有效组织起团队力量进行支撑，从而导致个人工作与组织目标之间出现了较大的差距。

在华为的战略目标解码过程中，公司会根据部门的独特价值来分解目标，确保每个目标都有承接部门，保证部门目标和公司战略是一致的；各部门再将分解得到的目标继续下分到员工层面，确保部门目标的达成，这样就能强有力地支撑公司战略目标的有效落地。

4.1.3　横向协同：业务绩效与流程绩效并存

企业各部门的组织绩效指标来源一般包括企业战略的重点目标、组织涉及的流程绩效以及与改善组织能力"短板"相关的重点工作任务等三个方面。为此，制定部门的组织绩效指标不仅要考虑部门目标与企业战略目标的上下对齐，部门间的左右拉通、横向协同也是需要重点关注的。

在组织运作中，员工绩效纵向地基于部门的绩效，用于管理"人"的绩效。组织绩效要落实到员工绩效，就必须依靠流程这座桥梁，而流程绩效就是横向的基于流程的绩效，可用于分析业务流程的表现，解决业务中出现的问题。

组织中的员工虽然受纵向的职能管理，但是他们的日常工作大都是横向的，是跨职能、跨部门、跨岗位的接力赛，如果没有横向的流程绩效管理，那么工作产出何时能到达终点——客户手中，就没有衡量标准，而且质量没有标准，成本也没有标准。所以员工绩效管理和流程绩效管理，两者缺一不可！只有纵横协同地管理绩效，才能实现组织绩效目标。

　　某家电公司主管销售的副总最近非常不开心。他连续奔波了好几个月拜访主要客户和经销商，才说服了他们大批量购买公司的新型空调。但是生产线这几个月仍处于调试阶段，如果不能在天气炎热前发货，这些客户就有权取消订单。如果真是这样，不仅公司的销售业绩会大幅下降，而且新生产线的投资也会遭受很大损失。他刚刚得知第一批新品很有可能要到订单交货日之后才能发货。

　　公司负责生产的副总却相当高兴，因为他的两项主要工作指标质量和生产率看上去完成得非常出色，次品率已降低了 50%。其中，生产率目标是指让车间满负荷运作，在转换产品型号时把机器停工时间降至最短。新产品的生产质量达标是一个费时费力、效率很低的过程，于是他擅自减少了新产品生产线的生产投入。他认为新产品的生产会影响部门的绩效，所以就把新产品的生产任务延迟到年中考核以后才开始。销售不是他考虑的问题，反正他分内的工作只是保证产品质量和完成生产任务，这也是他今年被考核的绩效目标。

　　负责财务和行政的副总过得也很不错。他的绩效考核标准之一是缩短应收账款的周期。他认为缩短应收账款周期的捷径是缩短客户的付款期限。原来的付款期限为 60 天，现在他自作主张减少到 30 天。其实他也知道这种方法对销售不利，可是销售不是他需要考虑的问题，他所要关心的只是为公司尽快收回应付款，减少贷款利息成本。

　　该家电公司每一个副总的考核指标仅涉及了自己的部门职责，看似合理，实则是一场灾难：各位副总的目标相互之间存在横向失衡，严重阻碍了公司战略目标的实现。

　　笔者在给一家制造企业做咨询项目时，通过对企业成品仓的团队和人员配置、投入产出和绩效薪酬情况进行抽样统计发现：按照企业的目前薪资模式，员工做得多和做得少在薪酬上基本没差异，即使员工所在团队的工作任务很少或者没有，员工也不愿协助兄弟团队的工作。绝大部分时间，团队间忙闲不均。各团队的人员配置都是高配，增加了人员成本，却还是无法有效支撑组织目标的达成。

　　于是，笔者带领顾问组为成品仓设计了新的人员配置模式，优化了绩效考核制度及薪酬方案。第一，基于历史薪酬水平设定薪酬总包，按业务目标的80%配置人员；第二，提高与员工绩效相关的奖金比例，基于员工实际绩效结果核算绩效奖，包括员工协同其他岗位的业务产出的绩效，牵引员工积极抢活干；第三，对部门运营成本进行基线管理，对降本提效也匹配相应的奖金，牵引仓储内部流程优化。

　　方案推行半年后，有效地解决了员工跨岗位、跨团队的横向协同问题，大大提升了员工工作的积极性，大家能够及时有效地完成工作任务，且大大节约了全流程的运营成本。

　　只有站在全局视角看绩效，运用流程 KPI 对流程绩效进行考核，而非从部门视角来看绩效，才能解决组织绩效设计过程中部门各自为政的问题，做到力出一孔。

4.2　建立高效协同机制

　　华为的业务战略目标，很多时候并不能独立地分解到各个不同的业务单元，这时候就需要组建跨部门团队，以任务型组织开展工作，通过跨部门协同作战，打破部门墙，促使不同部门间的员工沟通顺畅，从而顺利达成组织绩效目标。

4.2.1　任务型组织的绩效管理

随着企业的飞速发展，企业内部各部门的权责越来越明确，部门间的交流也变得更加频繁。与此同时，部门间的沟通协作却开始变得不顺畅。为了打破部门间的沟通障碍，不少企业开始构建跨部门团队来解决沟通不畅的问题，以调整资源，完成工作。

在 IBM，每一位销售或服务人员都会由来自不同方向的"老板"评估其绩效，这样在一定程度上能有效解决绩效考核中出现"一言堂"的问题。当初，IBM 在帮助中国哈尔滨啤酒有限公司做 ERP 项目时，历时四年，牵动了 IBM 全球服务部门（IGS）、IBM 中国总部、沈阳分公司、产品部门中的各个部门员工一起协同工作，以客户的需求为中心进行相互之间的利益协调，比如，产品 AS400 和 RS6000 的销售人员根据用户的需求去推荐自己的产品，不能一起跑到用户那里去相互竞争。同时，为了很好地做到协调，解决资源相互调用与部门本位的矛盾，在项目全过程采用了多维度绩效评价。就销售而言，从产品、行业等层面对销售人员进行全面的绩效评价。在项目结束时，参与哈尔滨啤酒项目的 RS6000 事业部、GMB（工商企业）、IGS、东北区（沈阳分公司）的项目成员的绩效分数，都增加了一笔。

在 IBM，组织结构是三维矩阵式的，产品线为 X 轴，行业与职能部门为 Y 轴，按区域划分的市场是 Z 轴，保证了各个部门之间相对的独立和协调，每一个处于交叉点的员工都受到产品、区域、行业及职能不同方向的影响，每一个人的工作都和其他人有相互作用。而且 IBM 采取的三维矩阵式的组织架构保证了用户感受的是"同一个声音"，因为项目一般只由一个人或一个部门牵头负责，这个人成为该项目的负责人。他要为该项目确定需要什么样的帮助，需要什么部门和哪个区域的人员来配合。在他的主导协调下，相关部门的人员迅速集结成一个团队，协同工作，推动项目展开。

从上述案例中可以看出，跨部门的顺畅运作需要构建跨部门团队。跨部门团队一旦构建成功，就会出现新的问题：如何对团队的成员进行绩效评价？

笔者所在的公司在做咨询项目时，一般都需要构建跨部门团队来协同完成。为了在打破跨部门沟通的障碍的同时，激发大家的工作热情，公司制定了针对跨部门团队的绩效考核制度以及奖金分配方案。具体内容如下：

把项目金额的9%～12%设置成奖金包，不包括差旅费、外部营销费、各程序费用等；项目各模块按价值拆分；模块内的工作由模块负责人根据需要协调资源并进行价值分配；各模块工作交付的标准是内部评审团通过和客户满意；以结果为导向，多劳多得。

这样的绩效考核及奖金分配方案是以人为核心的考核体系，打破了部门的考核标准，有利于对员工进行追踪考核，员工在被抽调去配合其他部门时，就变得积极主动，工作积极性有显著提升。

建立以任务为中心的跨部门考核体系，核心是赋予项目经理评价人和激励人的权力，构建合理评价和有效激励的机制。在体系的牵引下，团队成员的积极性就会被激发，对跨部门工作就有充足的热情了。

4.2.2　通过跨部门运作，实现集成产品开发全流程协作

企业绩效目标的实现依赖内部各部门组织绩效目标的实现。华为从

1999 年开始启动集成产品开发（Integrated Product Development，IPD）变革，把以前按功能组织结构来进行产品开发的模式，转变成跨部门团队运作的模式。开发团队由开发、测试、营销、销售、技术服务、财务、供应链、采购、质量等功能部门代表组成，通过项目管理方法，对产品从开发、测试、生产、上市端到端地进行协同管理，多方共同对项目成功负责。

基于 IPD 模式，华为成立了不同层级的重量级跨部门团队（见图 4-1），IRB 负责产业发展和产品线投资决策。ITMT 和 PMT 这两个跨部门团队是 IRB 的参谋组织。ITMT 和 PMT 下还有产品线的 PL-TMT 和 PL-PMT。IPMT 对单一产品线的投资决策及产品发展决策、产品线投资的损益及商业成功、产业发展和生态构筑负责，下辖 PDT 和 LMT。

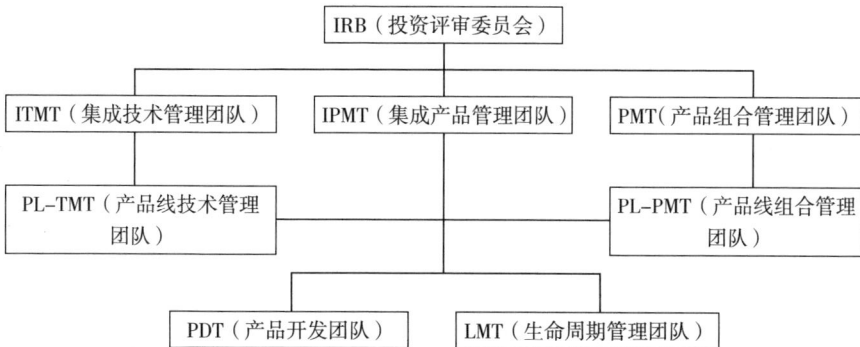

图 4-1　IPD 组织结构

以 PDT 为例，PDT 的目标是完成开发项目的任务书，确保产品包在财务和市场上取得成功。PDT 对产品开发的整个过程负责，项目成员由开发、营销、财务、制造、采购、PQA（Process Quality Assurance，全程质量检测认证）和技术服务的代表组成核心组，由各功能部门的成员分别组成扩展组。核心组代表在 PDT 经理的领导下管理各自负责的工作，共同对项目成功负责（见图 4-2）。

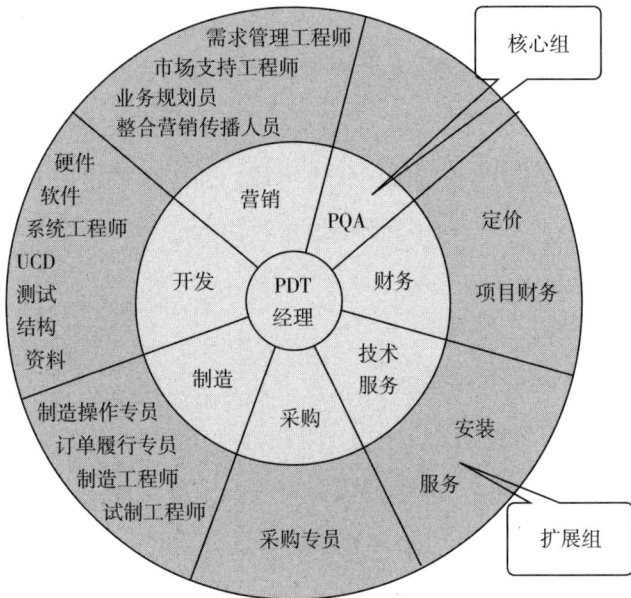

图 4-2　PDT 团队结构

　　PDT 经理和核心组代表通常是全职的，以保证开发工作的顺利进行和成功。对 PDT 经理有一定的要求，其被任命前绩效考核结果较好，且有相当的管理经验。

　　为了支持 PDT 经理开展工作，IPMT 通过体系文件、项目任务书、合同等方式对 PDT 团队充分授权。在绩效考核中，PDT 经理被赋予考核 PDT 成员的权力，尤其是全职成员。这种跨部门团队运作的模式打通了封闭的部门脉络，使来自不同领域的专业人员聚集到一起，形成一个统一的团队，共同研发产品。这种工作模式，也打通了产品线上的各个环节，形成了产品研发中的消息传送通道和控制机制，有利于各部门沟通，形成产品需求的高效反馈和跟踪机制。

　　华为采用 IPD 跨部门团队项目管理模式取得了较好的效果，产品的可靠性、可生产性、可销售性、可服务性等均有很大提升。跨部门团队的模式也使并行工程得以实施，从而缩短开发的时间。

　　实现团队目标才是真正的成功，共赢才是真正的成长。跨部门团队运作模式一方面汇聚了集体的智慧，整合了各部门的专业优势；另一方面提高了工作协同效率，打破了部门墙，进而达成组织绩效目标 1+1>2 的结果。

4.2.3　不同单元价值定位差异化承接组织绩效

在任何一家企业，每个工作岗位的定位和价值都是不完全相同的。在以营销为主的企业，销售岗位就会是企业的核心岗位；在以制造为主的企业，生产部就会处于更突出的位置；在技术型企业，研发部门的价值就会稍高于其他部门。如何科学衡量、准确评价各部门的绩效表现与贡献，一直是企业管理的难题。

各个部门的目标是对企业战略目标进行分解后确定的。各个部门绩效考核的指标设置，也需要适配企业对部门的定位。围绕企业总体战略，有一些部门或岗位处于核心，而另一些部门或岗位则处于辅助支持地位。

企业如果不能识别不同部门或岗位的不同价值，都按照同样的考核指标进行考核，那么就会造成有些人干得累死，其他人等着也能得到回报的现象。如果企业存在这样的现象，就需要考虑是不是企业的考核机制出了问题。一个好的机制可以让"坏人"变成"好人"，一个坏的机制可以让"好人"变成"坏人"。

为什么在对组织 KPI 分解的过程中，经常会出现错位？为什么各部门会扯皮打架，互相不买账、不支持，出现自扫门前雪的情况？很可能就是因为企业对所有业务单元都采用了相同的绩效考核指标，没有考虑到不同业务单元的职责和经营目标的不同。

华为根据不同业务单元的职责和应承担的经营目标，将其分为利润中心、经营中心、收入中心、成本中心、投资中心、政策中心等。根据不同中心的经营目标，设置对应的 KPI。

华为最核心的利润中心就是代表处和产品线，代表处面向客户，但产品线看起来并不是直接面向客户的，为什么也是利润中心呢？

第一，一线的所有代表处都有产品解决方案副代表，而且各个产品线都有落到代表处的产品行销人员。产品行销人员是依据产品设立的，直线汇报给代表处的产品解决方案副代表，虚线向产品线汇报，产品线对产品行销人员承担赋能职责。因此，产品行销人员是一线铁三角中的关键角色之一，直接面向客户。

第二，很多企业的产品线不是利润中心，就会出现一个问题：市场部和研发部之间相互推诿。如果产品部和市场部都是利润中心，就会使产品部和市场部双方同亏同赢，两个利润中心共享一个数字。

第三，华为把产品线作为利润中心，使得产品线和地区部在面对客户时，利益是完全一致的。在销售过程中，产品线也直接参与，更有利于提高打单的成功率。

从利润的角度来看，华为突出重点，突出客户界面，突出产品线，支撑性的部门统统放开，让成本中心和投资中心以服务客户为主要目的，一切为了客户。所以，产品线也是利润中心。

这样的经营方式就可以避免内部在转移定价的时候带来一些争吵，减少企业内部资源耗费，同时把整个经营指标在组织内部进行分解，产生拧麻花的作用，使得每个组织劲往一处使，围绕企业的总体目标努力，共同推动企业绩效的提高。

4.3　绩效过程管理的例行化

为了避免企业过于关注绩效评价结果，而忽视了绩效过程管理，华为把组织绩效过程管理纳入例行工作。通过举行月度和季度绩效重点工作分析会、经营分析会等措施，让各级主管对绩效进行过程管理，夯实绩效管理。

4.3.1　绩效过程管理是绩效结果达成的有力保障

华为强调绩效考核以责任结果为导向，评价员工的时候，更看重绩效结果。这里有一个非常有意思的管理思想：绩效评价只看结果，是对的，但绩效管理却是一定要管过程的。不关注过程，而只关注评价，就失去了绩效管理应有的价值，就等于把绩效管理简化为到点把绩效分数算出来。

华为不仅强调绩效以责任结果为导向，同样也重视绩效目标达成的过程。过程怎么做，是重要部分，过程一定是服务于结果的。在华为的绩效考核体系中，结果目标所占的权重相对比较大，在70%左右，执行过程中的关键任务权重一般为20%左右，团队目标一般为10%左右。尽管这些权重不是固定的，可以根据部门业务特点和性质，由主管和下属员工共同协商确定，但是从中也能看到华为还是非常重视绩效过程管理的。

笔者在做管理咨询的过程中，看到很多企业的绩效管理确实就处于算分数、公布分数这样的阶段，非常关注最终结果。举个例子，很多企业在考核销售团队的时候，最关心的是销售人员最后能拿到多少业绩，并不关注他们在此过程中都做了什么、见了多少客户、安排了多少次技术交流、客户对公司的认可情况、客户最后买了自己企业的产品是为什么，不买又是为什么。而在华为却是另一种景象，华为关注销售人员上岗的前6个月的表现，包括员工是否按照公司培训的标准在工作，员工有没有真正掌握具体的工作方法，在执行工作中遇到的困难是什么，员工的过程性结果是否有效，是否每天都在进步，是否达成了阶段性发展目标。因为只有每一个小目标达成了，最终的结果才是可控的。

在华为绩效管理中，以关键事件作为绩效考核依据在项目管理中体现得尤其明显。阿里巴巴集团 CEO 张勇强调："对所有团队来讲，他们最怕的是管理者不做决定，而不是做错误决定。做错决定可以及时改进，只有快速做出决定，才能保持快速行动力。"这一要求对项目经理也是适用的，在项目实施过程中，项目经理的领导力和决策力显得尤为重要。

王海是华为的一名项目经理。在他看来，华为项目经理最痛苦的时候是在做 TK 项目的时候，一方面有新业务进入的压力，另一方面有海外市场初期高度的客户满意度压力，只要客户一投诉，项目经理就有可能被换掉，客户投诉由此成为项目经理"阵亡"的最大因素。然而客户会投诉，很有可能就是因为一次或大或小的错误。在这样的情况下，华为一度出现了"符合公司 TK 项目要求的项目经理只能到月球上找"的尴尬局面。

后来华为的管理层逐渐意识到了这个问题，便开始采取措施，加强对客户满意度的管理和组织支撑。对被投诉的项目经理，还会综合参考其绩效贡献，不会因为被投诉就将其"一棒子打死"，华为的项目经理们这才从"TK 的大窟窿"里爬出来。换言之，为了避免"只以成败论英雄"，一方面尽可能提高"容错"率，另一方面会强化责任机制。这样的解决方式能够帮助大家改错，而不会禁止大家试错。

王海自己也回忆到，他曾被狂怒的客户拍着桌子从办公室里骂出去过，也曾被客户 CEO 一直投诉到公司管理层；做 PD 的每个项目，他既被公司审计等访谈过几轮，也挨过批评、罚款和问责，但这些都没有妨碍他拿到多块项目金牌。在华为这片能"容错"的土壤上，几乎每一个五级以上的项目管理专家，多少都在项目上挨过处分。

在华为，奋斗者们为公司的商业成功所做的一切努力，包括在失败中吸取的经验教训、事后惩罚，同样是奋斗者们军功章的一部分，正如任正非所说："扛过枪，受过伤，打过仗也是贡献。"

绩效过程管理保证了华为能够科学合理地评价员工，为绩效结果的客观公正提供事实依据，避免唯结果论可能带来的评价偏差。

4.3.2　绩效过程管理是例行工作

管理大师德鲁克说："目标管理到部门，绩效管理到个人，过程控制包结果。"也就是说，绩效管理中最难的部分就是管理目标落实程度。而在绩效目标的落实中，绩效过程管理是不可或缺的一环，因为不注重绩效过程管理，很有可能会出现如表 4-1 所示的情况，导致组织绩效目标的实现得不到保障。

表 4-1　组织绩效管理中过程控制常见问题

缺乏对执行过程的跟踪、管理和控制
缺少对执行过程中出现的问题进行及时解决和闭环的机制
各部门各干各的，相互影响的问题只能靠向上汇报、领导决策的方式解决，进度慢

为了保证组织绩效在落实的过程中走在正确的方向上，华为要求部门主管把组织绩效过程管理纳入例行业务，融入日常工作中，以便对组织的绩效进行跟踪和管控，减少各部门各干各的、遇到相互影响的问题就只能靠向上汇报的情况，确保组织绩效得到有效落实。正如 IBM 前CEO 郭士纳强调的："执行就是检查、检查、再检查，布置下去的任务一定要检查，否则就有可能落实不了。"

华为各部门的主管主要通过经营财务分析、组织 KPI 过程监控以及部门重点工作监控等具体方式对组织绩效进行定期审视，实现过程管理。

4.3.3　组织月度、季度经营分析会

现在市场环境的变化迅速，客户需求的变化也相当快，连带着业务重心也会随之变化。年初制定的绩效目标很可能在年中就会出现不适用的情况。如果年初的目标不能符合现有局面，那么到最后绩效管理就可能流于形式。为此，在目标实施过程中需要及时召开经营分析会，了解组织绩效情况，分析当前绩效和目标绩效间的差距，找出造成绩效差距的主要原因，从而在业务执行过程中提供帮助和支持，改进绩效水平，最终实现绩效目标。

华为各层级经营单元每月都组织经营分析会，各级主管共同来审视组织目标完成情况，识别造成绩效差距的原因，并且积极解决遇到的问题。会后，在日常工作中，各级主管也会继续对目标完成情况进行跟踪，以便及时调整资源提供支持，确保绩效目标达成，并且适时总结经验教训。

自 2008 年起，华为在各代表处推行"一报一会"制。"一报"指代表处经营分析报告，"一会"指代表处经营分析报告讲解会。开展"一报一会"的目的是让代表处管理者学会运用财务分析方法，通过对财务指标的解读，找到业务中存在的问题，并且采取措施进行改进。

代表处经营分析报告的编写实行项目责任制，由代表助理把关，销售业务经理总成，市场、用服、回款、财务也有专人参与。销售业务经理、市场经理、工程经理、财务经理作为成员分块负责。

报告完成后上会，由代表、助理、用服主任，以及产品部、系统部主管按月轮流讲解。这种形式可以帮助团队成员全面了解代表处经营状况，通过对较为具体详细的任务令的闭环管理，提升团队精细化管理的意识。

一报一会这种整体审视 KPI 的形式，扭转了一些主管重产出结果、

轻过程管理的思想，帮助团队成员建立经营意识。代表处通过分析报告统筹考虑 KPI，平衡各项指标，最终改进了经营绩效。

一个健康的企业，必须在成长性、流动性和赢利性之间找到最佳的平衡。通过阶段性会议来审视组织目标执行情况，更主动地对绩效进行过程管理，可以使企业不偏离主航道，支撑既定目标的达成。

4.4　关键项目或工作任务的管理

在对公司战略目标进行分解、确定各部门的关键绩效衡量指标和重点工作任务后，为确保重点工作任务落实和完成，华为会识别并导出支撑重点工作任务完成的关键举措，并且督导各部门协同合作，支撑公司战略的实现。

4.4.1　关键项目或任务的实施路径或计划分解

华为在对公司战略目标进行解码时，确定了各部门的关键绩效衡量指标和重点工作（见图 4-3）。其中，各部门重点工作确定的基本原则是：为达成部门目标，部门或团队最关键、需要优先考虑的事情；需要团队共同完成的事情。需要考虑的事项最好不超过 8 个，并对它们开展优先级排序。

在各部门重点工作明确后，部门会识别支撑重点工作完成的关键措施，分阶段推进落实，提高重点工作完成效率，最终实现组织目标。

2014 年，华为手机终于实现在东南亚市场的崛起：MATE7 一经发布，就立刻被抢售一空。而在此之前，华为手机在公开市场难以和三星等电子巨头比肩。为了在东南亚市场实现突破，华为就把突破东南亚市场定

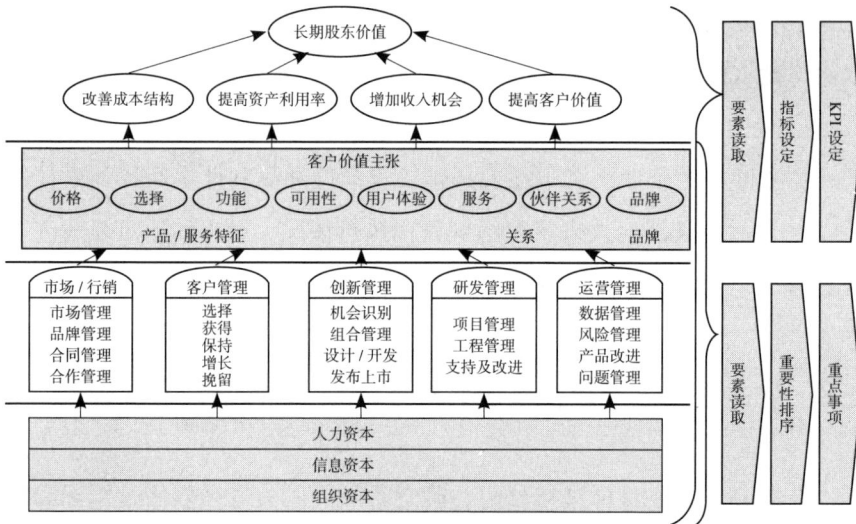

图 4-3　华为确定部门的重点工作

为公司战略重点，然后把它分解到各相关部门，由华为终端主导，其他部门协同配合。

在实施这一重大任务的过程中，华为终端采取了以下举措：

1. 与市场排名稍微靠后的渠道商结盟，积少成多，扩大市场份额

鉴于各国的 IT 渠道老大一般都倾向于和三星这样有名气的品牌合作，经过一番分析，华为决定退而求其次，转而和第二名或者第三名合作，尽管他们不是本国市场的第一名，但仍然占据了不少市场份额。华为通过制定相关的政策，鼓励这些渠道商多售卖华为手机，加上华为手机性价比高，得到了消费者青睐，从而不断慢慢蚕食市场份额。

2. 本土先行：雇用当地员工，尊重当地风俗习惯

东南亚消费市场因为国情不同而变得复杂，国内的一些策略和方法照搬执行往往行不通。为了克服跨国公司惯有的水土不服症，华为采取了两个措施：一是聘用当地的人才，因为当地人更了解本地的市场竞争状况，更容易和消费者打成一片。华为在东南亚市场的员工中，中国籍员工和外籍员工的比例是 1 ∶ 10。二是充分尊重当地的风俗习惯。无论

是营销还是其他运营行为,华为都要求员工充分尊重每一个国家当地的风俗,做到入乡随俗。

3. 立体营销:电视促销、明星效应、体育营销等多措并举

随着华为手机逐渐打开东南亚市场,为了巩固和深化这些成果,华为选择了立体营销,包含电视促销、明星效应、体育营销三个方面。电视促销并不是电视购物,而是拍摄一系列电视广告片投放市场,因为这些广告片常常能够打动人心。为此,华为不惜花费数百万元拍了一个国际范又亲民的广告片去吸引消费者的注意。为了产生明星效应,华为邀请了当地知名红星代言。例如,在泰国发布华为 MATE7 时,华为代言人——泰国知名红星 YaYa Ying 一出场就引发全场轰动。明星带动的是粉丝,粉丝又把华为的品牌散播到自己所属的圈子里。体育营销是指华为通过赞助斯里兰卡等国家的板球联赛,迅速和这里的人们紧密地联系起来,又树立起了年轻、运动、阳光的品牌形象,一举多得。线上线下联动,营销效果倍增。

4. 与旗下销售终端结成利益共同体,让它们赚到真金白银

三星等手机厂商在东南亚市场已经耕耘多年,华为的进入势必引来三星等的反弹。为了应对它们可能的弹压,华为在东南亚市场构建了自营专卖店、加盟店和店中店,完全摆脱了大型 IT 渠道商的控制。同时,对于旗下的所有销售终端,华为从不要求它们提前压货或强迫要求它们达到销售目标,保障了每个终端的切实利益。而且华为给予这些合作伙伴大量补贴,比如共同建店、举办活动等,做到彼此尊重,让合作伙伴都能够赚到真金白银。

5. 重视电商建设,快速采纳客户意见

对于电商这种新兴销售渠道的建设,华为表现得非常积极,这有两个原因:一个是大环境所致,东南亚市场的消费者越来越多地选择在网上消费;另一个是通过电商,能够快速和消费者取得联系,把消费者的意见快速纳入生产过程。

从上述中可以看出，华为终端通过识别出支撑部门重点工作达成的关键举措，逐步明确并推进工作落实，最终实现了在东南亚市场的战略突破。

4.4.2　关键项目或任务的风险管控

在识别并导出支撑部门重点工作实现的关键举措后，华为还注重重点工作在完成过程中的风险管控。针对重点工作完成过程中出现的风险，公司会调整资源给予支持，由各部门协同解决。

2010年，印度、欧盟等国家要么禁止进口华为产品，要么对华为产品实施反倾销调查，使得华为的营收尤其是海外营收受到很大影响。因为华为营收一大半来自海外2B业务，如果发生大的动荡，后果难以想象。为了抵御海外2B业务可能存在的风险，华为反向行之：从海外走回国内，从2B走向2C。在当年华为云计算研讨会上，华为阐述了未来将着力发展华为终端，向三星和苹果看齐，争夺终端入口的控制权。

当时国内有不少手机品牌在售卖的手机成为市场爆款后，受制于芯片供给，无法大批量生产来满足市场需求。意识到这一点后，华为提前布局终端芯片领域，进行风险管控，研发自己的芯片产品。这样，华为就在手机领域掌握了自己的命运，在国内其他手机品牌受制于芯片供给厂商时，能够突出重围，降低风险；在研发新的手机产品时，可以自主设计规划；发售新产品时也不会被他人牵制，甚至可能成为先行者，在关键时刻利用好时间窗口。

2012年，华为将海思研发的芯片K3V2用在了自家手机上。不过，由于这款芯片兼容性差、功耗高，手机的销量比较差。在看到海思芯片起步阶段的艰难后，任正非表示，无论如何都要咬牙坚持做下去。一旦公司出现战略性漏洞，我们不是几百亿美元的损失，而是几千亿美元的损失。我们公司积累了这么多财富，这些财富可能就因为一个点，让别人卡住，最后死掉。

其后，海思一次次围绕用户需求不断改善芯片的性能。2016 年，华为 P9 带着麒麟 955 芯片出现，海思芯片已经解决了最初的高能耗、超发热等问题，手机销量超过千万部。同时，这也意味着华为已经成为能够自主研发终端芯片的手机厂商，不用再依赖国外芯片厂商的供给了。

从以上案例可以看出，意识到终端可能在芯片上受制于人，华为便提前布局，让海思研发部门协助华为终端研制属于自己的终端芯片，降低未来芯片供给的不确定性，最终助力实现抢夺终端入口的控制权。

为了保障组织重点工作执行和落实到位，华为在落实重点工作的同时，还针对可能遇到的风险，建立风险监控机制，确保重点工作任务的完成不发生偏差。

4.4.3　强化关键项目或任务成功的关键行为

从中国的长城和都江堰、埃及的金字塔到古罗马的供水渠，它们的建设成功都离不开对重点工作的全过程管理。做好重点工作的过程管理是支撑企业商业目标达成和战略实现的手段之一，如 IBM、惠普、爱立信等跨国公司都是比较重视对重点工作的全过程管理。在重点工作完成后，华为还会对重点工作完成过程进行复盘，总结经验教训，不断进行积累、强化和巩固。

2000 年 11 月，华为的维护事业部接到任务要向中试工艺试验中心提供其曾经处理过的失效产品的数据。维护事业部的工作内容之一就是处理和分析失效产品的参数，并且通过检验测试和分析恢复产品使用价值，其接触到的失效产品常常是由于环境因素，如湿热、霉菌等导致的，但由于维护事业部平时忙于失效产品的处理和恢复工作，没有对失效产品的部件占比等数据进行详细统计，无法满足中试工艺试验中心的数据需求，这些本应该保存的数据就这样流失了。数据的流失和浪费还存在于其他部门。

任正非曾经提出，在华为最大的浪费是对经验的浪费，很多部门和管理者正在浪费每份工作的宝贵经验。他认为无论是管理者还是员工都是流程运作中的一分子，在工作中势必会受到一些因素的影响而遇到各种困难和问题。过往经验、资料和数据等有价值的信息在完成重点工作的过程中没有被保存下来，当再次遇到问题时还是会一筹莫展。如果公司各部门能够建立起良好的反馈机制、问题的解决机制和监控机制，那么公司的流程运作会提升到一个新的台阶，整个公司的运营效率也会明显提高。

正是为了避免最大的浪费——经验的浪费，也为了获得好的组织绩效，华为会对重点工作进行过程管理，不论重点工作能否顺利落地，都要回顾，总结经验、教训，可复制的经验和教训因而得到不断沉淀和积累。周而复始，华为的绩效"铁军"就由此诞生了。

第 5 章
绩效辅导与沟通

在绩效管理全过程中，华为要求各级主管与员工保持沟通，及时反馈员工的工作情况，启发并引导员工解决在工作中遇到的问题，从而激励员工成长，为公司创造更大价值。

5.1　肩负起绩效教练的责任

丰田生产方式创始人大野耐一说："一个企业能否成长，就在于你的干部和老员工所认定的精神境界范围。只有他们肯通过成就他人的方式成就自己，你的队伍才能充分成长，你的企业才能基业长青。"华为管理层通过充分发挥绩效教练作用，指导和帮助员工，提升企业的凝聚力与向心力。

5.1.1　管理者对员工绩效的影响

管理者对员工绩效的影响如图 5-1 所示。

一个是直接绩效使能因素。员工绩效水平的提升，57% 来自管理者向员工提供与工作直接相关的信息、经验和资源。也就是说，管理者必须关注和处理好最能影响员工绩效的工作，例如，有明确的绩效目标，为员工提供工作上的支持与帮助，应对工作上的挑战，适才而用。

另一个是员工对高绩效的态度。员工剩余 43% 的绩效提升是由员工

绩效提升：类型和比重

绩效来源 1：
直接绩效使能因素

57% 的绩效提升来自向员工提供
与工作直接相关的信息、经验与
资源

57%

总体绩效提升

绩效来源 2：
对于高绩效的态度

43% 的绩效提升来自员工态度的
提升：员工对工作、团队、管理
者与组织的承诺程度

43%

对高绩效的核心态度：理性和情
感的承诺

理性的承诺

员工对于主管、团队、组织是否
关注员工利益的信任程度（如收
入、发展和职业）

情感的承诺

员工对于他们的工作、主管、团
队或组织的重视、欣赏和相信程
度

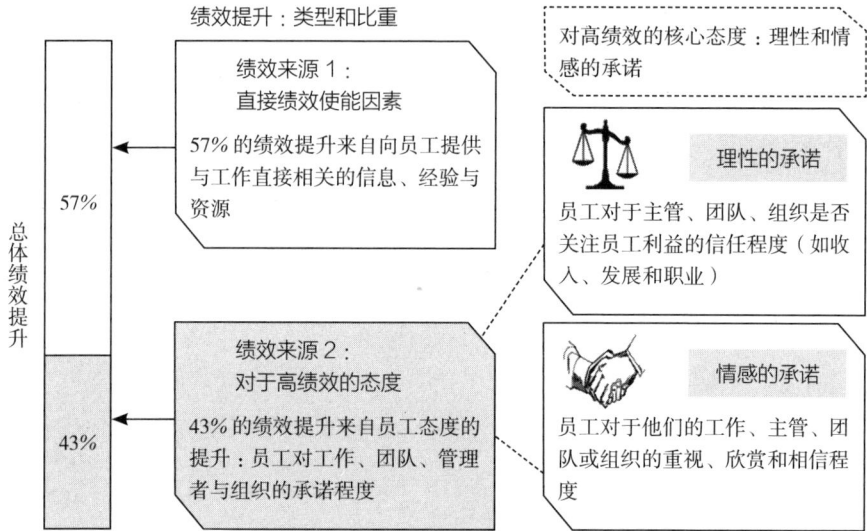

图 5-1　管理者对员工绩效的影响

态度决定的，即员工对工作、团队、管理者与组织的承诺程度。换句话
说就是，管理者需要让员工和组织建立起情感承诺纽带，提升员工对组
织的归属感，这样就可以使员工全身心地投入自己的工作，信任自己的
团队和组织，创造高绩效，从而实现员工和组织共赢，而不单单只是为
了一份薪酬。

　　在员工对高绩效的核心态度中，包含理性承诺和情感承诺，它们涉
及的是员工在理性和情感上对工作、主管、团队以及组织四个关键点的
承诺。可见，在绩效管理中，管理者是重要纽带，且具有双重职责，能
直接影响员工绩效。

　　为了打开卡塔尔市场，华为客户经理吴刚走马上任，来到卡塔尔。
他开始每天和客户"泡"在一起增进感情，找机会拿一些新产品给客户
测试，希望客户哪天能给一个机会。他还和客户的前台工作人员成了好
朋友，通过他们认识了负责 V 网络的几个客户，在领导和同事的帮助下，
成功邀请到客户参加一场研讨会。吴刚认为这是一个极好的机会，不断

给客户发邮件约会议，然而事与愿违，其中一个客户投诉到客户 CTO，说吴刚影响了他们工作，客户 CTO 又发邮件给华为代表处管理层说明了这一情况。不过领导没有责怪吴刚，在半年绩效考核时，没有直接给他打 "C"，只是让他在与客户打交道时要注重自己的方式方法。

后来吴刚找准了方向，吃准了客户的需求，终于打开了卡塔尔市场，在年底的绩效考核中得了 "A"。吴刚感慨地说，很庆幸在创业期有一个既能容忍自己犯错，又能在适当时候给予支持和帮助的领导。

上述案例中，主管并没有直接批评吴刚或者在考评时给他打 "C"，而是给予了他继续奋斗拼搏的机会，并告诉了他努力的方向。在华为，管理者必须对员工的绩效负责，只有员工的绩效提升了，管理者才有机会获得加薪、晋升。

5.1.2　直接主管要负起绩效教练的责任

中国人民大学教授包政老师曾说："经理人管人事，直接主管有责任去评价、考核和指导下属。"在华为，直接主管不仅有责任对员工进行严格的绩效约束与鼓励，还要在绩效管理过程中持续和员工进行沟通和赋能，并且需要基于员工的特点采取差异化的辅导方式和管理方法。

2000 年，刚毕业的邹勇成为华为的一员。他在工作中主动、执着，认定目标就一定要达成，表现很出色。但同时，他个性鲜明、固执己见，不太善于处理人际关系，在工作过程中由于一些观点意见不一致，常与领导或同事起小摩擦，甚至还当面与主管拍过桌子。

没想到，到了年底，主管为他申报了当年的金牌个人奖。主管说："你虽然个性鲜明、固执己见，但优点也突出：不计较一时得失，愿意挑重活，能出结果。"这让邹勇非常意外，他本以为平时和领导与同事们相处得有些不舒服，奖励是没指望的，没想到主管还是站在绩效的角度客观地给予了评价，这让邹勇印象深刻。

主管的这种管理思想深深地影响了邹勇。自己成为主管后，他也沿用了同样的管理办法，在管理他的下属的时候学会去挖掘他们的优点，欣赏他们的个性，并且通过引导让那些个性鲜明的奋斗者去创造出巨大的价值。

有个员工是个架构师，性格极其敏感，容易在工作中引发情绪问题，几乎无法和周边部门进行沟通，难以合作。回想到自己的经历，邹勇觉得需要先深入去了解一下这位员工后再做安排。

沟通后，他知道这名员工是名牌大学硕士毕业，基础不错且非常愿意在开发技术方面投入精力去钻研。此时部门正在开发一个没有上市压力的产品，于是他就把这项工作全权交给了这个员工，让他担任开发组的组长，负责小组成员的工作以及成长。接受了这个极富挑战性的任务后，这个员工边工作边学习，经常是最晚一个离开办公室的人。后来这个员工研发的产品十分出色，几年来连续有多个演进版本，在网上被大量使用，服务全球 20 亿个用户。他也在奋斗中也不断完善自己的性格，逐渐能够与公司的其他员工友好相处了。

由此可以看出，直接主管不仅需要关注下属的绩效、承担下属的绩效考核工作，还要重视对员工的指导。直接主管要全程参与沟通，以便随时解决员工在绩效评价和考核中的问题。

直接主管通过沟通，指导、帮助、激励并约束下属，能提升员工的凝聚力和向心力，营造和谐的团队氛围，也能减少人力资源团队在支撑部门人员管理方面的投入，节约基础管理成本。

【管理策略】直接主管肩负起绩效教练责任

　　直接主管要承担起对下属评价的责任，而评价的起点就是有效地布置任务，然后去监督、检查。在这个过程中要指导他们、帮助他们、激励他们、约束他们。

　　直接主管不吝惜将技能教给员工，团队才能集体进步。

　　想让队伍变成一个能征善战的团体，主管就必须发挥自己的作用，尽全力帮助员工成长，不吝惜将技能教给他们。基于此，华为建立起了科学稳固的人才培养体系，提高了企业的人才吸引力。

5.1.3　直接主管教练式辅导，激发员工潜能

　　PCI［Performance Consultants International，绩效咨询（国际）有限公司］的联合创始人约翰·惠特默说："教练式辅导的管理方法可用于激发人的潜能，从而让他们做出最好的业绩。这种管理方式旨在帮助员工改进，而不是简单地说教。"在华为的绩效管理中，绩效辅导方法有紧急情况下的辅导、手把手辅导和教练式辅导（见表 5-1），下面着重介绍一下教练式辅导工具 GROW 模型（见图 5-2）。

　　GROW 模型是教练式辅导中常用的一种模型，是 IBM 等公司普遍使用的成熟的模型。在使用 GROW 模型时，主要分为四步，具体说明如下。

　　1. 制定目标

　　G（Goal）即制定目标。这步的关键点是：在对员工进行绩效辅导时，管理者要通过一系列富有技巧性的问题，帮助员工明确自己想要实现的绩效目标。

　　在和员工进行沟通的过程中，管理者常用的典型问题有：

　　（1）你希望谈些什么？

表 5-1　绩效辅导方法

辅导方法	适用情境	优　势	劣　势
紧急情况下的辅导	在压力环境下辅导	可快速辅导，在短时间内（10～15 分钟）发挥作用，减轻主管负担	辅导者无法举一反三，被辅导者缺乏思考
手把手辅导	辅导在某一任务上缺乏经验的员工	• 员工准备度要求低 • 解决当前问题效率高	被辅导者缺乏思考，容易机械地执行指令
教练式辅导	员工已具备一定技术、经验和解决问题的热情	• 容易触发员工思考，主动任职 • 员工自己做出承诺 • 容易触发员工工作热情	• 对辅导者的技能要求较高，如技巧性地提问、有耐心等 • 所花时间较长

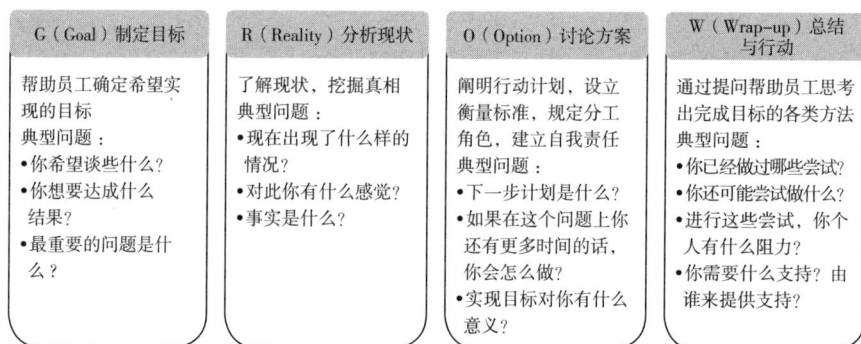

G（Goal）制定目标	R（Reality）分析现状	O（Option）讨论方案	W（Wrap-up）总结与行动
帮助员工确定希望实现的目标 典型问题： • 你希望谈些什么？ • 你想要达成什么结果？ • 最重要的问题是什么？	了解现状，挖掘真相 典型问题： • 现在出现了什么样的情况？ • 对此你有什么感觉？ • 事实是什么？	阐明行动计划，设立衡量标准，规定分工角色，建立自我责任 典型问题： • 下一步计划是什么？ • 如果在这个问题上你还有更多时间的话，你会怎么做？ • 实现目标对你有什么意义？	通过提问帮助员工思考出完成目标的各类方法 典型问题： • 你已经做过哪些尝试？ • 你还可能尝试做什么？ • 进行这些尝试，你个人有什么阻力？ • 你需要什么支持？由谁来提供支持？

图 5-2　GROW 模型

（2）你想要达成什么结果？

（3）最重要的问题是什么？

2. 分析现状

R（Reality）就是对现状进行描述，挖掘真相，以提高被辅导员工对问题的认识。这一步的关键点是：管理者要鼓励员工详细描述现状，提供具体事例而不是判断，并且帮助员工识别所有妨碍因素，因为员工最了解发生了什么；促使员工思考，帮助员工看到全部事实，引导员工自己分析原因。

在这个阶段，管理者常用的典型问题有：

（1）现在出现了什么样的情况？

（2）对此你有什么感觉？

（3）事实是什么？

3. 讨论方案

O（Option）就是阐明行动计划，设立衡量标准，规定分工角色，建立自我责任。这步的关键点是：管理者通过提问鼓励员工进行创造性思考，明确下一步计划，以及在实现目标过程中自己还需要什么支持。

在这个阶段，管理者常用的典型问题有：

（1）下一步计划是什么？

（2）如果在这个问题上你还有更多时间的话，你会怎么做？

（3）实现目标对你有什么意义？

4. 总结与行动

W（Wrap-up）就是总结与行动。在这一阶段，管理者会采取更多方法激发被辅导员工充满热情地去行动，并且予以支持和检查；再次进行阶段性的辅导，直到被辅导员工的绩效目标达成。

在这个阶段，管理者常用的典型问题有：

（1）你已经做过哪些尝试？

（2）你还可能尝试做什么？

（3）进行这些尝试，你个人有什么阻力？

（4）你需要什么支持？由谁来提供支持？

华为管理者通过使用 GROW 模型，有效地帮助员工认清现状，制定明确的目标，以及确定达成目标的有效措施，从而激发员工的潜能，引导员工朝着正确的方向奋斗。

5.2　做好绩效反馈与沟通

绩效反馈和沟通是绩效管理中非常重要的一个环节，绩效考评者通过绩效反馈和沟通，可以及时发现员工问题，并就问题寻求解决的办法，使得员工绩效得以改善，进而促进公司整体绩效提升。

5.2.1　绩效辅导例行化

在企业运营的过程中出现的大多数问题并非技术问题，而是人的问题。企业在管理中要更注重对人的管理，这是解决这些问题的关键。很多时候企业会在员工取得出色的成绩的时候奖励他，也会在他绩效不够好的时候采取一些措施让他警醒，却常常忘了要关心员工的心理，在关键时候给予他支持，帮助他渡过艰难的关卡。

2010 年 4 月，由于在埃及开罗 UMTS 搬迁之后无线指标明显恶化，华为被客户叫停搬迁，而且华为的补救措施也没能被客户认同，反而不断遭到客户投诉。为了让客户满意，华为成立了当地攻关组，让陶茂弟担任组长，带领小组在现场夜以继日地进行问题定位。

在对可疑点进行排查的过程中，刚开始时攻关组排查出来了一些问题，但之后却被困在原地毫无进展。陶茂弟很清楚，即便解决了所有定位出的问题，由于网络结构变化过大，一些负面影响仍然会客观存在，不可能将网络结构复原。他犹豫不决，不知道是否该直接向客户说明情况，说服客户接受目前的网络。

地区部交付与服务副总裁薛银钰一直在跟进项目，得知攻关组陷入困境，立即在邮件中表示支持陶茂弟的行动："要择机把我们的系统分析与改进计划和客户 CTO、网优总监等沟通。我们自己的队伍还是要有不成功则成仁、破釜沉舟的决心，我依然坚信一定能把这张网搞成优质网、精品网。"

与主管沟通之后，陶茂弟带着满满的诚意与客户联系并解释了项目现状，得到了客户的理解，最终圆满完成了搬迁工作。

任正非曾说过："只是把权力交给一线还是不够的，一旦一线做出决策，后方的'大佬'还要及时从人力、财力等诸多方面提供全面的协助，采取迅速的措施，给予一线最大的支持。"

日本3·11地震后，华为的研究所和产品线人员依旧坚守在震区。虽然余震不断，但作为一线的工作者必须留守。当时，关于日本可能再次爆发大地震以及核电站可能泄漏的新闻铺天盖地。驻守日本的华为员工每天都能接到国内的家人的电话，催促他们尽快回家。来自外界的信息与压力逐渐使员工的心态开始出现波动，华为的各级管理团队始终保持和他们沟通并给予支持。为了更好地稳定员工的情绪，管理层还采取了许多措施。

为了让华为的员工理性看待这次地震事件，作为无线产品线骨干应为民亲自写了份描述福岛核电站的风险的分析报告，及时发送给华为的驻日员工。研究所和产品线主管在第一时间给每个现场的华为人打电话、发短信，慰问他们。研究所所长张伟也联系了驻日本的华为员工，向他们讲述了汶川地震时，华为是如何解决保障业务和保证安全之间的矛盾的。

当时的无线成研分部部长张相军每天都打电话询问情况，PSST（产品与解决方案体系）干部部部长李山林组织日本抢通测试研发保障组，从人员管理、信息沟通到物料准备等各个方面进行统一管理。华为日本代表处的领导去宿舍和华为的员工交谈并请他们吃饭。

地震后不久，华为的高层领导也飞赴东京，给当地的华为员工办了一次居酒屋晚会，并且在晚会上表示将不断支持他们后续的工作，希望他们有困难直接和上级交流。

　　驻守日本的一线员工在面对如此困难境遇还能够坚守并及时完成工作，与华为管理层始终和他们保持沟通，及时快速地给予帮助和支持是分不开的。

　　管理大师彼得·德鲁克说过："管理的许多职能要真正实施，要发挥作用，不能没有沟通。"华为要求公司的管理层要学会和员工主动沟通，了解员工的需求，尽最大能力给他们提供帮助和支持。

5.2.2　通过绩效反馈激励员工

　　绩效反馈是绩效管理中的关键一环，对于管理者来说，也是非常有挑战性的一环，不是因为它有多复杂，而是在面对绩效考核结果不佳的员工时，感觉别扭，不知道该如何开口。

　　不过，通过绩效反馈，管理者可以及时了解员工在工作中遇到的困难，提供资源和支持，并且确保员工工作方向正确；管理者可以走进员工的业务领域，掌握员工的工作情况，打消员工对绩效评价的疑虑，为公平公正的绩效评价和沟通奠定基础。

　　对于员工来说，绩效反馈可以帮助员工重新审视其工作目标，认识到自己在工作中的不足或者能力方面存在的缺陷，激发他们改进的意愿。

　　对于企业而言，绩效反馈有助于构建企业和谐氛围，及时解决企业内外部管理上存在的问题，降低企业的管理风险，推动企业整体战略目标的实现。

　　基于绩效反馈的目的不同，绩效反馈一般分为两类，如表5-2所示。

表 5-2　绩效反馈的种类和表现形式

种　类	表现形式
积极的 / 建设性的反馈	• 可以帮助员工树立信心 • 强化做某件事的正确方式并加以保持 • 例如，"再接再厉……因为……"
改进式的 / 调整式的反馈	• 可以帮助员工提升能力 • 以要求的形式，分享如何做得更好，以及为何要做得更好 • 例如，"停止做……加强做……减少做……因为……"

　　王端军是华为资深项目经理，他刚到摩洛哥接任 PMO（Project Management Office，项目管理办公室）主管一职时，有两个员工考评被打了"C"。其中有一个是本地员工，之前被安排负责 PMO 管理工作，由于对华为的业务流程不太熟悉，交流上又有障碍，做了一段时间，业绩比较差，达不到华为的要求。

　　王端军主动找到他，跟他做了多次深入沟通，对他说："不要因为一次考评结果，就认为公司否定了你。也许你不适合这个岗位，换个岗位说不定就能干好。要找出自己的不足，积极改进，发挥自己的长处，坚持做下去。"后来王端军又观察了他一段时间，觉得他可以在交付经理岗位上发挥价值，于是将他推荐到企业网做交付经理，这位本地员工在新的岗位上终于找到了感觉，每天工作都干劲十足，让其他人刮目相看，他自己也以在华为工作而自豪。

　　王端军说，项目经理就像一个交响乐团的指挥，每个人的才能都不一样，每个部分又都很重要。作为乐团的指挥，要时常和乐手沟通，看到每个人身上的优点，最大限度地发挥他们的才干。

　　在与绩效不佳的员工进行绩效沟通时，各主管需要尽可能多地寻找员工在工作中表现出色的行为，在给予他们肯定、鼓励他们持续发挥的同时，引导他们及时发现自身的不足，积极改进，从而使他们达成绩效目标，提升企业总体绩效。

5.2.3　用绩效沟通促进员工成长

很多企业都清楚绩效沟通的价值，也运用了很多办法来将其付诸实践，但是最终效果却差强人意。究其原因，还是主管对绩效沟通的意愿和能力不足。很多主管往往害怕和绩效不好的员工沟通，担心伤了和气，或者为了避免谈及不愉快的话题，对员工的问题一带而过。更有主管把绩效不好的员工推给人力资源部解决，逃脱主管的责任。

在华为，绩效沟通是全流程覆盖的，从目标的分解，到过程辅导，到评价结果沟通、绩效改进沟通，全过程都有沟通的要点。绩效沟通是业务部门主管牵头的，要求各级管理人员必须及时了解员工工作进展、需要的支持、员工个人职业发展意向等，及时反馈和指导绩效表现不好的员工，从而避免可能的误解和拖延。

刘卫平作为应届毕业生加入华为，在华为工作了两年，绩效一直处在中间徘徊，拿不到"A"。他很迷茫，也希望知道问题出在哪里。刘卫平的业务导师陈宏伟发现他工作不在状态，便找他去一家小餐馆吃饭和沟通。陈宏伟说："小刘，虽然布置给你的工作基本还是完成了，但离优秀还有一定距离。主要问题是你遇到困难有较多畏难情绪。希望你积极努力地去突破难题，争取得到好的结果。"

陈宏伟还针对刘卫平能力和经验上的不足，给他制订了一个提升计划，有意识地培养他的独立性。刘卫平也给自己定下了三条"铁律"：每天无论工作再忙，都坚持总结当天工作；做好第二天的工作计划；把与客户、本地员工、分包商沟通中的问题，详细记录在本子上，积极向导师请教和学习。经过一段时间的努力，他对业务越来越熟悉，逐渐能独当一面了。

2010年，刘卫平绩效考核第一次拿到了"A"，此后更是连拿五个"A"。刘卫平感慨地说，如果那时候导师不找到他，帮助他提升自己，或许在那时他就离开了华为，也不会取得现在的成绩。

通过与自己的业务导师保持良好的沟通，刘卫平不断地提高自己的绩效水平，得到了持续成长。

任正非说："谈上十分钟、十五分钟都是可以的。不要认为时间少就没有作用。在员工眼里，你找他谈心就代表你在关注他。而你什么都不跟员工说，员工也就不会理解你。KPI 可以是一个冷冰冰的数据，但绩效管理不是冷冰冰的。干部的责任就是把冷冰冰的数据转化成组织的动能。"华为把绩效沟通贯穿在绩效管理的全过程中，就是为了确保员工的工作目标不偏离，最终达成绩效目标，助推公司总体战略的实现。

5.3　绩效辅导重点要关注前后 20% 的人

华为在对员工进行绩效辅导时，会比较留意绩效表现优秀的员工（关键人才）和绩效未达标的员工。对于关键人才，华为会在肯定他们成绩的同时，给予他们更多发展机会，牵引他们为公司创造更大价值；对于绩效未达标的员工，华为会协助他们制订绩效改进计划，激发他们改进动力，最终达成绩效目标。

5.3.1　识别每个人的绩效水平

为了选择合理的反馈与辅导方式，华为管理者在进行绩效反馈与辅导时，首先会通过绩效考核对每个员工的绩效水平进行识别。

根据前面的介绍，绩效考核就是对照员工制定的个人绩效目标，对完成的工作成果进行评价，再根据对应的评分确定对应薪酬的过程。华为根据员工绩效水平的不同，会把员工分为杰出贡献者、优秀贡献者、扎实贡献者、较低贡献者和不可以接受者。

　　不过，根据笔者多年做咨询的经验，很多企业在管理人才时，一般会按照员工的绩效水平把员工分为以下五类：失败者、绩效不佳者、绩效表现尚可者、中坚力量和绩效最佳者（见图5-3）。

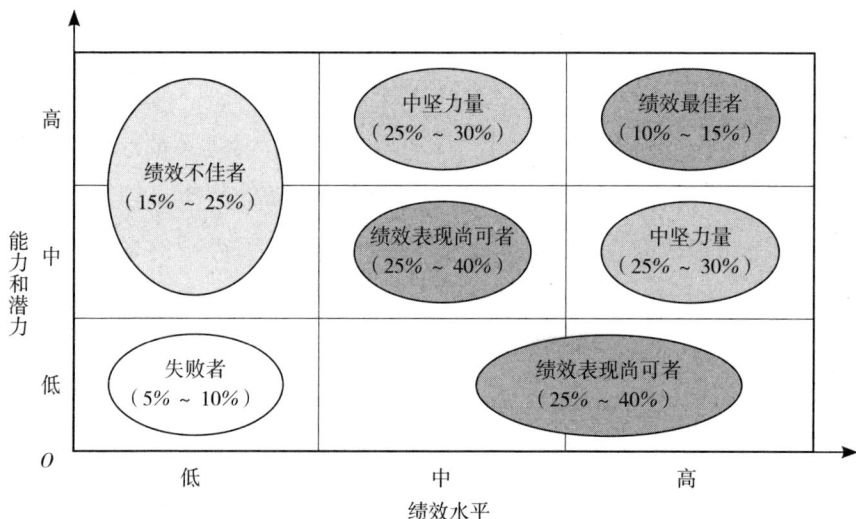

图5-3　员工不同的绩效水平与分类

　　在识别出不同员工的绩效水平后，管理者就可以对员工的绩效表现了然于胸，知道他们取得了哪些工作成果以及还有哪些需要改进的地方等。与此同时，管理者也能够发掘员工未来发展的能力和潜力，从而为他们创造机会和空间，制定他们未来的职业发展规划。

　　根据每个员工情况的不同，企业会要求各级主管采用不同的绩效反馈与辅导方式，如图5-4所示。

　　假如A企业销售部门的两个员工，在绩效考核中都由于经验不足被评为绩效不佳。其中一个员工愿意学习，根据图5-4所示，他就是可塑之才。管理者在对他进行绩效辅导时，应该给予他培训辅导，协助他制订学习计划，从而不断提升他的能力。

　　另一个员工不愿意学习，态度也很不积极，是无用之人。此时管理

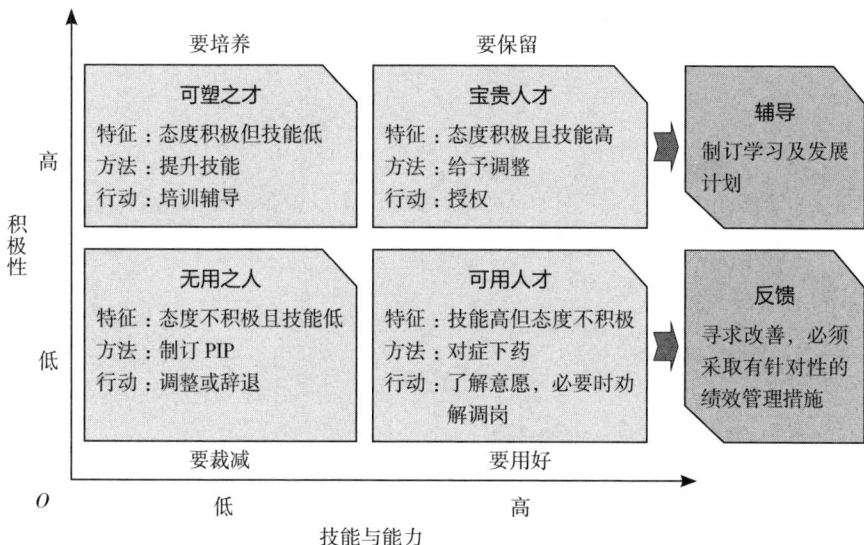

图 5-4　针对不同情况采取的反馈与辅导方式

者在对他进行反馈与辅导时，应该先向他说明企业的纪律与惩罚措施，然后协助他制订绩效改进计划（Performance Improvement Plan，PIP）。如果在绩效改进时限结束时，他依旧无法达成绩效目标，企业就要启用末位淘汰原则，进一步向员工传递考核压力，促使员工秉持奋斗精神达成个人绩效目标。如果还是达不成就会直接被辞退。

华为会重点关注在绩效考核中表现前 20% 的员工和绩效未达标的员工，然后针对他们选用不同的反馈与辅导方式，牵引他们聚焦价值创造，努力提升他们的工作积极性。

5.3.2　关键人才的绩效反馈与沟通

随着市场竞争越发激烈，2009 年 IBM 与华为组成联合项目团队专门对华为公司的关键人才设置了不一样的绩效反馈和沟通方式，在肯定他们的成绩的同时，还会从选、用、育、留（见图 5-5）四个方面给予他们职业发展支持，为他们创造更大的发展空间。

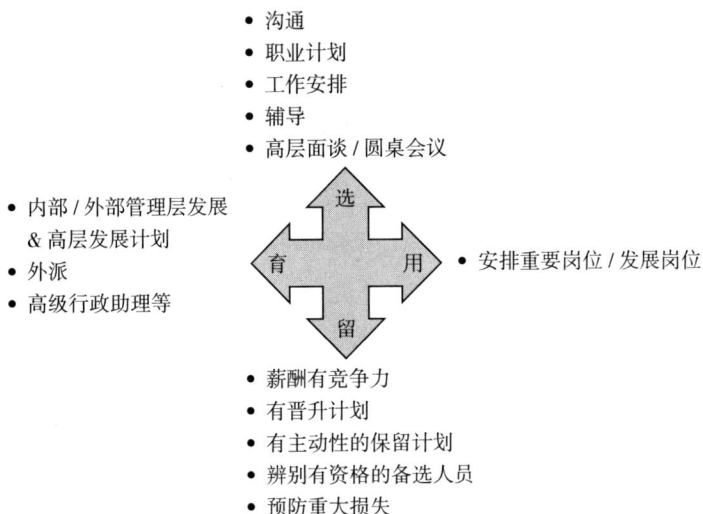

- 沟通
- 职业计划
- 工作安排
- 辅导
- 高层面谈 / 圆桌会议

- 内部 / 外部管理层发展
  & 高层发展计划
- 外派
- 高级行政助理等

选　用　育　留

● 安排重要岗位 / 发展岗位

- 薪酬有竞争力
- 有晋升计划
- 有主动性的保留计划
- 辨别有资格的备选人员
- 预防重大损失

图 5-5　IBM 协助华为对关键人才进行的绩效沟通

在选的方面，通过和关键人才进行沟通，了解他们对未来的发展设想，基于此帮助他们制定相应的职业发展规划，并且创造机会让他们参加高层会议 / 圆桌会议，出现在高层管理者面前。

在用的方面，给关键人才安排重要岗位或者发展岗位，以拓宽他们的视野，进一步扩大他们的发展空间。

在育的方面，一方面把关键人才纳入公司内外部管理层发展或高层发展计划，或者给他们安排高级行政助理职位等，由公司全力培养；另一方面会鼓励他们走出去，在公司各团队中轮岗，锻炼他们的能力，拓宽他们的眼界。一位华为员工感慨道："在华为的短短几年，我得到了难以想象的丰富经历，从研发到市场，再到服务。这在其他企业是不可能的。"

在留的方面，各级管理者要随时关注关键人才的薪酬是否有竞争力，是否能够得到晋升资格等。华为强调对关键人才要提供比同行业更有竞争力的薪酬，这样才有可能避免人才流失，以及由此导致的公司重大损失。当然，不要轻易答应加薪或者给予晋升的机会，以避免未来万一没有兑现时出现不必要的冲突和矛盾。

　　吕晓峰于 2007 年至 2010 年在华为的行销机关做三级部门主管，那时他的一项重要工作就是培养专家，向一线的行销组织输送高素质合格的产品经理，征战市场。

　　员工钟民俊（化名）是华为特招员工，聪明、做事踏实、技术水平高，在摩托罗拉工作了十多年，是摩托罗拉中国区无线专家组的成员之一。2008 年他入职华为，由于入职时对华为的激励方式不太理解，因此选择了年薪制，不能获得配股。

　　经过一段时间的考察，吕晓峰认为钟民俊是公司需要的关键人才，希望他能在华为长期发展，为公司做出更大贡献，同时让他自己也获得合理回报。因此，吕晓峰花时间和钟民俊进行了沟通，介绍了华为激励方式，让他理解了饱和配股、浮动奖金的意义：把华为和员工的认真工作、努力贡献紧密结合起来，让员工分享公司发展的利益。

　　当时正值印度无线市场大发展的时候，吕晓峰便安排钟民俊到印度地区部工作，支持几个重大无线项目。钟民俊在项目中得到了很大的锻炼，也表现出了很强的能力，受到了地区部领导和同事的认可，现在已经成为印度无线行销部的总工。这样的岗位也让钟民俊充分发挥了自己的能力，他曾真诚地对吕晓峰说："很喜欢所承担的工作，是我愿意做的技术工作，也能发挥我的特长和能力。"

　　从上述案例中可以看出，华为在肯定关键人才的成绩的同时，会给予他们更多发展机会，以充分发挥他们的能力，为公司创造更大的价值。

5.3.3　绩效未达标的 PIP 沟通计划

　　对于那些绩效未达标的员工，华为的各级主管会运用 PIP 这个工具，给他们提升绩效以达到期望的机会，激发他们的改进动力，从而最终达成绩效目标。

　　PIP 是直接主管和员工针对员工在工作中取得的成果、不足、改进、绩效目标要求和具体实施方法等沟通后，协助员工制订的改进计划。其目标如图 5-6 所示。

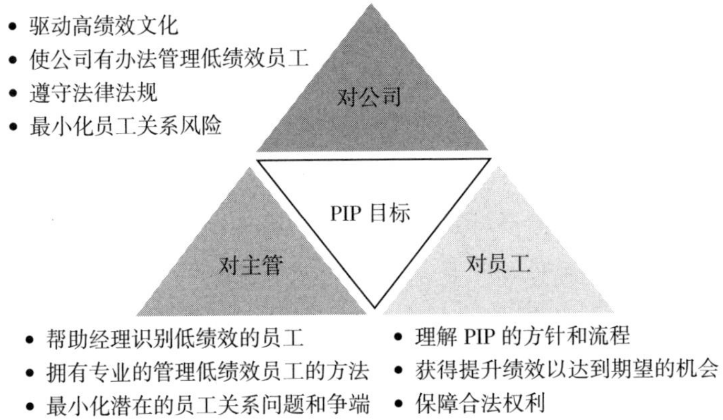

- 驱动高绩效文化
- 使公司有办法管理低绩效员工
- 遵守法律法规
- 最小化员工关系风险

对公司

PIP 目标

对主管　　　　对员工

- 帮助经理识别低绩效的员工
- 拥有专业的管理低绩效员工的方法
- 最小化潜在的员工关系问题和争端

- 理解 PIP 的方针和流程
- 获得提升绩效以达到期望的机会
- 保障合法权利

图 5-6　PIP 目标

　　在制订 PIP 时，必须符合 SMART 原则：具体的、可衡量的、可达到的、与其他目标相关的和有时限的。

　　当员工在绩效考核中触发了以下任何一个条件时，各级主管就会启动 PIP：

　　（1）员工在绩效考核中连续两次的考评结果都是"C"。

　　（2）员工绩效考评结果为"D"，并且该员工没有做出"自主选择"。

　　（3）主管发现员工的绩效水平和他本人制定的个人绩效目标差距过大，认为确有必要启动 PIP。

　　在 PIP 实施过程中，主管必须和员工保持良好的沟通，随时向员工反馈改进的情况。在员工遇到困难时，给他提供帮助和支持。

【任正非观点】逐渐辞退低绩效员工，好聚好散

　　对于低绩效员工还是要坚持逐渐辞退的方式，但可以好聚好散。辞退时，也要多肯定人家的优点，可以开个欢送会，像给朋友送行一样，让人家留个念想，别冷冰冰的。

华为通过采用 PIP，不仅使绩效未达标的员工获得了一个提升绩效水平的机会，还能帮助主管最小化潜在的员工关系问题和争端，从而驱动华为高绩效文化的形成。

5.4 因人而异的绩效辅导

在对员工进行绩效辅导时，华为的各级管理者会根据员工性格特点和在绩效考核中的表现，进行对症下药式的绩效辅导，从而激励员工发挥出最大潜力，提高个人绩效和组织绩效。

5.4.1 绩效辅导中的注意事项

在国内很多企业的绩效管理中，绩效辅导与沟通是单向的，经常是主管对员工下达命令或通知，却不接受员工的反馈意见，致使双方处于一种不平等状态。于是，经常能听到员工发出这样的埋怨："谈话一开始，就是对我一顿骂，我也认了，谁叫我工作没有完成好呢？但是我没有完成好，你也没给我提供任何指导性意见，一句有用的话都没有，说不出个所以然，就知道骂人。""整个谈话过程就他一个人在说，不给我机会来说明我为什么搞砸了工作。还动不动拿表现好的员工和我比较。"

华为强调，在和员工进行绩效辅导与沟通前，各级主管要分析辅导对象的特点，明确辅导目标等。在辅导时，要做好倾听者的角色：让员工先对自己在考核期间的工作表现做出详细的陈述。员工陈述完自己的工作表现后，主管要对员工的工作表现进行点评，通过员工工作的情况与制定的工作目标进行对比，发现其中的差距。在绩效辅导后，主管要对员工的绩效情况做一个总结，并且对员工遇到的主要困惑进行汇总，引导员工开阔思路找到解决问题的对策。绩效辅导注意的事项如表 5-3 所示。

表 5-3　绩效辅导注意事项

- 将绩效辅导结合到日常管理中，正式辅导与非正式辅导相结合，随时随地进行。
- 及时记录员工特别优异／令人失望的工作表现，以便在绩效辅导时用具体事例支持观点，避免泛泛而谈。
- 绩效辅导建立在员工优势上，发挥员工的优势往往比聚焦在弥补其缺点收获更多，对员工及时认可，并且要真诚、具体。
- 及早发现并沟通"不满意的绩效"，实事求是，不回避问题。沟通时对事不对人，避免到绩效考评时才让员工感到意外。
- 因人而异地采取辅导措施和方法。

华为直接主管与下属进行绩效辅导、反馈与沟通的模板

（1）根据在目标设定沟通中约定的沟通频度，主管需要与下属约定具体的面谈事件和地点。查看"沟通与反馈面谈表"，了解辅导、反馈与沟通中需要记录的信息。

（2）重新回顾下属的绩效目标，多方了解下属的绩效情况，可以从其他同事、客户处（如是双重汇报关系，则需要和业务线／职能主管沟通）了解下属的绩效表现和相关事例。

（3）请主管思考下列问题，就自己觉得困惑的相关问题，咨询上级、导师或者领导，准备好与下属沟通的提纲：

- 该下属在日常工作中行为表现如何？有哪些具体的优秀行为？又有哪些表现不佳的行为？
- 这些行为会给所在的部门或华为带来哪些影响？
- 该下属是否存在明显的绩效问题？产生绩效问题的原因是什么？
- 本阶段该下属的绩效目标是否需要调整？为什么要进行调整？
- 在与该下属沟通绩效时，他最有可能出现的困惑是什么？
- 根据"PBC 绩效沟通"的"快速浏览"中的"提示／误区"，自己有可能出现的错误是什么？
- 如果下属在反馈中偏离了既定主题，该如何引导以聚焦主题？

（4）如条件允许，可邀请领导或其他擅长与下属进行辅导、反馈与沟通的同事参与本过程。

（5）主管根据在"准备"环节设计的沟通提纲，与下属进行辅导、反馈与沟通，以下是四个建议步骤：

- 行为。描述在日常工作中观察到的下属的具体行为，避免对下属笼统地批评表扬，以及个人主观臆断。
- 影响。通过前期多方了解的情况，解析员工的行为给所在组织和公司带来的利益或造成的后果。
- 引导。鼓励下属保持优点，引导下属认识到不足并愿意有所改进。
- 跟进。根据反馈的期望和要求，后续还需要仔细观察下属的行为，并且及时提供反馈。

员工通过绩效辅导，向管理者反馈达成绩效结果背后的原因，了解管理者的绩效期望，并获得绩效改进的建议。各级主管通过绩效辅导引导员工开阔思路，优化工作方法，助力员工绩效达成。

5.4.2　针对不同问题给予有针对性的辅导

在绩效考核之后，管理者还要做一个重要的工作，就是与员工进行一对一的绩效沟通与辅导。将绩效考核结果反馈给员工，并就员工在过去一个绩效周期的表现与员工沟通，评价和总结员工的绩效表现，帮助员工找出不足或者问题，制订改进计划。

一般而言，管理者要从知识、技能、态度和外部障碍这四个方面来考虑导致员工绩效不好的原因，并且找出原因的背后是否还隐藏着其他原因，然后通过有针对性的辅导，协助员工制定解决方案。

如果是因为知识、技能方面的问题导致员工绩效不好，管理者会通过辅导，引导员工参加培训等来改善。如果是员工的态度有问题，管理者就会辅导员工去解决它。因为如果不解决，那么随后的绩效改进是不可能发生的。如果是有外部障碍，管理者应最大限度地帮助员工排除障

碍，或者尽量减少其影响，然后寻求周边人的协同支持。员工绩效问题
和有针对性辅导方案如图 5-4 所示。

表 5-4　员工绩效问题和有针对性辅导方案

绩效问题	解决方案
员工不知道该做什么，该怎么做，为什么要做	把任务安排得更清楚明确，如工作的具体内容、何时开始/结束、绩效达到标准。与员工沟通清楚做这项工作的原因、背景和价值等
员工认为他正在按你的要求做，实际上却不是	分解工作任务，把握关键节点，适时地过问、沟通、纠偏、辅导
员工碰到无法控制和克服的问题	协调资源，给予支持，帮助解决
员工认为你的方法不一定对或者自己的方法更好	说明你的理由并分享成功经验，多问"你觉得呢"，引导员工说出自己的想法；多对比分析，适当时可让员工尝试自己的办法
员工认为自己有更重要的事要做	协同理顺工作优先级，明确工作完成时间
做了没有正面反馈/做了反而会有负面结果	建立相应的评价制度，严格执行
不做有正面结果或没有负面结果	同上
员工个人能力不足	培训及辅导；还无法达标，调岗或辞退
员工有个人家庭或私人问题	沟通疏导，让员工说出来，给予更多关心，帮助他一起解决
员工对工作有恐惧感或目前还没有人能做到	告知员工完成这项工作所带来的正面效果比不做更大，帮助他克服恐惧感，协调资源帮助他一起完成工作

各级主管在和员工进行沟通和有针对性的辅导时，需要注意：

- 主管要与员工进行充分的沟通，为员工制订绩效改进计划。绩效改进计划放入下个绩效周期实施，以帮助员工改进绩效，达成绩效目标。
- 主管不能用解决发展性问题的方法来处理管理性问题。
- 辅导时制定的解决方案应以在岗实践和自我启发为主，以培训为辅。
- 管理者应该在与员工的沟通中，对辅导方案达成共识，员工理解了，

才会全身心地投入。

从表 5-4 中可以看出，员工绩效不佳的原因更多的是员工态度或外部障碍等所导致的，员工自身的知识和技能不足占少数。

管理者只要在辅导员工找出绩效没有达成背后的原因的同时，有针对性地协助员工制订绩效改进计划，员工的绩效就能够得到显著改善。

5.4.3　不同性格的员工绩效沟通与反馈策略

华为在对员工进行绩效考核时，会针对不同员工采用不同的考核方式，绩效沟通与反馈也是这样的。面对各种各样的员工，管理者必须根据员工的具体情况，采用不同的绩效沟通与反馈策略，具体做法如下：

（1）如果是面对沉默内向、不善言谈，但是业绩优秀并且工龄比较长的员工，华为各级主管在和他们进行绩效反馈面谈的过程中，通常会主动询问他们问题，以营造宽松氛围，让员工放松，缓解他们在交流时的不安与紧张。

同时，主管还会通过多提开放式问题让员工有更多的表达机会，在员工回答问题时认真倾听，适时对员工在工作中做出的成绩和贡献表示认可、给予表扬。而且，华为会提供给这样的员工更多的发展机会。

（2）那些易发火且敏感、优点缺点都比较突出的员工，在反馈面谈时，较容易和管理者发生一些意见冲突，有时甚至会发火。在遇到这种情况时，华为的各级主管会等员工冷静下来后，再一起分析其发火的原因，有针对性地分析问题。

同时，对于这类员工，华为各级主管会在平时和他们经常交流沟通，不会搞"突然袭击"式的反馈面谈。在面谈时，一般会从员工的优点或者面谈双方有共识的地方谈起，并且在交谈中让他们看到自己和绩效优秀者的差距，进而找到自身可以提升的地方，激励他们提高自己的绩效。

（3）对于那些业绩不良，而且又爱把问题归咎于别人的员工，华为各级主管在和他们进行面谈前，一般会提前设立好绩效辅导面谈的框架，以避免卷入不相关的话题。在面谈的过程中，各级主管会以客观事实为依据，有针对性地分析员工的业绩不良问题，而不会用模糊、概括性的言论来评价。同时，主管会围绕员工的绩效目标，引导员工找到业绩不良的根源，并且协助他们找到绩效改进的方法，在绩效面谈最后和员工约定下次面谈的时间，以及时跟进员工绩效改进情况。

华为通过根据员工性格的不同，制定不同的绩效沟通与反馈策略，有效地帮助员工找到了自身绩效需要改进的地方，从而极大地激发了员工的工作热情，员工的个人绩效水平得到了显著提升。

第 6 章
绩效评价与考核

在绩效评价中，华为坚持以责任结果为导向，以效率优先、兼顾公平为原则，采用分层分级考核制度对员工的业绩进行科学客观的评价，牵引员工聚焦为客户创造价值，在达成个人绩效目标的同时，推动企业长久发展。

6.1　绩效评价主体责任

在华为绩效评价流程里，直接主管是绩效评价的第一责任人，负责对下属的指导、考核评价。在绩效管理的过程中，主管要持续关注下属的业绩表现，引导下属达成绩效目标。

6.1.1　基于企业价值的评价体系

华为的价值评价体系是在公司价值观的基础上建立起来的。《华为基本法》第十六条"劳动、知识、企业家和资本创造了公司的全部价值"构成了华为价值评价体系的基石。

价值评价是指对员工在给客户和公司创造价值的过程中，对其所做出的匹配岗位职责或角色要求的有效产出和贡献成果的计算与衡量，为价值分配提供客观公正的依据。

【管理观点】华为价值评价体系的基本假设

√ 华为绝大多数员工是愿意负责和愿意合作的，是高度自尊和有强烈成就欲望的。

√ 金无足赤，人无完人。优点突出的人往往缺点也很明显。

√ 工作态度和工作能力应当体现在工作绩效的改进上。

√ 失败铺就成功之路，但重犯同样的错误是不可原谅的。

√ 员工未能达到考评标准要求，也有管理者的责任。

√ 当你不让雷锋吃亏的时候，公司会有无限的创造力。

√ 员工的行为会对激励做出反应。

√ 衡量价值分配合理性的最终标准，是公司的竞争力和成就以及员工的士气和对公司的归属意识。

　　站在价值分配的角度来看，如果没有价值评价而直接进行价值分配，就必然会走向两个极端：一是平均主义，共吃"大锅饭"；二是企业权力拥有者按个人喜好进行专制性分配，造成利益分配不公平和企业内部的官本位风气。不论出现哪种情况，都不利于激励员工。所以，价值评价是一条纽带，它将价值创造与价值分配紧密结合起来了。

【管理策略】公正客观地评价价值，才能实现合理的价值分配

　　价值评价是价值分配的前提，价值评价做好了，有了客观公正的评价，价值分配才会更加科学合理。价值分配合理了，不会让员工"不患寡而患不均"，员工就充满了动力，就会充满激情地去创造更大的价值。

　　（1）价值评价是主动的，贯穿于价值创造的全过程，通过这个过程可以牵引员工正确地为客户创造价值，为企业做贡献。

　　① 事前：向每个价值创造者提出价值创造的期望，也就是要求他创

造多少价值，例如，企业管理者根据每个员工在价值创造过程中的职责和能力，提出不同的目标要求。

② 事中：对每个价值创造者的价值创造过程进行监督和指导，以避免价值创造过程偏向和资源浪费。例如，项目管理者对成员的工作情况进行监控，以保证其朝着目标按计划前进。

③ 事后：根据事前定下的价值期望，如项目目标，对所创造的价值进行具体的评价。

（2）价值评价是一个动态的、水涨船高的过程。也就是说，价值评价标准并非一成不变，是随着环境的变化而不断提高的。华为会依据自身的战略目标，不断地向价值创造者提出更新、更高的要求，鞭策员工不断奋斗，挑战新的目标。价值评价合格的将需要面对新的挑战，不合格的就会面临被淘汰的危险。

（3）价值评价的主体是企业，因为企业可以统一员工的价值观，使各部门、各员工的价值创造过程都始终围绕企业的总体战略目标。当然，企业可以委托各部门主管对下属员工进行价值评价，不过各部门主管必须对评价结果负责。

6.1.2　直接主管是价值评价的第一责任人

孙子说："视卒为婴儿，故可与之赴深溪；视卒为爱子，故可与之俱死。"一个将军如果不花时间、心思去和士兵沟通，也不承担起作为领袖的责任，不关心士兵的战绩，如何能让士兵们奋不顾身地跟随他呢？

作为一个团队的领导，直接主管要承担起自己的责任，要了解下属工作的开展情况，以进行科学合理的评价，给出客观公正的考核等级。华为的绩效考核不是简单基于数据的汇总，而是结合关键绩效得分、个人关键举措（管理者还包括人员管理目标）的综合评定，这是华为的绩效考核和很多企业不同的地方。直接主管对下属员工的具体评价方法与工具模板示例如表6-1所示。

表6-1　直接主管对下属员工的绩效评价方法与工具模板

员工姓名	级别	岗位	业务目标					人员管理目标	建议评价等级	必要的关键事件说明
			关键绩效指标得分	个人关键举措						
				个人市场目标	个人重点项目	个人年度组织建设与管理改进目标	该部分整体建议评价等级			
甲	19	销售代表								
乙	18	交付代表								

评价方法说明：

（1）先确定绩效等级A的员工在关键绩效指标部分得分基准值。对于在基准值以上的员工，a）根据个人关键举措、人员管理等目标完成情况，进行综合评议，确定等级为A的人选，如有必要，对员工在关键事件中的表现进行补充说明；b）其余人员如无其他异常表现，通常确定为B+。

（2）确定绩效等级为C的员工在关键绩效指标部分的得分上限，对于范围内员工，根据个人关键举措、人员管理以及在关键事件中的表现，确定C的人选，其余人员确定为B。

（3）对于其他人员，由经理做出B或B+的判断，其中如果关键绩效指标部分突出，但其他项完成得明显不好，则评定为B；如果关键绩效指标部分不很突出，但其他部分完成得出色，也可以评为B+。

【管理策略】华为对直接主管的要求

（1）各级主管不是独立贡献者，而是带领团队创造优秀绩效的领头人，有责任指导、支持、激励与合理评价下属人员的工作，帮助下属成长，全面承担起本部门团队选、育、用、留的各项人力资源工作。

（2）各级主管要重视绩效管理工作，各级主管的重要绩效考核指标包括组织建设、带团队、培养后备干部。

（3）各级主管要以高度的责任感和使命感落实后备干部与骨干员工的选拔培养。

（4）各级主管要敢于管理，强化综合绩效考核，打造高绩效团队。要加强对下属的目标制定、过程辅导，坚持贯彻绩效分层分级考核区分制度。一定要通过自上而下的绩效考核压力传递，自下而上的绩效考核结果的应用并逐步公开，不断提升组织绩效产出。

任正非在内部讲话时指出："华为只要能担当并愿意担当的人才。有强烈的责任感和危机感，不腐败、敢担当的干部才是真正优秀的干部，华为要让这部分人担当重任。"

在职场上，一个干部成熟的标志是勇于承担责任，对自己的下属负责。只有真正有担当的干部，才能成为企业未来的支撑力量，助力企业发展。

华为能发展到今天的规模，正是因为涌现了许多有担当的干部，他们始终没有忘记自己对下属的责任。

6.1.3　明确绩效评价各方的责任

为了科学合理地对员工的绩效进行评价，评价前必须明确评价各方的关系。在华为的员工绩效评价过程中，直接主管、上级管理团队、上上级管理团队协调配合，他们要以绩效事实为依据，共同承担起对员工绩效的考核责任，确保绩效考核结果的公平公正性。

直接主管负责指导并辅助员工，围绕企业总体战略目标，制定自己的PBC，让员工明确自己的奋斗目标。沃尔玛的创始人山姆·沃尔顿曾说："与你的员工分享你所知道的一切；他们知道得越多，就越会关注；一旦他们去关注了，就没有什么力量能阻止他们了。"在绩效评价启动时，直接主管需要结合员工工作涉及的相关部门的绩效评价者的意见，对员工的绩效进行初评。初评结果确定后，会在各部门公示。

初评结果出来后，上级管理团队负责对照员工PBC，集体评议员工的绩效，控制比例分布，审视高低绩效和特殊人群，并且对员工最终考核结果的合理公正性负责。

华为上级管理团队对员工绩效的集体评议流程主要包括以下六个步骤：

（1）提前明确集体评议规则。在员工制定PBC之前，就需要向员工明确团队的绩效导向和评议规则，而不是在评议时再制定，让员工提前正确认识绩效评价标准。

（2）审视集体评议信息表。集体评议信息表全面记录了员工的个人绩效事实，一般都包括员工的绩效事实和直接主管初评结果等信息。审视集体评议信息表实质上是对员工的绩效事实进行审核，以全面了解员工绩效。

（3）介绍评议规则及注意事项。在开展集体评议之前，需要回顾绩效导向和评议规则，让评议成员形成统一的绩效语言、绩效理念、思想导向和评价标尺，澄清一些常见的评价误区，对相同层级、相似工作性质的员工的绩效标准理解一致，减少主管的标准误差。

（4）分层排序，重点评议两端和边界、跳变等特殊情况的员工。评价员工绩效等级时，需要分层分段排序评议。评议的重点是评议两端和边界等人员的绩效,也就是逐个把员工的绩效事实放在"标准秤"上称重,给出排序和绩效等级。

（5）按比例分别整体拉通审视,确定最终结果。对各主管评价的所有为 A 的员工,需要在统一评议规则下再逐一评议,按照比例分别整体拉通审视评议。例如,对于绩效为 A 的员工,首先根据他们的绩效事实和主管建议评为 A 的理由逐一审视,各主管评议讨论,识别出最优秀的员工,确定"锚点",同时给出发展建议,然后依次排序；随后评议绩效排名在此员工后两位的员工,进行排序和调整,直到把绩效为 A 的人员评议完。

（6）达成一致意见后签字。经过评议,各主管和评议团队对评价结果达成一致意见之后,在评议结果表上签字确认。

在上级管理团队集体评议员工绩效后,上上级管理团队负责审视团队整体绩效分布、批准绩效集体评议结果,最后正式公示。

绩效结果公示后,直接主管应该和员工进行面对面沟通,沟通的内容包括成绩、不足以及接下来的绩效改进措施,引导员工制定下一个考核周期的绩效目标。对于低绩效、需要改进的员工,还需要给他们设定一个改进期限,而且在员工改进过程中,直接主管需要及时提供帮助与支持。

绩效考核结果是通过 IT 系统公示到网络上的,对考核结果有异议或不清楚的员工,可以以书面形式向公司人力资源部进行申诉。考核管理委员会是员工考核申诉的最终处理机构,人力资源部只是其日常的办事机构,申诉一般由人力资源部负责,具体申诉流程如图 6-1 所示。

华为通过明确绩效评价各方的责任、公示绩效考核结果、提供绩效考核结果申诉渠道等措施,为绩效评价保驾护航,最大限度地确保对员工绩效评价结果的公正性,使公司内部的气氛更和谐,提高了公司的凝聚力和向心力。

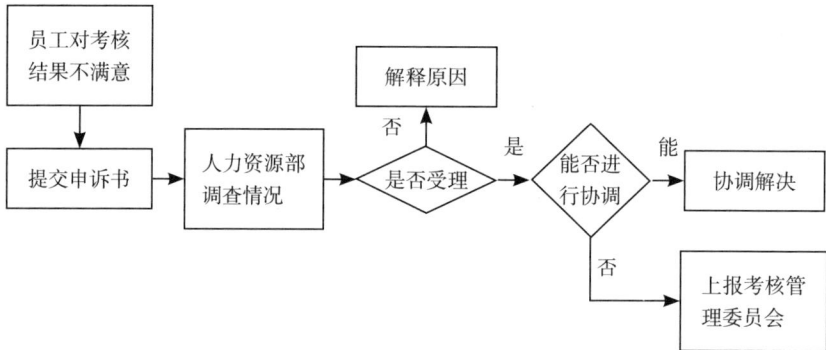

图 6-1　绩效考核结果申诉流程

6.2　效率优先，兼顾公平

任正非说："公平不是绝对的，而是相对的，如果企业一碗水端平，追求百分之百公平，最后就会导致对 99% 的人都不公平。不要过度宣传公正公平，世界上从没有真正的公平公正，我们只能不断改进，尽可能做到公平公正。"因此，华为在绩效评价中奉行的是效率优先、兼顾公平的原则。

6.2.1　绩效评价与公平公正

在绩效评价中，如果员工有强烈的不公平感，他们就会士气低落、工作消极，对企业没有归属感，产生离职倾向，成为不安定因素，从而阻碍企业的长远发展。因此，企业在绩效管理中应该对员工的绩效进行客观公正的评价。

华为的绩效评价体系有两个鲜明的特点：第一是评价规则相对明确；第二是评价整体是公平公正的。

评价规则的制定是企业人力资源部门的工作，而确保评价的公平公正就是各部门主管要做到的事情。华为的管理者都需要学习绩效管理的工具和方法，并且在上岗过程中实践。当然，要真正把绩效评价的公平公正做到，也需要一个过程。

2011 年石艳东被提拔为华为某系统部主任,他的直线领导告诉他:"管理者最关键的工作是带好队伍。"石艳东认为，我刚刚当领导，首先要搞好和员工的关系，他认为领导和下属要打成一片，团队成员也把他当成老大哥，无论是工作还是生活，都对他知无不言，言无不尽。

由于和员工的关系都比较好，石艳东在给员工考核打分时感觉有点放不下面子，因此在绩效考核中，虽然有些员工绩效不太好，但他碍于情面，在打分时有所"放水"。一年工作下来，石艳东发现一些优秀的员工离职了，绩效不太好的员工依然还留着，导致部门的组织绩效下降明显。

石艳东找直线领导沟通解惑，领导说:"带好队伍的目的不是追求一团和气,而是激发组织活力。"石艳东这才恍然大悟。对于一个组织而言，如果不把有问题的人处理好，一是对其他团队成员不公平，二是伤害了其他努力工作的员工。一个奋斗型组织，以结果为导向就是对奋斗者最负责的行为。

笔者在做管理咨询的过程中，常常遇到管理者在绩效考核中困惑重要，他们的困惑是，如果对员工的考核太狠了，他们就会离职，而再招聘新员工，一来需要时间，二来有可能来的人还未必有原来的人熟悉工作。因此在考核员工绩效时，掺杂了很多考量因素，不能公正地评价，导致管理制度形同虚设，绩效管理的价值也发挥不出来。

因此，管理者在绩效考核中，应对每一位员工一视同仁，公平公正地进行绩效评价，这样才能真正带好团队。

6.2.2　努力者机会均等，是金子总会发光

华为坚持从贤而不从众，提倡"公平竞争，不唯学历，注重实际才干"的方针，在公司内部打造一个开放的平台，开始的时候员工的机会是均等的。在过程中，根据员工价值贡献的大小，优秀人才会有更多成长机会，只要持续努力奋斗，就能脱颖而出。

> 【任正非观点】不拘一格用人才，让胜利的旗帜高高飘扬
>
> 我们要用开放的心胸，引进各种优秀人才，要敢于在他们能发挥作用的方面使用他们。年轻人应挺起胸膛，到最艰苦的地方去，到最艰难的工作中去，到最需要你的地方去。

华为员工赵莹（化名）刚进入公司半年，所在的项目组和BT（英国电信）沟通的时候发现一个EMC（电磁兼容性）和供电的交叉标准写得很模糊，项目组的人也感到很陌生，但客户要求项目组尽快修订。在项目组的推荐下，刚入职半年的赵莹接受了这项任务。

赵莹将同事的研究结果接过来，进行系统、全面的研究，包括对外合作、费用申请、测试系统搭建、报告模板设计等一系列烦琐的工作。最终将一个模糊的标准做成了BT（英国电信）、KPN（荷兰皇家电信），甚至后来FT（法国电信）、DT（德国电信）等客户都一致认可的测试报告，国内第一个可以全面测试该标准的实验室得以建立。

2007年9月该标准改版时，赵莹因为熟悉该标准被推荐到欧洲参加会议。作为一个新人，赵莹在BT、FT等电源专家面前发表了提案，得到了广泛认可。

当BT专家组的老爷爷专门跑到赵莹面前，拍着她的肩膀对她伸出大拇指时，赵莹觉得相比之下，当初的辛苦实在是"赚大"了！在部门的绩效评价中，赵莹也取得了A的成绩。

作为新人的赵莹，抓住了机会实现了自身的价值；对于华为，则因不拘一格用人才，获得了一项核心技术。给予员工充分发挥的舞台，是一个双赢的过程。

任正非说："真正绝对公平的机会是没有的，但是在努力者面前，机会总是均等的，只要你不懈地努力，你的主管会了解你的。"其实，一个人的命运是掌握在自己手中的。别人对你的评价，难免会有误差，但肯定不至于颠倒黑白，差之千里。在华为，只要你把精力集中在一个有限的工作面上，坚持艰苦奋斗，你就能获得展现自我的机会。是金子总会发光的。

6.2.3　绩效评价不能只关注短期，而要关注持续性

尽管企业已经通过内部的机制、制度设计来保证员工机会的均等性，但是事物的发展需要一个时间周期，需要从量变到质变。员工付出的努力主管未必都完全了解，或者这个努力在短期内确实体现不出效果。因此，华为要求员工要耐得住寂寞，受得了委屈。对绩效考核不能只看一时，还要看持续性。

对于绩效评价要关注持续性，任正非在华为的财经变革项目规划汇报会上曾以"盐碱地"来形象比喻。什么是盐碱地呢？盐碱地是盐类集积的一种土壤，土壤里面所含的盐分影响到作物的正常生长，土壤盐碱严重的地区植物几乎不能生存。在华为的很多市场，由于国际环境等诸多因素影响，即使辛勤耕耘却可能换来颗粒无收，华为把这些地区和国家形象地称为盐碱地。

华为的成功在于坚持不懈地推进"鸡肋战略"，在西方大公司看不上的盐碱地上，一点一点地清洗耕耘，而且，薄利也逼着公司在很窄的夹缝中锻炼了能力，提高了管理水平。

很多企业的管理者认为，"盐碱地"对今年产出不影响，今年不耕耘，明年才会受影响，重要但不紧急。而当期绩效搞不定马上就会"砍头"，重要且紧急，于是管理者就会把长期绩效放到一边，优先搞定当期绩效。再者说，当期绩效是比较好度量的，管理者情不自禁地就偏向了当期绩效。这样就使得企业的员工都只关注短期绩效，那些中长期才能看到收益的"盐碱地"，就渐渐无人问津了。

反观华为，任正非特别重视战略，在资源投放上高度聚焦战略。对于一些当期不能产生经济贡献的区域，在对该区域员工进行绩效评价时，不会只关注当期产粮量，而是从中长期角度来评价的。公司往往也会为在这些"盐碱地"耕耘的员工设置单独的激励机制，包括干部晋升、配股、专项奖等。如果员工在"盐碱地"撕破一个口子，拿下一个山头项目，往往能得到火线提拔。这样就牵引了员工去清洗耕耘"盐碱地"，改善土壤肥力。

6.3 绩效评价专注于贡献

华为在对员工进行绩效评价时，始终专注于员工的贡献、工作成果，以使员工的奋斗目标始终明确清晰，绩效评价有理有据，避免做无效的辛苦劳动。

6.3.1 绩效评价，以创造价值为准

只有基于价值创造评价团队与个人的工作表现，才能牵引企业员工聚焦在价值创造上。在被问及中美两国的发展情况时，任正非说："现在越来越多的人说美国已经不如当年，但是在我看来，我们应该正视美国的强大。它先进的制度、灵活的机制、明确清晰的产权制度、对个人权利的尊重与保障，以及良好的商业生态环境，吸引了全世界的优秀人才

汇聚，从而推动亿万人才在美国土地上创新、挤压、井喷。硅谷那盏不灭的灯，仍然在光芒四射。从价值创造的角度去看待这个国家，我们会发现美国并没有落后，它仍然是我们学习的榜样。"

评价国家尚且如此，对于企业这样的营利性组织来说，更加应该从价值创造的角度去评价。在进行绩效评价时，必须抓住绩效的本质：为客户创造价值。一切不能为客户创造价值的劳动都属于无效劳动。华为坚持以价值创造为标准对员工的工作成果进行评价，有准确量化的标准，使评价过程清晰高效，同时又能保证评价过程和结果的公平公正，每个员工因而有动力、有机会去争取更多的价值分配。

不过，绩效考核的维度和指标不能太多，重点要突出。绩效考核是为实现企业总体战略服务的，让员工为企业做出价值贡献。绩效考核要看结果、看贡献，不能本末倒置，为了考核而考核。

有些企业的 KPI 设计得太冗杂，既不利于操作，也不利于激发员工的积极性，致使员工把工作重点全放在 KPI 上了，所有行为都为 KPI 服务。

2012 年，华为启动了以项目为基本经营单元的管理体系建设，强化项目经理的经营责任，完善项目八大员的训练和协同，同时把项目奖和人员考核评价权给到了一线项目组。

丹麦 TDC 是一家老牌的网络运营商，由于网络老化、成本高居不下、用户体验不好，市场份额逐年下滑。为了重新赢回客户，TDC 要华为做全网无线搬迁、优化和管理服务。这一项目难度和挑战不可谓不艰巨，项目组与 TDC 展开了漫长的谈判。项目经理周瑞生相当清楚，如果这个项目能成功，就能为公司赚取利润，项目组的绩效考核也会相当优秀。于是他做出决策，与客户签署了协议。

为了达成目标、向客户兑现承诺，周瑞生把难题汇报给总部，向总部申请资源支持，并且在华为内部招募有相关经验的员工。

很快，周瑞生得到了上级的支持，几个有经验的员工加入了他的团队。周瑞生带领交付团队，用了九个月的时间，一个一个作业优化流程，一个一个站点进行规划，或搬迁，或扩容，或优化，最终把客户的网络质量做到了第三方测试排名第一，圆满地实现了客户项目的目标。根据合同中的奖励条款，客户给华为发了 1300 万丹麦克朗的奖金，而奖金的大头都进了项目组。

从上述案例中可以看出，丹麦 TDC 项目组就是因为为客户创造了价值，才获得了客户的奖励，赢得了更多的价值分配，为公司做出了贡献。

华为始终坚持以责任结果为导向对员工进行公平公正的绩效评价，让员工把精力聚焦在多做贡献、"多产粮食"和"多增加土壤肥力"上面，所以有大量奋斗者前仆后继地为公司创造价值，成就了华为今天的市场地位。

6.3.2　没有创造价值就是没有绩效

任正非说："只有最终对客户产生贡献才是真正的绩效。要消除对客户没有贡献的多余行为，清退制造不能对客户产生贡献的假动作的人员。"一个员工再辛苦，如果没有为客户创造价值，就不会有好的绩效评价。

华为一直奉行一个基本原则："茶壶里煮饺子，倒不出来就不算饺子。"换言之，一个人的工作能力即使再强，如果最终没有好的工作结果，华为也是不会认可他的能力的。绩效考核评价的就是在整个工作中表现出来的过程行为和工作成果，而不仅仅是能力。

作为华为的创建者和领导者，任正非十分重视自己及员工的工作结果，他的每一项决策都指向公司的成长和发展；他的每一次讲话都指向公司发展过程中已经出现或即将面临的问题。他不认可"茶壶中的饺子"，坚持以责任结果为导向选拔干部，坚持"按贡献大小拿待遇"。

在奋斗者文化盛行的华为，选拔出来的干部肯定是奋斗者中的佼佼者。在华为 EMT 纪要 2005 年第 53 号文件中写道："绩效是分水岭，是必要条件。只有那些在实际工作中已经取得了突出绩效，且绩效考核横向排名前 25% 的员工，才能进入干部选拔流程。茶壶里的饺子，我们是不承认的。"除了在干部的选拔上，要选出能"倒出饺子"的奋斗者，在资源和奖金的分配上，华为也倾向于向卓有成效的奋斗者倾斜。

华为一直以来都厚待员工，无论在什么岗位，只要做出了符合激励导向的贡献，那么任何人都能够赢取奖项和奖金。华为也专门设置了金牌和奖项用来奖励做出卓越贡献的华为奋斗者。华为依据"机会面前，人人均等"的原则来评定金牌和奖项，员工只要将自己的能力和工作成果体现在绩效上，那么就有机会获得奖项。

金牌个人奖就是从所有绩效考核靠前的奋斗者中遴选出来的。华为年度绩效考核为 A 的员工仅占部门员工总数的 10% ~ 15%，而金牌个人奖比例为 1%，也就意味着要拿金牌奖，首先得进入绩效考核为 A 的员工行列，而且排名也得靠前。除此之外还需要经过多方评定，"为部门努力奋斗做出了卓越贡献，支撑公司取得了商业成功"。

这些拿到了华为金牌个人奖的奋斗者都在工作中"倒出了实实在在的饺子"，华为通过这样的非物质奖励来肯定奋斗者成绩的同时，也弘扬了奋斗者精神，激励更多华为人在工作中干出实实在在的成绩。

6.3.3 战略贡献纳入业绩评价范畴

俄罗斯战略管理鼻祖伊戈尔·安索夫认为，企业在员工的绩效评价上，必须平衡短期贡献与长期贡献的比重，鼓励员工既要在短期内赚取利润，也要为企业的长期发展做出贡献。

华为强调要根据当期产量来确定基本评价，可是对于一个处于高速发展、面对市场残酷竞争的公司来说，只看当期利益是不够的，还必须有战略目光，基于市场的长期发展，进行战略布局。很多时候，打开一个新市场，开发一类新业务，靠的就是在战略布局上领先于竞争对手，成为行业中第一个"吃螃蟹"的。因此，所有员工在聚焦于自己当前的工作产出的时候，还要保持敏锐的专业嗅觉，争取为公司打开战略突破口。

为了挖掘员工这方面的能力，激励员工为公司做出战略贡献，在原有的个人绩效评价中，华为加入了战略贡献评价。对于华为这样的知识、技术密集型公司，最担忧的可能不是当期产量的不足，而是缺少未来具有发展前景的战略业务与战略产品。

为此，任正非主张："根据当期产量多少来确定经济贡献，对土壤未来肥沃程度的改造来确定战略贡献。两者都要兼顾，当期贡献决定了员工奖金包的大小，而没有战略贡献，员工就不能被提拔。"但他同时也强调，不能为了追求战略贡献而牺牲当期产量。也就是说，员工不能为了做出战略贡献，勉强进攻战略高地，导致当期产量不能达标。因此，华为的绩效评价，最认可的是员工在完成本职工作的同时，还能做出战略贡献。在华为的奋斗者中，有不少这样极具平衡力的优秀员工。

在 2007 年刚加入华为通信产品的软件部门时，刘峰发现自己需要在实战中恶补对通信业务的了解。在工作到第三周的时候，某项目的负责人找到刘峰，跟他说："正好赶上版本开发，给你一个特性做吧。"当时，刘峰有种担当重任的感觉，立马答应了。在接下来的一个月，刘峰始终憋着一股劲，没日没夜地工作。终于，完成了 2500 行代码，对其命名、格式、简洁度、可读性，他都尽了当时最大的努力。当刘峰将他来华为的第一个作品交付的时候，他的导师拍着他的肩膀对他表示了认可。

此后，刘峰始终以他完成第一个交付作品时的干劲和钻研精神投入所有的工作任务中。渐渐地，他不仅能自主完成难度更高的代码编写，还能根据客户对产品的反馈，解决原来代码中存在的问题，甚至对代码进行改进。因此，刘峰的绩效评价结果一直不错。到了 2016 年，软件行业有一个词"火"得如日中天——微服务架构。这种架构与过去传统的相比，更加"小、独、轻、松"，能够极大地降低开发和维护成本。

刘峰想到，如果华为的通信产品能够实现微服务架构，那将是一次颠覆性的革新。当时恰逢刘峰所在的团队刚开发出一款新的软件产品，刘峰和团队决定从该产品开始，尝试进行一场微服务化的架构改造。这意味着刘峰所在的不到十人的小团队，要将 30 万行原架构代码，重构成每个两三万行代码的多个服务。

作为总设计师，在整理好思路框架后，刘峰把每个任务标上了难度和时间节点，供团队成员根据自己的能力分头完成。同时他还帮助不太了解微服务的同事加深了解。方案确立后，刘峰在完成自己任务的同时，还为每个人补足信息量。经过整整三个月的奋斗，刘峰带领团队完成了华为通信类产品对微服务架构的首次尝试。

这项创新使得华为内部的 2 万行代码联调活动从 56 人天降低到了 2 人天，大大提高了华为的软件开发人员编译代码的效率，对华为通信产品未来的软件开发业务无疑是具有战略意义的。这就是属于刘峰的战略贡献。

华为将战略贡献纳入业绩评价范畴，并不是鼓励每一个员工只投入战略贡献中，而是鼓励员工在完成自己当期产量的基础上，能站在战略角度为公司打开战略突破口，创造价值。就如案例中刘峰一样，在积累还不够时就尽力做好自己的本职工作。在能够轻松完成工作业绩时，就可以发挥自己的创造力，基于战略角度来思考自己工作的业务领域未来的发展趋势，然后用行动去验证自己想法的可行性。

6.4　分层分级的绩效考核

华为通过推行分层分级的绩效考核，牵引高层更加着重对公司战略目标的关注，中基层员工兼顾中长期目标的达成和战略规划的落实，基层作业员工追求多劳多得、精益求精。

6.4.1　绝对考核与相对考核相结合

干部考核和员工计量工作制的推行，是华为将价值评价落到实处、形成制度的关键，意味着华为的价值评价有了统一的方向和统一的参照标准。作为一家国际化公司，倘若在价值评价方面没有统一的制度性要求，就可能导致各地区、各部门的价值评价标准不一致，甚至使价值评价被主观因素干扰，因此，华为是从战略层面来建设价值评价体系的。随着价值评价体系的日趋完善，华为人在工作时越来越自主与高效。

为了让更多奋斗者来分享胜利的果实，让惰怠的干部感受到末位淘汰的压力，华为对 12 级及以下的（基层）员工业绩进行绝对考核，而对 13 级及以上的员工进行相对考核。

绝对考核，就是对指标的绝对考核。在进行考核时，公司采用的是能独立验证的客观指标，而不采用任何主观指标，如劳动态度、工作积极性等，因为它们容易受到人的主观情感左右。任正非强调："绝对考核的目的是团结多数人。只有团结多数人，这个社会才能进步，我们就是要实行这样的制度。如果优秀员工占少数，优秀员工可能会成为讥讽的对象，他们很孤立，不敢大胆地伸张正义。优秀员工占多数，落后的占少数，落后在这里就没有土壤了，他们就必须进步。"

因此，对基层员工的考核应该简单明确，考核的维度和要素不要太多、太复杂。要以多劳多得为宗旨，让基层员工更好地理解考核导向，以轻松的心态去进行价值创造，为公司做贡献。

另外，在进行绝对考核时，只设立标准基线，自己和标准比，不强制性控制比例分布、末位淘汰。当然，随着企业的发展、员工水平的提升，应该适当调整标准基线，不过每次调整的幅度不宜太大。

对 13 级及以上的员工，尤其是行政岗位的干部，华为坚定不移地贯彻相对考核，以与周边的员工进行对比，加强团队你追我赶、争当先进的势能，向他们传递末位淘汰的危机感，防止他们产生惰怠，不再坚持艰苦奋斗。

在进行相对考核时，华为还引入了末位淘汰制，每年淘汰掉一部分干部到战略预备队，这类干部就没有岗位了，需要自己重新寻找岗位，如过了三个月还找不到岗位，就要被降薪。这样一来，干部才会珍惜在岗的机会，不会去做"南郭先生"。

相对考核是为了挤压"火车头"，主要用于管理干部，对于非"火车头"人员并不适用。不能僵化地淘汰员工，搞得人人自危。比如，有些原本绩效非常好的员工，生完小孩回来部门没有岗位了，被末位淘汰了。诸如这类做法都是极端错误的。

6.4.2　高层管理者的绩效考核机制

华为中高层管理者的绩效考核是通过述职和 KPI 考核来完成的。其中，述职方式是逐级向上。述职的框架以平衡计分卡为指引。因为平衡计分卡能从财务、客户、内部运营、学习与成长来实现财务指标和非财务指标之间、长期目标和短期目标之间、结果和过程之间的平衡。华为中高层管理者述职内容如图 6-2 所示。

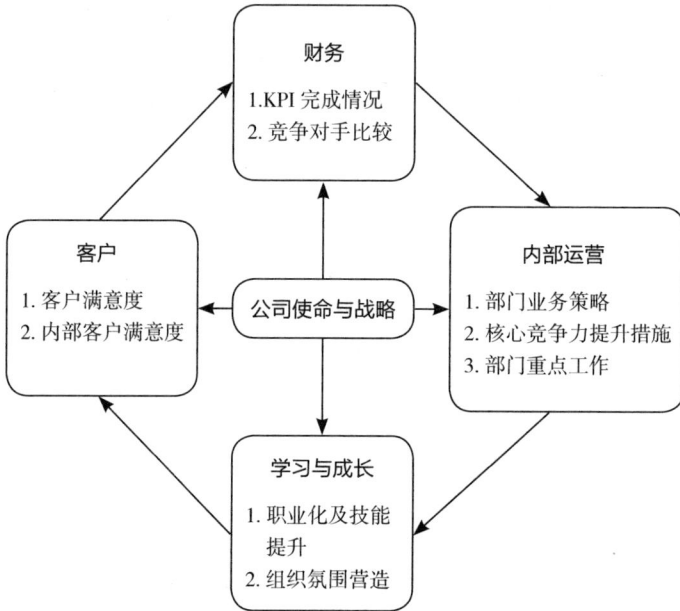

图 6-2　华为中高层管理者述职内容

述职时，管理者对照经批准的年度业务规划、预算和 KPI，总结实际执行情况，找出差距和原因；预测下一年度业务计划和预算目标，对下一期的各项目标做出承诺，提出具体策略、措施和资源需求。述职的具体内容一般包括以下八个方面。

1. 不足/成绩

总结当期的业务和管理工作，针对 KPI 目标和影响 KPI 的根本原因，按照优先次序，列出最主要的不足和最主要的成绩，并且扼要地指出原因。

2. 竞争对手比较/业务环境及最佳基准比较

通过准确的数据与指标，说明客户、竞争对手和自身的地位、潜力、差异和策略；聚焦变化、动向、机会和风险，关注影响公司和部门 KPI 完成的市场因素与环境因素，以及业界最佳基准。

3. KPI 完成情况

总结 KPI 完成情况、与历史同期水平相比的进步情况，审视本期目标的完成情况。

4. 核心竞争力提升措施

核心竞争力提升措施是指完成 KPI 和增强管理能力的措施。各部门围绕公司目标，明确业务策略、重点工作以及相对应的推行落实规划。

5. 客户 / 内部客户满意度

每个部门说明和分析内部客户满意度，特别是最满意的比例，最不满意的比例，哪些客户和内部客户最满意，哪些最不满意，下一期如何改进。

6. 组织学习与成长

提出和检查提高员工技能的计划、措施和效果，报告和分析组织氛围指数，检查公司重大管理项目在本部门的推进计划和阶段目标的完成情况。

7. 预算与 KPI 承诺

根据历史水平及与竞争对手的对比，对 KPI 和业务目标做出承诺。

8. 意见反馈

提出在运作过程中所需要的支持，以便公司协调相关资源。

华为对中高层述职和 KPI，建立了统一、均衡和有效的考核制度，使公司管理形成闭环，让管理人员不断关注公司绩效，从而持续提升公司的核心竞争力。

6.4.3 员工的绩效考核机制

华为对中基层员工实行 PBC 考核，对他们的绩效考核，不但包括在本部门的岗位职责或角色要求，还包括超越职责的努力和贡献（见图 6-3），而且考核立足于员工的现实工作，强调员工的工作表现与岗位职责或角色要求相一致，而非基于员工在本部门的个人工作表现。

华为对中基层员工绩效考核遵循的原则，如表 6-2 所示。

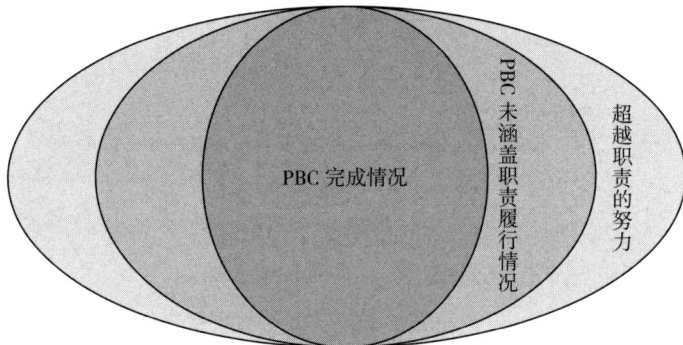

图 6-3　华为对中基层员工绩效考核的内容

表 6-2　华为对中基层员工绩效考核遵循的原则

考核原则	具体说明
责任结果导向原则	引导员工用正确的方法做正确的事，不断追求更高的工作效率
目标承诺原则	被考核者和公司在考核期前通过沟通对绩效目标达成共识，被考核者须对绩效目标做出承诺。目标制定和评价体现职位分类分层的思想
考评结合原则	考核期初业务部门界定绩效评价者，评价时充分征求绩效评价者的意见，并以此作为考核依据，绩效评价者应及时提供客观反馈
客观性原则	考核以日常管理中的观察、记录为基础，注意定量与定性相结合，以数据和事实说话

华为对中基层员工绩效考核的内容有：组织 KPI、个人 KPI、关键举措、重点工作任务。华为强调管理者在对中基层员工进行绩效评价时需要注意的事项和误区如表 6-3 所示。

表 6-3　绩效评价注意事项和误区

注意事项	误　区
• 主管应注意平时如实记录员工的绩效情况 • 为了不让绩效评价的结果令下属吃惊，平时就注重沟通反馈 • 及时记录集体评议时的相关信息	• 评价时过分依赖某一项正面的或负面的绩效表现 • 评价时过分聚焦于最近发生的或印象深刻的关键事件 • 因承诺人的兴趣、工作方式等影响其整体绩效评价等级 • 假设、谣言及惯性思维影响对承诺人的评价 • 以承诺人所做出的努力为依据进行绩效评价

华为对基层作业员工的绩效绝对考核是通过要素考核表来实现的，直接与岗位职责与通用标准来对比。考核分为月度 / 季度考核、年度综合评议，其中月度 / 季度考核不做沟通要求，考核结果统一公示，但是年度综合评议必须沟通。详细介绍如表 6-4、表 6-5 所示。

表 6-4　基层作业员工的要素考核表

考核要素	序号	分项描述	得分
工作量			
工作质量			
工作规范性			
合计得分			

注：工作量、工作质量等多数数据直接由 IT 系统自动计算。
　　无须单独设定目标，直接与通用标准比。
　　考核等级简化为 A、B、C/D，无比例限制。

表 6-5　基层作业员工年度综合评议表

基层作业员工年度综合评议表
第一部分：工作产出（70% ~ 80%） 1. 根据月度考核结果计算得出 2. 根据员工做出的贡献确定结果
第二部分：劳动态度（20% ~ 30%） 基层员工劳动态度重点考核对 BCG 的遵守、劳动纪律等方面

注：BCG 是指《华为员工商业行为准则》。

6.5　绩效考核结果应用

华为通过公开绩效考核结果，一方面能够在一定程度上保证绩效考核的公平公正，另一方面还能加强公司和员工之间的关系，让他们更信任彼此。对于考核结果，华为是强应用的：不仅影响着员工的切身利益，还对员工的未来发展有着比较大的影响。

6.5.1　绩效考核结果公开

华为曾经开展过绩效考核结果公示的工作，IBM 的专家说："绩效管理的本质是为了提升组织和员工的绩效，实现组织和员工双赢。"华为让所有员工直观地面对部门间的绩效差距和员工间的绩效差距，就是为了营造一种公平、公正、公开的奋斗环境，刺激全体员工为提升绩效水平而努力。

2011 年，为了激励员工，华为决定将绩效考核结果公示出来，对此，基层研发主管蓝田（化名）有一些顾虑。他找到了部门同事及其他部门主管一起讨论这件事，发现大家都有一些担心。很快他们就谈论到绩效考核结果公示这件事的意义，大家选择加入华为，无外乎在意两件事：一是获得好的绩效，二是得到好的发展，而这两者都需要通过不断的学习，来提升自己的能力。华为的绩效考核结果公示这一举措无疑为这些奋斗者打开了一扇门。绩效考核结果公示之后，所有好的经验都会被总结、提炼并分享出去，这是一个向优秀的人才学习的好机会。

然而，蓝田作为一个基层主管，需要顾虑到更多的问题。绩效考核结果公示之后，他的团队成员都会直观感受到团队的战斗力及团队成员的差距。在蓝田看来，他必须要给全体成员一个交代。很多时候他更注重打胜仗，而不愿意花费太多时间在论功行赏上。团队只要获得了整体的大胜利，底下的员工也就会坚定地跟随自己。

绩效考核结果公布之后，他明显感觉到有些员工自我期望过高，他不知道该如何平衡全体员工的心理。伴随着忐忑不安，蓝田决心与各 PL/LM 一起将整个团队的导向、目标梳理清楚，并且基于绩效将日常的评价、反馈做好。这样做之后没多久，绩效管理水平提升了，团队成员的绩效都提高了，蓝田的管理能力也得到了锻炼。

　　有的员工认为，绩效考核结果公开有可能导致员工对考核结果提出争议或疑惑，进而影响考核结果公开的效果。不过要注意的是，企业实施绩效管理的目的不仅是引导员工持续提升工作绩效，还要引导绩效管理体系在实施和运行过程中不断改进。通过收集员工的反馈意见和对考核结果提出的问题，对其加以甄别与分析，找出原因，进而推动解决，这才是考核结果公开的真正意义。

　　绩效考核之所以有激励的作用，并不仅仅依靠绩效成绩，还依靠和绩效成绩有关的其他方面，如员工的薪酬、晋升资格等。而绩效考核结果的公开能让员工知道什么情况可以升职，绩效还要达到什么水平才能涨工资等，这必然会促使员工朝着这些方向去奋斗，提高工作积极性。

　　华为的绩效考核获得如此巨大的成功，依靠的就是透明公开。在华为，不论向哪些员工提出有关绩效考核的问题时，他们都能说出绩效考核的标准和细节，而且答案几乎都是一致的。

　　公开透明是公司赏罚分明的重要基础，同时，它也加强了公司和员工间的联系，使得大家更加信任彼此，而且在无形中，华为上下达成了"多劳多得"的共识。华为绩效考核结果公示的相关内容，如表 6-6 所示。

表 6-6　华为绩效考核结果公示

公示范围	• 绩效为 A、B+/B 的员工，B+ 和 B 作为一个整体，不做区分与标识 • 海外当地员工和获得当地工作签证的非当地员工，应在遵从当地法律法规的基础上，由所在国管理团队决定是否公示
公示内容	• 组织绩效公示：包括组织/团队绩效排名、组织绩效影响个人绩效比例分布的规则 • 初评结果公示：员工自评（绩效、劳动态度）、主管评价意见（绩效、劳动态度） • 终评结果公示：终评等级（绩效、劳动态度）
公示渠道以及责任主体	• 在直接主管评议范围内公示 3～5 天，可通过 PC 平台、邮件、部门公告栏等公示 • 公示责任主体是直接主管，HRBP（人力资源业务伙伴）协助和监控（公示邮件须抄送 HRBP）

任正非多次强调："我们要贯彻这样一种制度，就是更多地加强公开性，不要怕公开。从今年开始，考核要公开。公开才会使各级主管和AT团队的权力受到制约，想作弊都难，作弊员工就会来拱你。考核公开以后，激励也就简单了，谁创造的绩效多，谁就涨工资，不该涨的就不涨，这样就有一个正确导向，让大家拼命往前冲。"

6.5.2　绩效考核结果的沟通管理

在绩效考核结果出来后，不论是绩效好的还是绩效不好的员工，华为都要求主管与其进行结果沟通。因为考核不但要让员工看到结果，更要知道自己下一步要改进的地方在哪里。绩效优秀的员工，可能会涉及工资增长，而绩效差的员工有可能会产生抱怨情绪，这些状况都需要和员工沟通，避免员工内心不好的情绪破坏组织氛围。

管理者在绩效考核结果出来后，通过和员工进行沟通，引导员工客观认识自己的成绩和不足，为员工下一次的工作改进指引方向。

Alli是华为一位尼泊尔籍员工，在清华大学留学，毕业后一直留在华为工作，对客户理解力很强。华为副总裁吕晓峰作为他的主管，很看重他，让他承担了一些重要的工作。但一次年度绩效考核结果出来后，Alli便问吕晓峰，他为什么没有得到配股。

吕晓峰就跟他解释了华为公司的政策，由于中国法律的限制，外国人是无法获得华为的配股的。吕晓峰接着说，但华为不会让真正有贡献的人吃亏，只要付出，一定可以获得合理的回报。

吕晓峰的一番解释让Alli恍然大悟，更加积极努力地工作，在巴展讲解、重要客户接待、市场支持等工作中表现出色，并且在某重大项目的突破中做出了重要贡献，获得了2008年度销服体系金牌员工的荣誉。到了年终奖评定时，鉴于他绩效出色，又没有股票分红，吕晓峰特意向上级请示，为 Alli 评了高出当时同等级别同等绩效一定比例的年终奖，还破格提拔他为 17 级专家。

从这个案例可以看出，积极有效的沟通不仅能够很好地激励员工，促进他们自身成长，还能让他们更加认同企业的价值观，从而为企业做出更大的贡献。不同员工的绩效考核结果是不同的，主管在和他们进行沟通时侧重点也是不同的（见表6-7）。只有对症下药，才能达到最好的沟通效果。

表6-7　不同绩效结果的沟通侧重点

员工绩效考核结果	沟通侧重点
A（杰出贡献者）	认可、鼓励，提出更高的目标和要求，并且指出员工未来发展方向和对他的期望
B+（优秀贡献者）	认可、鼓励，指出不足并提出期望
B（扎实贡献者）	认可、鼓励，指出不足，摆出事实，并且提出期望
C（较低贡献者，绩效待改进）	摆出事实，提出具体可行的改进期望
D（不可接受）	摆出事实，提出企业原则，确保处理合法、合理、合情

另外，为了保证绩效考核结果沟通效果，主管在与员工沟通的不同阶段有不同的工作侧重点。

在沟通前，主管要做好充足准备，回看员工的关键绩效事件记录，计划好如何与员工就其在工作中出现的绩效问题进行沟通，确保掌握沟通主导权。

在沟通中，主管不会将未经批准的结果与员工进行沟通，而是以事实或员工行为为依据，给予员工客观的评价和认可，激励员工继续做出积极贡献。对员工在工作中出现的不足或负面评估结果，主管应以一种"值得尊敬"的方式给予员工反馈，并且给予适当引导，引导员工找到绩效改进方法，激发员工的改进意愿。

在沟通后，主管应该跟踪员工在工作中后续的改进表现，及时与员工沟通。不过，需要注意的是在与员工的沟通中，对于员工的疑问要尽量予以澄清，对于自己解释不了的，要记录下来，事后给予确认；如果员工对结果不满意，应允许员工与自己或上级主管进一步沟通。

华为终端销售部门员工甲在绩效考核中评价不佳，被打了"C"。部门主管找了一个时间，和该员工进行了沟通，希望帮助他找出绩效不佳的原因。

在沟通前，部门主管做好了一切准备，回顾了其在考核期内的工作表现等情况。沟通开始时，主管先询问甲对自身绩效不佳有什么看法。员工想了想，将自己绩效不佳的原因归咎于销售不好做，客户特别挑剔。

部门主管听后没有立刻发表自己的看法，而是拿出了员工甲的绩效考核数据，指着"客户满意度"说："销售不好做，客户很挑剔，是客观原因。想要客户来买公司的产品，必须首先做好客户服务，让客户满意、高兴，这样你的业绩才能提升。我看到你的客户满意度考评太差了，你该从这里来找原因。"

然后，主管给他讲了绩效考评优秀的员工乙服务客户的故事："有一次，公司的一个客户根据合同来公司提货360件，但是客户在回到公司再次清点商品时，提出少给了他5件。乙收到反馈后，并没有置若罔闻，而是马上赶往客户公司，协助客户重新清点商品。多次清点验证后，确定问题出在客户清点方法上，原来客户把几件商品捆在一起，当作一件商品计算了。"

"很多公司在遇到这个问题时可能认为，货物已经出库且客户都签字了，或许是他自己路上弄丢了。乙并没有这么做，而是积极主动地解决问题。这虽然是一件小事，但他赢得了客户的支持。"

听了主管的话，甲立马明白了自己绩效不佳的原因，没能全心全意践行"以客户为中心"的核心价值观。找到了这个原因后，甲在后面的工作中把全部精力都用在做好客户服务上，随后的绩效考评也达到了优秀。

　　绩效考核结果沟通虽然是一件困难且有挑战性的工作，却是管理者和员工之间沟通的重要桥梁，有助于增强双方的信任，形成和谐的组织氛围。华为各级主管通过从不同的角度和员工进行沟通，引导员工正确面对绩效考核结果，完善绩效管理体系，使公司业务得以更高效地运转。

6.5.3　绩效考核等级划分与结果应用

　　绩效考核等级是绩效考核后对员工绩效考核结果划分的等级层次，它一方面与具体的绩效指标和标准有关，另一方面也与企业考核的评价主体和方式有关。在做到客观公正地评价员工绩效的基础上，绩效等级的多少和等级之间的差距会对员工切身利益有着直接影响。

　　华为的绩效考核等级有五等，并且是强制按比例分布的，如表 6-8 所示。

表 6-8　绩效考核等级和比例分布

序号	绩效考核等级	比例范围	备注
1	A	10% ~ 15%	潜在规定
2	B+	75% ~ 85%	B 和 B+ 之间的比例不做严格的要求，各级管理团队根据下属的组织绩效来确定比例
3	B		
4	C	5% ~ 10%	强制按比例评定，具体得 C、D 的比例未限制
5	D		

注：组织绩效考核结果会影响个人绩效考评的比例，例如，组织绩效得 A，个人绩效得 A 的比例达到 15%，甚至 20%，个人绩效得 C、D 的可能性就没有；组织绩效得 B，个人绩效得 A 的比例可能只有 5%。

表 6-8 中等级 A 者意味着是杰出贡献者，指员工绩效表现在各方面明显超越所在岗位层级的职责和绩效期望，绩效结果明显高于他人，是部门员工的绩效标杆。

等级 B+ 者意味着是优秀贡献者，指员工绩效表现经常超越所在岗位层级的职责和绩效期望，不断拓展工作范围与影响；等级 B 者意味着是扎实贡献者，指员工绩效表现始终能够满足所在岗位层级的职责和绩效期望，部分能够超出组织期望。

等级 C 者意味着是较低贡献者，指员工绩效不能完全满足所在岗位层级的职责和绩效期望，需要及时改进绩效以正常履行岗位职责要求；等级 D 者意味着是不可以接受者，指员工不能履行所在岗位层级的职责和绩效期望，明显缺乏正常履行岗位职责所需的知识技能、工作有效性和积极性，或者连续两次绩效考核等级都是 C，仍然没有改进。

很多企业建立了绩效考核制度，员工绩效管理也弄得非常热闹，但对绩效考核结果的应用却差强人意。考核结果中看不中用，绩效考核流于形式，导致企业各层级逐渐不再重视绩效考核。因此，可以说，绩效考核结果的应用是绩效考核形成闭环不可或缺的一个环节。

为了让各级主管和员工能够从自身利益出发，重视绩效评估结果，增强绩效考核的效力，华为对绩效评估结果一直是强应用的。任正非说："物质薪酬是员工生存的保障，一定要给他加薪的机会，但是加薪不是无条件的，这样会助长员工贪婪。一定要让员工做出好的结果，拿出高的绩效来交换。有人效，有结果，给员工多少钱都不过分。"在华为，员工的物质薪酬是受到自己绩效考核结果直接影响的。

华为的绩效考核结果是直接影响被考核者的物质奖励和非物质奖励，以及他的晋升、降职和淘汰等的。具体表现为年终奖金分配、职级调整、工资涨幅、期权额度、职位升迁等。

2014 年 6 月，某部门的三位 14 级员工突然提交了进入公司后备资源池的申请，并且在一个月内完成了工作交接调动到了新的产品线。罗萱了解到，这三位员工的历史绩效都非常好，是项目组的骨干，而这也是该部门第一次遇到这么多绩效优秀的员工集中要求调动。究竟是什么原因导致的，罗萱决定追根究底。

首先，罗萱分析：这三位员工没有提出离职，只是去了其他产品线，说明他们是对公司认可的；员工的绩效非常好，年初刚调过薪，调薪幅度和奖金数额也是比较到位的。因此，罗萱判断问题可能主要出在部门的非物质激励上。

接着，罗萱和这三位员工进行了沟通，发现了几个主要原因：一是员工认为自己所在的产品部门长期从事的是成熟期产品的交付，加上项目组里资历比较老的员工还有不少，因此容易出现"即使绩效再好，有好的机会也轮不到自己"的情况；二是他们内心希望有机会从事更具挑战性的工作。

针对沟通结果，罗萱对自己的初步分析结果进行了完善。正如三位员工所说的，由于长期从事成熟期产品的交付工作，他们所在部门的人员构成和岗位已经出现了板结，新员工很难"出头"。而且部门重要的研发岗位如 SE（架构设计师）等，一直是由直接主管推荐、AT（行政管理团队）评议的。只有被推荐的人才有机会去重要的研发岗位。同时，AT 成员不一定熟悉被推荐人，在任用上无法做到人尽其才。尽管该部门的绩效水平一直在产品线名列前茅，但部门的发展红利并未与员工的个人发展很好地结合起来，没有让员工享受到集体奋斗带来的好处，时间长了就会产生离心，从长远角度看是不利于该部门发展的。

虽然已无法挽留这三位员工，但罗萱和同事及时制定并推出了改进方案。该方案让该部门的员工感受到了发展的机会，感受到了机会均等和平等竞争的氛围，部门岗位也得到了需要的合适人才，真正做到了部门和员工个人之间共赢。

综上所述，华为通过坚持对绩效考核结果的刚性应用，大大激发了员工的积极性，牵引员工聚焦价值创造，最终实现了公司的可持续发展。

第 7 章
薪酬福利导向冲锋

任正非说："企业管理最难的工作是如何分钱，把钱分好了，管理的一大半问题就解决了。"为了把钱分好，华为坚持"力出一孔，利出一孔"，建立了一套完善的、导向冲锋的激励机制，让员工保持对工作的热情，持续为公司创造价值，不断提升公司的竞争力，从而确保"下一个倒下的"不是华为。

7.1　华为分配体系与薪酬包结构

好的利益分配机制能激发员工的工作动力，推动企业持续发展。因此，华为建立了以贡献为准绳的分配体系，导向冲锋，确保付出必有回报。

7.1.1　贯彻"同贡献同报酬"的分配体系

华为强调："实行同等贡献、同等报酬原则。只要做出了同样的贡献，公司就给你同等的报酬。"华为遵循以岗定级、以级定薪、人岗匹配、易岗易薪的管理原则，建立了一套有华为特色的工资分配体系——职级标准工资制。

【管理策略】华为工资管理政策导向

　　√ 员工工资的确定，基于其所承担的职位责任、实际贡献大小和实现持续贡献的任职能力。员工的学历、工龄、社会职称等不作为其工资确定的要素。

　　√ 工资管理遵循"以岗定级、以级定薪、人岗匹配、易岗易薪"的管理原则。要有利于吸引和激励优秀骨干员工；要避免员工工资不随其应负责任的变化而变化，从而导致公司高成本运作、竞争力下降。

　　√ 各职级工资水平应在公司经营情况和支付能力允许的前提下予以确定。工资管理既要规范化，又要有利于高绩效团队的形成，有利于市场竞争和人力成本两个要素的平衡。

　　√ 实行海外本地发薪，保障海外机构的个税安全，改善当地融资环境。

　　华为的工资标准和职级水平是对应的，每个职级对应一个工资范围，根据员工的任职能力和绩效结果，在同一职级的员工，工资金额是有差异的。职位等级越高，薪酬差距越大。因薪酬数据为公司保密数据，为便于理解，表7-1仅为示例。

表7-1　职级与工资范围示例　　　　　　　　单位：元/月

职级＼工资标准	最低	中间	最高
16	15 000	17 000	19 000
15	12 500	14 000	15 500
14	10 000	12 000	13 000
13	8 500	9 500	10 500

　　华为定期对岗位等级与工资标准进行审视，基于公司付薪水平及外部竞争环境对工资框架进行调整，以强化薪酬竞争力。工资框架是员工

定薪和调薪的依据。绩效考核得 A 的员工，可以直接调高职级，工资也同步进行调整。绩效考核得 B+/B 的员工，不一定能升等，但会得到一定的工资调整。

员工如出现岗位调动，一般按照新岗位的要求调整工资，但并非调动之后立刻调整。员工在新工作岗位上工作三个月或半年以后做人岗匹配，据其在新岗位工作的适应情况，确定其职级和符合度，进行相应的薪酬调整。

由于华为业务遍及全球 170 多个国家和地区，各地区工资的基本结构是既定的，不同区域由于经济发展情况不同，行业人才的稀缺程度不同，工资水平有较大的差异。但各类薪酬要素的定义和分配原则均是一致的，如表 7-2 所示。除了工资，华为的薪酬构成还包括津贴补贴、短期激励、中长期激励和福利。华为是以高薪酬吸引人才的，但如果只看工资水平，和外界的差异不太大，差异比较大的主要是薪酬中的奖金和分红。

表 7-2　华为员工薪酬构成

薪酬要素	分配原则	具体表现形式
工资	基于员工岗位职责、工作绩效及人才市场竞争需求，定期支付给员工的数额固定的现金报酬	基本工资
津贴补贴	基于业务管理需要，体现岗位独特价值和贡献或工作地差异，额外支付给员工的现金报酬	岗位津贴、基层生活补贴、各国津贴补助
短期激励	基于公司经营结果、部门组织绩效和员工个人绩效，支付给员工的变动性现金报酬	年度奖金、项目奖、多元化激励、悬赏奖
中长期激励	为了体现能分享公司长期价值增长，鼓励关注长期目标，牵引绩效持续提高，促进关键员工保留而提供的报酬	时间单位计划（TUP）、虚拟受限股
福利	基于法律法规和业务管理需要，为满足员工基本保障和生活需求而提供的非现金报酬	社会保险、商业保险、各国非保障性福利

据华为披露的财报数据显示，华为 2019 年分红达到 140 亿元，人均持股分红达到 13 万元。华为内部流传一句话："三年一小坎，五年一大坎。"意思是入职华为后，员工在前三年内基本靠工资，三年后员工的奖金会越来越高，五年后分红也会变得可观。所以对华为员工来说，高额的奖金与分红才是他们奋斗的动力。而且奖金和分红也是基于员工的贡献来分配的，只要你肯奋斗，能多为公司创造价值，就能获得对应的奖金与分红。

华为消费者 BG 的 CEO 余承东在和新员工座谈时，有新员工问："深圳的房价这么高，我们初来深圳，多长时间才能买一套房子？"

余承东就以自己为例："1993 年我加入华为，当时的工资是 800 元，住在深圳大学教工宿舍楼那一带。深大对门有一个楼盘，我计算了一下，以我的工资，我一辈子在深圳都买不起房子。后来你们也看到了，不仅买得起，更贵的房子也买得起。今天你刚到深圳来，你一看房价，估摸着这辈子在深圳可能都买不起房子了。但事实上，只要你干得好，为公司不断创造贡献与利润，公司给你的回报也在不断增长，没有什么是不可能的。华为是一个有潜力、不断进取的公司，对于员工个人的发展也是如此。"

不论是新员工，还是老员工，只要不断为华为创造价值，就能获得对等的报酬，因为华为是不会让奋斗者"吃亏"的。

华为通过建立科学公正的薪酬分配体系，激发了员工对工作的热情，吸引和激励优秀骨干员工继续艰苦奋斗，从而造就了公司的超强战斗力。

7.1.2　华为薪酬包结构、薪酬定位与调整

为强化华为的薪酬分配理念，激励优秀员工的主观能动性，华为运

用了薪酬包（包括工资性薪酬包和奖金包）机制。弹性薪酬包把管理者对人才队伍的关注点，从对员工数量的关注，牵引到对其投入产出比的关注上，促使管理者主动思考如何通过各种手段来提升现有队伍的产出，从而在激励与规模上有更多的空间来激活队伍。薪酬包管控机制如表 7-3 所示。

表 7-3　薪酬包管控机制

管控方式	具体内容
宏观管理	薪酬总包与公司主要经营财务指标挂钩，实现宏观弹性管理，形成自我约束、自我激励的管理机制，增强薪酬总量管理的可预测性
分层控制	• 薪酬总包（奖金包和工资性薪酬包）同相应的经营财务指标挂钩，体现不同的激励导向 • 奖金包是薪酬总包的弹性因素，工资性薪酬是薪酬总包的刚性因素 • 促进各业务单元建立自我约束、自我激励的管理机制

在实际过程中如何操作呢？在华为，薪酬总包的控制基线为销售收入的 18%，其中刚性的工资性薪酬包占销售收入的 10% ~ 12%，弹性的奖金包占销售收入的 6% ~ 8%。

假设 2019 年的某业务单元的预算销售收入是 50 亿元，那么按 10% 的工资性薪酬包来做预算，得出工资包为 5 亿元，以此为基线来制定公司 2019 年的人力资源规划、预算调薪与招聘计划。假设公司的销售目标是按计划实现的，奖金包的基线比例是 8%，那么奖金包的实际额度是 4 亿元。

如果公司实现的销售目标超额 20%，而工资性薪酬包仍然按原定的计划 5 亿元发放，那么实际的工资性薪酬包占比为 8.33%，用 18% 减掉 8.33%，奖金包的占比就是 9.67%，达 5.8 亿元，比原来的 4 亿元多了 1.8 亿元。

如果销售目标只完成了 80%，也就是 40 亿元，工资性薪酬包还是按 5 亿元发放，那么工资性薪酬包的占比为 12.5%，奖金包的占比减少为 5.5%，只有 2.2 亿元。

当然，上面的场景没有考虑过程中人员的调整。在实际操作中，华为会针对销售目标超额完成或没有完成的情况，通过动态调整人员，以确保工资性薪酬包和既定的基线比例适配。

在销售目标不同的完成情况下，实际可供分配的奖金包直接受销售收入的影响，目标完成得越好，奖金就越多。这样就能牵引各个部门把饼做大，以便有更多的奖金可分。

弹性薪酬包管控是一个动态的过程，是一个比例值，而不是一个绝对值，在保持工资性薪酬包基线比例和奖金包的基线比例恒定的情况下，工资性薪酬包和奖金包的绝对值就随销售收入的波动而波动。但在实际操作过程中，考虑到工资性薪酬包的刚性，以及滚动预测的准确性，华为更多地把奖金包作为一个弹性调节因素，调整的空间比较大。而工资性薪酬包相对是刚性的，虽然过程中也可以做一定程度的调整，但调整难度会大一些。

上面的例子只提到了薪酬总包是如何与销售收入挂钩的，而华为工资性薪酬包结构还受其他因素影响，如图7-1所示。

从图7-1中可以看出，华为对工资性薪酬包的结构划分是非常全面而严谨的。另外，基于公司经营的动态变化情况，华为还设计了三类不同薪酬包管控指标（见表7-4），用于不同类型的部门，从而保障公司对薪酬包的管控。

表7-4　华为薪酬包管控指标说明

	管控指标	指标说明	适用部门		部门列举
1	薪酬包占比	*E/M*: 工资性薪酬包与销售毛利比	产出能用经营指标衡量	牵引盈利	研发、生产部门
		E/R: 工资性薪酬包与销售收入比		牵引规模	销售部门
2	薪酬包	工资性薪酬包	战略投入		战略投入部门
3	定岗定编	岗位编制＋工资性薪酬包	支撑性组织，无法用经营指标衡量产出		职能部门

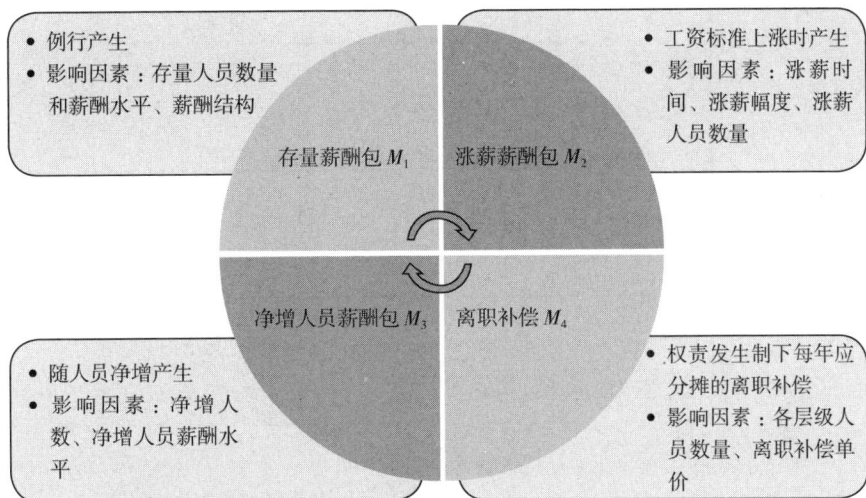

说明：年度薪酬包 $M_0=M_1+M_2+M_3+M_4$

M_1：在岗员工的存量薪酬包，不考虑涨薪，不含离职补偿。

M_2：在岗员工的涨薪工资性薪酬包，不含离职补偿。

M_3：人力增量部分的薪酬包（调入 + 新招 - 调出 - 离职），不含离职补偿。

M_4：离职补偿（各层级离职补偿预算单价 × 各层级人数）。

图 7-1　华为工资性薪酬包结构及其影响因素

华为"有竞争力"的薪酬水平，是在不断激发员工工作潜能及为公司创造高绩效的基础上建立起来的，是与公司的价值观与经营战略相匹配的。

在工资薪酬的调整上，华为构建了有效合理的调薪激励矩阵，如图 7-2 所示。

薪酬水平比率 = 员工实际工资 / 员工所在职级的平均工资

该矩阵生动体现了华为薪酬调整的两个主要思路：第一个是在充分考虑员工的贡献和绩效考核结果的情况下来调整员工薪酬。确切地说，在相同工资水平下，绩效越好，调幅越大；第二个是充分考虑了员工现有的工资水平。确切地说，在相同的贡献和绩效考核结果前提下，员工薪酬水平比率越低，调幅越大。这意味着，当员工的现有工资水平与其所在级别的平均工资水平相差越多时，员工能够获得越大的调幅。

综上所述，华为的薪酬调整方法和其薪酬分配理念是相吻合的：一

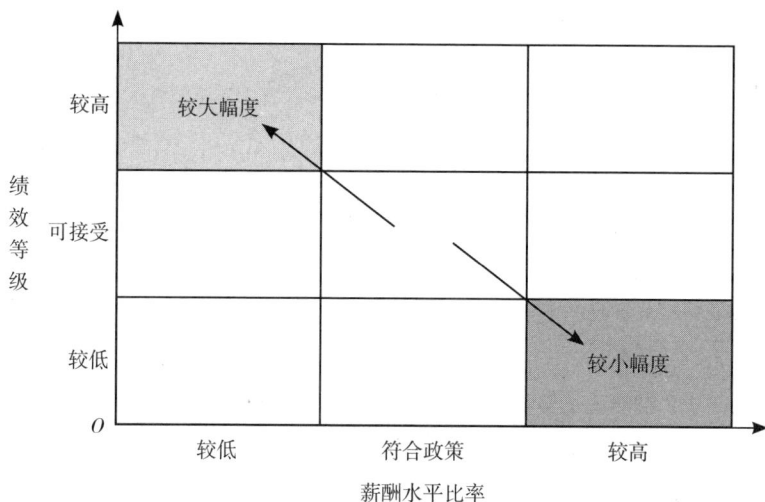

图7-2 华为调薪激励矩阵

方面在薪酬分配上，坚持以责任结果为导向，对于为公司做出重大贡献或绩效考核结果优异的奋斗者，公司会给予其对等的回报，不让他们"吃亏"；另一方面，公司会充分考虑员工当前的工资水平和所在级别岗位的平均工资的差距，以工资的增长来牵引员工创造更大的价值。

7.1.3 战略补贴不计入部门成本

在很多企业，包括华为，都会有一些针对性的补贴，如战略补贴、竞争补贴、大客户回馈等。这些补贴是作为战略投入单列的，独立于部门常规的业务预算。

其中，战略补贴主要考虑的是"战略性业务有人干，特殊业务情形有扶持机制"，避免战略失衡，确保长期与短期业务均衡发展。

在华为，战略补贴是公司的战略性投入，是对未来的投资，需要把它花出去，并且还要花好。

在华为流传着这样一个故事：华为曾经用高薪挖来一位非常优秀的

俄罗斯数学家。他不懂交际，不会追女孩子，不会谈恋爱，只会做数学，每天只是玩电脑，也没有说过几句话。有一回，一位管理着 5 万名研发人员的华为高层去看他，他只说了一句话就算完事了。即便是任正非给他发院士牌，他也只说了三个字"嗯，嗯，嗯"。默默干了十几年，这位数学家也没有做出过什么成绩。

对于一般的公司而言，一个年轻人月月领着高额的工资，每天在那儿玩电脑，没人知道他在做什么，没有成果交付，怎么能经受得住？但是华为没有轻易淘汰他，而是一直坚持用他。

直至全球都在研发 3G 通信技术，包括华为，有个技术难关始终无法突破，所有华为研发人员绝望时，他拿着一套自己的算法，兴奋地说："2G 到 3G 的算法突破了！"

华为立即在上海进行试验，大获成功。3G 通信的突破，使得 2G/3G 可以共用一套基础的平台来承载，这样大大降低了成本，极大增强了产品的竞争力。

华为对这位数学家的投入，就是战略性补贴、战略性投入，虽然在短时间内没有取得成果，但是最后却解决了 3G 通信技术难点，为华为赢得了战略上的胜利，使得华为当时的通信技术领先全球。

由于是对未来的投资，短期内是产生不了任何利润的，所以华为通常会将战略性补贴纳入空耗系数，不计入部门成本，这样不至于因为进行了战略投入而影响部门正常的费用预算，包括薪酬包预算。

7.2　推行获取分享制，多劳多得

任正非说："你赚到钱，交一点给我你才能分享，你赚不到钱就活该饿肚子。获取分享制一出现，公司这两年利润增长很快，大家的积极性和干劲也起来了。"华为通过推行获取分享制，营造多劳多得的氛围，激发员工的工作热情，从而使得公司始终保持强大的战斗力。

7.2.1　推行"自下而上"的获取分享制

随着公司的发展，华为管理层渐渐认识到："授予制"是按照上级意愿来分配公司利益的，这样容易导致公司高管、中层和基层间的利益分享不均，在公司内部产生矛盾。为了防止出现这种情况，华为在分钱方式上用"获取分享制"取代了"授予制"，因为它能保证所有员工都能分享到公司的收益，并且计算出自己应获得的收益，达到员工的回报与他所创造的价值相匹配的目的。

> 【任正非观点】获取分享制要有包容性，才能永久生存
>
> 获取分享制，要有包容性而不是压榨性，要包容客户、员工的利益，也要包容资本的利益，包容各种要素（如知识产权）的利益，这个机制就能永久生存下来。

华为的获取分享制最大的特点是自下而上（见图7-3）。因为"自下而上"的获取分享制可以使员工的回报和业务发展结合得更加紧密，部门的薪酬包和业务产出相挂钩，部门的奖金包也与收入和利润相关联。

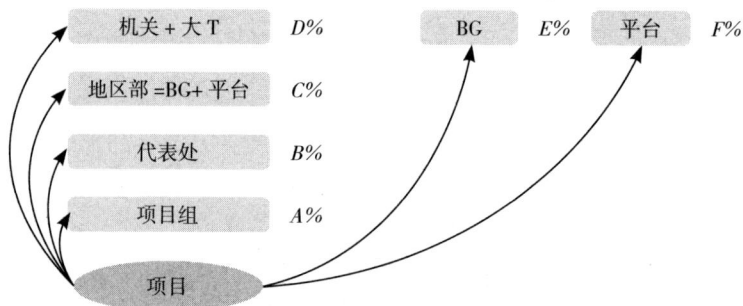

图7-3　华为"自下而上"的获取分享制

这样一来，由获取分享带动业绩突破，业绩突破反过来又促成获取分享的双向良性互动得以形成。

不过，公司推行"自下而上"的获取分享制，既需要制度来保障，也需要明确界限和覆盖范围。在制度方面，华为实行的是100%员工持股，没有任何外部的财务股东。截至2020年7月，华为有超过105 000名员工股东（具体数据尚未公布），占华为99.12%的股份，而创始人任正非仅有0.88%的股份。因此，华为的股东绝大部分都具有"劳动者"和"资本人"的双重特征，这样就能更好地做到公司的利润分配由创造价值的员工用行动说了算。

另外，在推行获取分享制之前，华为就已经指出了其覆盖对象的明确界限——"奋斗者"，只有围绕客户为公司做贡献的奋斗者，才能够获得和贡献相匹配的财富、权力和成就感。

【管理策略】华为获取分享制的内涵和作用

√ 强化后台对前台一线的支撑力度，加强前后台岗位配合和流程效率提升，实现前后台业绩挂钩。

√ 增加薪酬弹性，将员工利益与个人价值实现和贡献产出合理衔接，提高激励的有效性。

√ 导向对客户需求的满足和客户体验的提升。

√ 实行"自下而上"的激励方式，倾向对基层业务单元直接激励。

实行了获取分享制，就不再有大锅饭。因此经营单元必须保证盈利，才能保证分到"蛋糕"。对于无法盈利的业务单元，可以向上级部门申请借未来的奖金，或者跟兄弟部门借奖金，来年再返还。既然是借，肯定就不能得到预想的激励水平，因此获取分享制让作战单元能最大限度地努力达成目标。

华为的高管曾跟任正非商量过，能不能保留一年的利润不分，因为只要有一年不分，华为马上就可以有一笔可观的流动资金。但是任正非始终主张将绝大部分的利润分掉，因为这样能激励员工继续奋斗，继续为公司创造价值。

华为在早些年曾经采用股权激励的方式去激活团队，然而随着时间的推移，股东和资本的规模逐渐扩大，形成了股东（坐车人）和劳动者（拉车人）两个利益层次。如果拉车人永远没有坐车人拿得多，拉车人会想办法成为坐车人，不再拉车。这样一来，公司这辆"车"就会逐渐失去动力。而且，当股东收益过大的时候，获取分享制的实施也会出现困难。因此，华为加大利润在奖金上的投放，奖金包分配比例高于股东分红，保证劳动者比股东拿得多。

通过获取分享制的推行，华为不仅牢牢抓住了奋斗者的心，贯彻了华为的"以客户为中心，以奋斗者为本"的核心价值观，还为公司长久的发展奠定了人才基础。

7.2.2　给奋斗者"加满油"，保持奋斗热情

华为的获取分享制，原则上照顾绝大部分华为人，鼓励人人成为奋斗者，但在实践中，仍然会向优秀奋斗者倾斜。正如任正非所说的，那些做出卓越贡献的奋斗者才是华为的中流砥柱。

要让这些奋斗者有动力、持续不断地为公司做贡献，就必须在各方面都给他们"加满油"。任正非表示，要理解做出大贡献的奋斗者，通过分享制，使他们比其他人拿到手的更多一些，甚至多得多。

于是，华为在奖金管理和分配上，就根据奋斗者的实际贡献来决定他们能得到的价值权重。通过倾斜式的奖金分配，充分激发优秀奋斗者的工作热情，使他们在已有的工作成果基础上，为公司创造更大的贡

献。华为的奖金管理机制如图 7-4 所示。

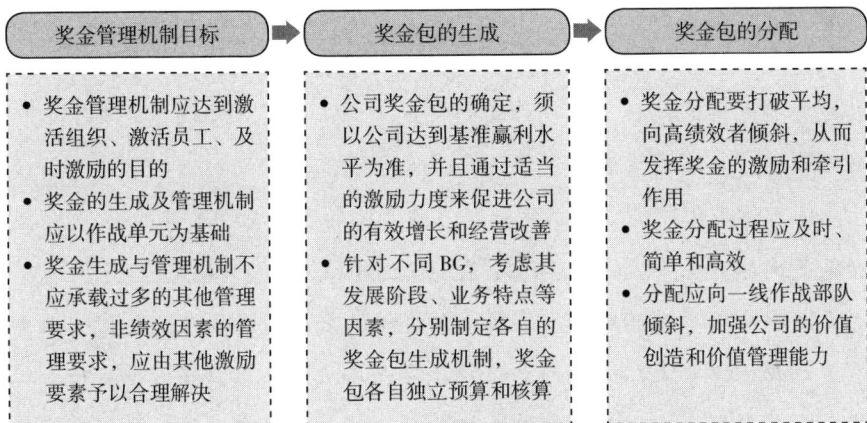

奖金管理机制目标 ➡	奖金包的生成 ➡	奖金包的分配
• 奖金管理机制应达到激活组织、激活员工、及时激励的目的 • 奖金的生成及管理机制应以作战单元为基础 • 奖金生成与管理机制不应承载过多的其他管理要求，非绩效因素的管理要求，应由其他激励要素予以合理解决	• 公司奖金包的确定，须以公司达到基准赢利水平为准，并且通过适当的激励力度来促进公司的有效增长和经营改善 • 针对不同 BG，考虑其发展阶段、业务特点等因素，分别制定各自的奖金包生成机制，奖金包各自独立预算和核算	• 奖金分配要打破平均，向高绩效者倾斜，从而发挥奖金的激励和牵引作用 • 奖金分配过程应及时、简单和高效 • 分配应向一线作战部队倾斜，加强公司的价值创造和价值管理能力

图 7-4　华为的奖金管理机制

2014 年，华为无线搬迁项目组首城成功搬迁，但紧接着就是海量的交付，项目组被要求在 18 个月内完成 7000 多个站点的搬迁、扩容和改造。项目负责人王城（化名）十分头疼，不知道如何维持项目组成员的战斗力！

他决定结合公司的激励政策，改变过去依据员工职级和岗位来分配项目奖金的模式，而是根据成员的实际贡献及时评定奖金，并且在项目进行中就向全项目组成员公示后统一发放。王城将项目奖金作为有效的激励手段之一，鼓励员工到项目中去挣奖金，营造了良好的工作氛围。

王城要求所有作业人员基于华为当时的 ISDP* 交付平台的激励模块，根据关键任务来制订有效工时（Credit Hour），并且每完成一项任务就要上传交付件，依据任务完成情况计算个人的有效工时。每个月项目组都会规定作业人员的有效工时，并且以此为基线，超过基线的部分按照规定的激励方式发放项目奖金。每个季度，项目组还会对每个员工的实际贡献进行评议，公平公正地发放项目奖金。

* 华为集成服务交付平台 ISDP 是基于通信网络交付的特点，以需求和版本交付为核心，面向项目交付八大员、远程团队、版本开发团队等，同时与 Times、iResource、iRTT、iOffshore 系统集成的可视化、全流程的交付平台。

项目组中有一个对项目贡献极大的员工李杰（化名），他全年的项目激励相当于8个月的基本工资，激励幅度高达普通贡献者的10倍。再加上他在年度绩效考评里拿了A，所以公司根据他在项目中的实际贡献和得到的项目奖金比例，在年终奖的评定中再次调整了他的年终奖金额。但也有不少员工由于未能做出显著贡献没有拿到项目激励。

项目组使用了公平公正的激励手段，给所有成员"加满油"，团队成员士气大增。在年度的任职评定里，绩效好的员工，职级都升了一级。

因为采取了有效的激励政策，项目组的全体成员力往一处使，帮助客户的新网络在激烈的市场竞争中赢得一席之地。客户在多个场合都极力肯定华为交付团队的作战能力，并且给了华为精品网等一批新项目的机会。

王城正是通过运用短期激励方式，激发奋斗者的工作激情，从而顺利完成项目、赢得客户认同的，同时还为公司带来了更多的机会。

中国人民大学教授、《华为基本法》起草人之一彭剑锋认为，华为通过建立高压力、高绩效、高薪酬的薪酬体系，将激励聚焦于奋斗者，进而驱动了奋斗者不断向前，持续奋斗，助推华为持续发展。

7.2.3　多做贡献，多拿年终奖和项目奖

只要员工为公司做的贡献越多，获得的薪酬回报就越多。这一理念已经贯穿于华为价值分配的方方面面。

2017年12月底，一则关于华为内部提成奖金方案的文件曝光。该方案称："只要在内、外合规的边界内达到目标，抢的粮食越多，分的奖金就越多，13级就可以拿23级的奖金。"

后经华为证实，这份被公众误认为是年终奖颁发方案的内部文件，

其实是荣耀品牌手机单部提成奖金方案。该文件由华为创始人任正非签发，目的是牵引荣耀品牌手机提升销售规模。

方案显示荣耀品牌手机按销售部数提成，不同档位、不同型号的手机单部提成方法相同。计算公式是荣耀品牌手机奖金 = 单部提成 × 销售部数 × 加速激励系数 × 贡献利润额完成率。一线组织按销售部数直接获取奖金，平台组织按对一线的服务和支撑贡献获取奖金。该方案称："只要在内外合规的边界内达到目标，抢的粮食越多，分的奖金就越多，13 级就可以拿 23 级的奖金。"意思就是普通员工的奖金也可达百万元。这一方案从 2017 年 10 月开始执行。

从以上案例可以看出，华为在员工报酬方面从来都不是羞羞答答的，员工做出的贡献越多，获得的报酬也越多。正如华为的轮值董事长郭平所说："只有正确的价值分配制度，才能激发出全体员工创造价值的热情。"

众所周知，在华为的薪酬体系里，奖金是很重要的一部分，它的核心作用就是解决"多创造出的价值该如何共享"的问题，以鼓励有能力的经营团队和个人不遗余力地创造价值。

年终奖是奖金里很重要的一部分，而且，华为的年终奖也是相当丰厚的。只要员工的绩效考核结果为优秀，其年终奖甚至可能超过百万元。以 2018 年的华为年终奖标准为例，19 级员工，绩效考核 B+，年终奖超过了 90 万元。可见，只要奋斗者多做贡献，绩效考核优秀，就能获得丰厚的年终奖。

项目奖金，也是华为员工薪酬体系里面相当重要的一部分，尤其在具有重要战略意义的领域和地区。即便项目没赚到钱，华为依然会给予员工重奖（见表 7-5）。因为，在任正非看来，"上甘岭"不是产粮食的地方，但如果"上甘岭"丢了，华为就没有地方去打粮食了。

表 7-5　华为项目奖金奖励规则

项目奖金奖励规则	详细解释
奖励对象明确	• 项目任命规范，及时维护 • 奖励项目任命中对项目产生实际功效的人员 • 代表处代表及以上主管、机关二级部门主管、地区部 AT 成员不参与项目奖评定
分配规则清晰	• 区域根据自身业务特点，结合奖金分配方案，根据收入和利润计算项目奖 • 根据确定的奖励对象名单，评定、分配项目奖
计算发放及时	原则上次年 3 月底之前须完成承诺比例的申请工作
分配机制透明	• 公开挂钩系数，确保奖金申报与产生过程公开、透明，激励及时有效 • 分层授权审批，不同级别项目在不同层级闭环 • 公示分配结果

　　2012 年，华为在北非某国电信网络扩容项目中中标 50% 的市场份额，规模进入该国首都价值区域，规模搬迁现网设备，一举扭转了华为在该国的市场份额。

　　拿下该项目之后，华为果断地对北非地区部、重大项目部、该国代表处及相关项目组颁发总裁嘉奖令，给予项目组 600 万元的项目奖励，对做出突出贡献的项目组关键成员予以职级晋升。其他项目组成员及对该项目有过贡献的人员一并得到表彰和奖励。关键成员具体的晋升情况如表 7-6 所示（为保护相关人员隐私，名字以代号代替）。

表 7-6　华为某项目奖金表（部分）

员　工	奖金（元）	个人职级提升
A	151 647	提升 2 级
B	114 877	提升 1 级
C	123 817	提升 1 级
D	119 941	提升 2 级
E	102 083	提升 1 级

员　工	奖金（元）	个人职级提升
F	114 897	提升 1 级
G	145 720	提升 1 级
H	77 434	提升 2 级
I	105 967	提升 2 级
J	228 040	提升 1 级

华为制定了相当翔实的项目奖金分配方案，根据工作难度和工作量大小确定项目奖金分配比例。以产品开发的奖金分配方案为例，项目总奖金 30% 交由部门分配，70% 交由项目组分配，项目负责人从中直接获得 20%，剩余奖金由项目组全体成员按工作难度和工作量大小确定的比例进行分配。项目负责人可以以公开竞聘的方式确定。

综上所述，只要奋斗者为公司创造了更多的价值，华为是非常乐意把赚得的钱拿出来与员工分享的。2019 年 11 月 11 日，为了感谢在面临外部极其不利环境下华为员工做出的努力，华为发放了 20 亿元的特别奋斗奖。

总之，奖金要依据员工的贡献来合理分配，否则无法牵引奋斗者持续为公司做出贡献，实现公司的持续发展。正如任正非所说的，要根据奋斗者的贡献来分配激励的多少，不能干多干少一个样。

7.3　打破平衡，价值分配上拉开差距

在华为，没有贡献的人，是没有资格涨工资、分配股权的。否则公司多了"不打粮，光吃饭"的人，不仅成本负担会越来越大，更重要的是，这些人占用了宝贵的资源，直接降低了公司所创造的价值。同时，

这类人的出现，潜在地"营造"了一个不公平的环境，使更多的人不愿意付出。因此，华为强调在价值分配上要打破平衡，拉开员工间的差距。

7.3.1　价值分配上要打破平衡

只有打破在价值分配上的平衡，才能激发员工奋斗的动力，使企业保持活力，避免被"熵死"。任正非曾说："要把奖励和机会向成功者、奋斗者、业绩优秀者倾斜，大胆倾斜。我们要拉开差距，后进者就有了奋斗的方向和动力，组织才会被激活。"

华为强调在打破平衡的过程中，必须注意动态上的变化，要打破平衡，制造差距，用差距来激励员工继续艰苦奋斗。

> 【管理策略】掌握好"拉开差距"与"平衡稳定"间的导向灰度
>
> 　根据业务需求，掌握好"拉开差距"与"平衡稳定"间的导向灰度，发挥激励的杠杆作用。
>
> 　员工的个体分配既要落实责任导向，大胆打破平衡，向做出突出贡献的"优秀人才""超优人才"倾斜；又要掌握好"妥协与灰度"，注意将分配差异化程度与不同业务、不同员工群体的贡献特性相匹配。
>
> 　对需要发挥团队力量的业务，要管理好个体分配"拉开差距"和"稳定平衡"的关系，避免无谓的组织内耗，形成"全营一杆枪"，充分发挥组织中所有成员集体奋斗的力量；对于需要发挥个人作用的业务，针对个体的激励要更胆大地拉开差距，充分发挥个人英雄主义的引领作用。

为了合理打破价值分配上的平衡，华为坚持按员工贡献进行利益分配，向奋斗者倾斜，拉大员工间的差距；"给火车头加满油，让列车跑得更快些、做更多的功"。

　　同时，华为在激励机制的设计上也做出了很多努力和尝试，其中对奖金分配的改革最能体现出华为在价值分配上打破平衡。

　　早些年，华为的奖金分配还是遵循"大锅饭"的形式的：哪个部门业绩好，就集体奖励；哪个部门业绩差，就集体受罚。但是随着市场的发展和管理者认识的提高，华为开始意识到，这种分配模式对人才的实际激发效用很小，集体奖励和集体受罚近乎没奖没罚，无法作用到每个员工身上。

　　于是，从 2001 年开始，华为逐步制定了透明的业务部门奖金分配方案，稳定奖金政策，形成自我激励和自我约束下的可持续发展机制。

　　2007 年，华为接受了英国对本地员工双轨制考核的建议，将短期奖金激励与 PBC（个人业务承诺）的晋升考核很好地管理起来，保证了"差距"有章可循，实现了本地员工奖金透明化。同时，任正非在公司经营管理团队会议上指出，要逐步制定相对完善的奖金策略来激活组织。高层团队的责任是确定奖金的导向机制，并且授权下级团队策划出多样化的分配方案。要把奖金的发放规则按业务需求和管理要求细分，增强激励的针对性、及时性，以起到明显的杠杆效应。

　　2009 年，华为继续对奖金进行优化，一方面打破了跨区域的平衡，另一方面打破了区域内部的平衡，同时，更打破了人与人之间的平衡。如果哪个区域的奖金很平均，这个干部就必定要下台。

　　任正非说："企业的活力在很大程度上是受利益驱动的。企业的经营机制，说到底就是一种利益的驱动机制。价值分配系统必须合理，使那些真正为企业做出贡献的人才得到合理的回报，企业才能具有持续的活力。"

　　华为正是秉持这样的理念：在价值分配上打破平衡，让员工在最佳时间、最佳岗位上做出的最佳贡献获得最合理的报酬，拉开员工间的差距，在最大限度地激发奋斗者的战斗力的同时，驱动其他员工向奋斗者靠拢，提升公司的竞争力。

7.3.2　拉开员工之间的收入差距

在华为的利益分配制度下，员工分享着公司赚取的收益，会高度关注公司的发展，并且在"高压力、高绩效、高薪酬"的良性循环下辛勤劳动。事实上，要建立这样一个良性循环，其中最重要的一个保证因素就是"拉开差距"。

【管理策略】激励向绩优者倾斜，"给火车头加满油"

激励分配向组织中的绩优者倾斜，逐步打破分配的过度平衡，强调激励资源向一线倾斜，一线关键岗位职级要高于支撑服务岗位，一线获得更大的价值分配比重。

公司为承担重大业务和管理责任的人员建立重大责任岗位津贴、高管奖金方案等机制，体现"给火车头加满油"的导向。

公司激励资源分配强调向艰苦地区或艰苦岗位的员工倾斜，加大在海外艰苦地区工作员工的外派补助和生活补助标准，实施艰苦地区的职级高于非艰苦地区职级1～2级的倾斜政策，将干部员工导向积极担责、奔赴艰苦地区与岗位。

为了拉开员工间的利益差距，华为对传统的工资政策进行了改革，建立了宽带薪酬体系——同一级别的员工，能力不同、绩效不同，则工资也不同。任正非说："工资改革是为了合理推动公司的管理。公司应该向压力大、工作难度大、有创造性的工作倾斜。我们不能保证绝对的公正、公平，但如果采用摆平的做法，就抹去了不同人员承受的压力本身有巨大差别这个事实，对那些公司最有价值的人员视而不见，这反而是真正的不公正。"

想要拉开员工间的利益差距，不仅要有"奖"，还要有"不奖"，拉高做得好的，同时也要拉低做得不好的。比如，设置"不达目标零奖金奖"，规定：如果哪个大部门定不出零奖金的人，该部门的奖金就不能启动发放，直到所有的零奖金者一一对上位。

另外，华为的项目管理者也会根据项目的实施情况与员工的状态，适时地调整激励机制，拉开项目成员间的利益差距，激发员工的动力，以推动项目更加高效地展开与运行。

2014 年初，华为和 AM（墨西哥美洲电信公司）集团下的最大子网 Telcel 签订了无线搬迁项目的合同，该项目所涉及的站点数和工程量都很巨大，是当时区域内最具挑战性、最大规模的项目，交付得好坏将直接影响未来通信市场的格局。当时还在拉美地区部担任交付管理平台主管的毛栗（化名），调任该项目的总监。

在与客户协商、高层沟通后，毛栗团队承诺客户在 10 天内完成第一个城市的现网搬迁，并且确保搬迁后的网络质量明显高于现网，其中还包括 100 多个站点的 2G/3G 搬迁和对网络的优化。

于是，毛栗急忙奔赴交付现场进行指挥，但是现场的景象让他顿时傻了眼：项目组的成员都在按部就班、不紧不慢地干活，毫无压力。毛栗很清楚，如果项目组成员用这样的工作状态来实施交付的话，不仅时间上来不及，而且质量得不到保证。他意识到必须把项目组成员的工作积极性充分调动起来，在团队内形成"你追我赶"的氛围，这样，项目才有可能按时顺利完成。

毛栗决定利用获取分享制的思路，及时地向员工分享激励。他先召集了所有成员，召开目标解读会。通过目标分解让所有员工都清晰地了解交付的整体目标，以及每个员工应该完成的个人目标。同时，正式公布项目及时激励标准：每天第一个完成或多完成一个搬迁 / 勘测等任务的站点队伍和工程师，每人可额外获得相当于他们月薪3%的奖励。

政策宣布的当天，项目组成员的工作热情迅速被激活。有位外籍工程师E主动找到毛粟，希望负责两个站点的搬迁。因为他觉得自己有能力做到，如果做好了，希望在后续能够被给予更多的机会。面对这样的主动请缨，毛粟非常高兴，马上让负责人给E增加了一个站点。

搬迁开始后，E在一个半小时内就完成了第一个站点的搬迁与测试，随后又以同样的效率顺利完成了第二个站点的搬迁和测试。

第二天，项目组便对E进行了及时奖励，并且在内部通过邮件、群聊大力宣传。优秀者的产生，说明"差距"也产生了。在接下来的几天中，所有员工都干得热火朝天：勘测工程师J一天跑了7个站，并且输出安装搬迁图纸，用来指导现场发货；工程师A每天都要求负责两个站点的搬迁……在"差距"出现时，团队拧成了一股绳，都拼了命地使劲，这使得第一个城市的搬迁准时、有序、优质地完成了。

员工在看到"差距"后，便有了做得再快一点、再好一些的动力，从而推动项目按时、优质地完成。拉开员工间的利益差距，把激励分配倾向优秀的奋斗者，使得华为始终保持着强大的市场竞争力。

7.3.3　让拉车的人比坐车的人拿得多

任正非说："薪酬激励的对标分析要提高合理性，让拉车人比坐车人拿得多，拉车人在拉车时比不拉车时要拿得多。"其中，"拉车人"就是指劳动者，"坐车人"就是指资本。

华为承认资本对价值创造所起的作用，但是华为更强调知识劳动者的重要性，他们才是价值创造的主要贡献者。如果没有这群拉车人，面对如此激烈的市场竞争，华为这辆大车就可能步履维艰，甚至随时有可能倾覆。

因此，华为强调在价值分配上，必须保持劳动所得和资本所得的合理比例。任正非曾说："货币资本所得保持合理即可，其他收益要全部给人力资本，我们不能通过股票大量分红来过度地保障退休员工的收益，而是要切实地保障作战队伍能够获得大量的机会。"

【管理策略】多劳多得，劳动所得优于资本所得

华为基于责任贡献，坚持多劳多得的分配理念，形成了劳动所得优先于资本所得、组织激励来源于业务经营与发展结果的获取分享、个体激励向奋斗者与绩优者倾斜的回报分配机制。

"拉车人在不拉车的时候拿得少"，就是指当员工为企业做的贡献减少、为客户创造的价值降低时，他的薪酬应该降下来。因为价值是依据员工的贡献来分配的。

薪酬分配必须倾向于"拉车人"，并且车拉得越久，拿得就越多。毕竟，"车子"之所以跑得快，主要依靠"拉车人"。华为的股票为什么这么值钱？主要还是因为华为"拉车人"为公司做出了贡献、创造了价值。如果没有他们，"坐车人"或许会立马抛售股票，因为它们逐渐失去了价值。

当然，"拉车人"中也会有"拉"得不好的人，对于这一类人，华为同样也会想办法降低他们的薪酬回报。任正非曾在华为内部讲话中多次提到："分钱不是排排坐吃果果。我们应该对'最佳角色''最佳贡献'，在'最佳贡献时间段'给予合理报酬。"

让拉车的人比坐车的人拿得多，在激发老员工拉车的能动性、积极性的同时，也能让新来的员工保持冲锋的干劲，共同推动公司长期健康地发展。

7.4　基层员工也要获得有竞争力的薪酬

公司运营是离不开基层员工的，他们是关键员工完成工作任务、一线作战顺利开展的保证。因此，华为提出：要让基层员工获得有竞争力的薪酬，以稳定他们的心，让他们觉得华为是一个值得奋斗的地方。

7.4.1　价值分配要照顾到企业的每个角落

任正非说："要落实获取分享制，管理好员工的分配结构，关注到公司的每个角落，让人人都能分享到公司成长的收益。"

在华为，处于基层岗位的员工也能获得同行业有竞争力的薪酬待遇。如果总是拉高关键员工的薪酬，对基层员工的薪酬不做调整，就容易在公司内部形成对立的两个群体。为了避免出现这种情况，华为强调价值分配在坚持向奋斗者倾斜的方针时，要照顾到公司的每个角落，每个员工都要能享受到公司的未来收益，这样就能使公司的两个群体都获得有竞争力的薪酬，保证公司组织结构均衡（见表7-7）。

表7-7　华为不同层级员工的收入配比（示例）

职位类别	收入配比
高层管理人员	固定收入占总收入的30%，浮动奖金为30%，股票分红为40%
中层管理人员	固定收入为年总收入的50%，浮动奖金为30%，股票分红为20%
专业技术人员	固定收入占年总收入的60%，浮动奖金占25%，股票分红在15%
操作人员	固定收入占年总收入的85%，浮动奖金占15%，无股票分红

通过实践证明，科学合理的价值分配比例，能够用灵活的长期激励（如固定收入、股票分红等）留住高层管理人员，同时用短期激励（如奖金等）调动基层员工的积极性。

华为一直强调贡献多回报才多。所以，华为的"关键岗位"是指其职位职责对公司战略发展产生关键贡献的岗位。入职了关键岗位的员工，倘若可以完成绩效目标，就能获得价值分配上的倾斜，因为不同的岗位职责对于公司发展的贡献确实有大有小，而公司是根据不同的岗位职责进行价值分配的。

另外，公司在价值分配上还需要践行分配的全面性：尽管不同岗位的职责贡献有大有小，但必须都有所兼顾。岗位职责贡献较小的，哪怕再小，也应当获得相匹配的价值回报。

任正非曾说："一旦华为的组织结构出现不均衡，那么公司的运作结构就是低效率的。就像一个桶装水多少取决于短的那块木板一样，不均衡会成为流程运作的瓶颈。"在谈到这一点时，任正非还特意拿一个例子加以说明。

华为在初创时期比较艰难，经常处于等米下锅的状态，因此初期华为十分重视研发、营销，以快速适应市场，加入市场竞争，这样的做法是正确的。连活都活不下去，科学管理也就无从谈起。

然而，随着创业初期的过去，创业时的不基于实际贡献，只看岗位类别的做法仍然没有得到科学、合理的转变，由于在初期晋升上来的高层干部大多来自研发和营销，他们在处理问题和评价价值的时候，有不自觉的习惯倾向。

这样一来，公司价值分配的重心也发生了向研发和营销的"习惯性"偏移，而非依据实际贡献，从而造成强的部门更强，弱的部门更弱，整个公司的业务发展遭遇了瓶颈。

价值回报往贡献大、绩效高的地方倾斜，这无可厚非，因为贡献越大就应当回报越多，但就怕有人占着贡献大的岗位，干着贡献并不大的活，却由于公司对于关键岗位有习惯性倾斜，拿着远超出自己实际贡献的回报。这样一来，价值分配实际上是不公平的，位于基层岗位的员工就会觉得无论自己再怎么努力，也不可能获得和不怎么努力、处于关键岗位的员工相同的价值认可，不同部门之间、不同岗位之间出现失衡问题，同时，也导致基层部门人才和优秀干部匮乏，无法和其他部门共同进步。

华为注重价值分配的覆盖性和实际意义上的均衡性，不让不作为的关键岗位人员占便宜，也不让有作为的基层岗位人员吃亏。

7.4.2　给应届生开出高于行业水平的薪酬

自初创之日起，华为就非常重视公司人力资本，特别是潜力无限的年轻人。因为他们是华为赢得未来战略市场的重要"武器"，是华为的未来。

如今的华为，是许多大学毕业生梦寐以求想进入的单位，不仅因为华为有着非常高的知名度，也因为它给员工的待遇确实超乎人们的预期。在2019年，华为给应届生开的年薪为17万～19万元，而中国IT行业在2019年给应届生开的平均月薪资为10 490元，一年大约13万元。

虽然应届生在学校学习的知识大都是理论，缺乏实践经验，更没有在一线"真刀真枪"的实战经验，但他们犹如一张白纸，在导师的指导与引领下，通过公司全面系统的培训与考核，磨练一段时间，有可能实现"华丽转身"。

另外，应届生的潜力也是无限的，和已在公司承担一些重要岗位的中年员工相比，他们很年轻、有活力，有更充沛的精力与热情投身于事业。而且他们暂时没有家庭的束缚，有足够多的时间去学习与积累经验，更乐于去尝试各种可能。虽然在不断尝试的过程中可能遭遇挫折，但是这能让他们变得更强大，正如任正非所说的，"烧不死的鸟是凤凰"。

【任正非观点】调到冲锋状态，英勇作战

　　公司每个体系都要调整到冲锋状态，不要有条条框框，要发挥所有人的聪明才智，英勇作战，努力向前冲。华为未来要拖着这个世界往前走，自己创造标准。只要能做到世界最先进，那我们就是标准，别人都会向我们靠拢。

　　《日本经济新闻》曾经有过这样一篇报道：华为在日本针对即将大学本科毕业和研究生毕业的学生，招聘"通信网络工程师"和"终端测试工程师"等四种职位，大学本科毕业的月薪定在 40.1 万日元，研究生毕业的月薪则定在 43 万日元。而日本厚生劳动省的应届毕业生薪资调查（2016 年）显示，当地大学应届毕业生的平均月工资为 20.34 万日元，也就是说，华为开出的应届毕业生工资约为日本企业均值的两倍。

　　华为在日本以 40 多万日元的高薪招聘应届毕业生的新闻震惊了日本人，足以可见，华为向日本应届毕业生提供的薪酬待遇在当地是有竞争力的。在日本，无论文科还是理科，应届毕业生的工资基本都相同，但华为对于理工科生开出的工资，是远远高于文科生的。有媒体人对此评价道："如果像华为提出的这一薪资水平在日本的理科学生录用中得到普及，被认为正在'远离理科'的日本可能会发生变化。"

　　华为通过给优秀应届毕业生开出高于同行业水平的薪酬，吸引了更多质量更高、更具潜力的年轻人才，从而增加了公司"人力资源池"的深度。

7.4.3　让平凡的岗位发生不平凡的改变

　　为了打赢未来的技术和商业战争，华为不仅要在研发、技术等核心部门不断取得突破，其他部门也要时刻跟上公司的发展步伐，支撑公司在一线业务领域的拓展。如果后方支撑部门无法跟上，那么势必会影响一线业务部门的拓展进度。因此，必须做好后方支撑部门的价值分配，以让平凡的岗位发生不平凡的改变。

有人可能觉得后方保障部门对公司并不会有多大的作用，在每年年度表彰奖励的时候不那么起眼，也不是被念到名字次数较多的部门，但是正是这样的部门，在不经意之间起到重大作用。关于这一点，华为的财经档案岗位人员用自己的实际行动给予了证明。

华为财经档案中心在建立初期时，员工就凭"几杆枪"战斗，干活全凭经验，培训也只凭口口相传，没有像样的系统支撑，从文档接收、成册、入库、借阅、盘点到销毁等环节，各种模板表格满天飞。在这样的情况下，再厉害的员工都很难准确统计出日益增长的文档数量和各种指标趋势，而任何节点出现统计失误，却都可能影响整体结果。再加上公司也处于不断变革的大环境，财经档案中心作为保障性部门，同样应当跟上步伐。

于是穷则思变，变则通，华为财经档案中心的员工突破重重阻力，通过反复讨论和验证，逐步完善文档管理系统架构，渐渐地，财经文档管理系统的影响力开始在财经各部门、海外各国家扩张。系统的各项功能不但提高了工作效率，也改变了文档和数据输出的质量。文档条码技术的应用，更是大大提升了文档接收和入库效率，减轻了员工手工排序的劳动强度。

在财经档案中心工作的员工，虽然没有经历一线作战"真枪实弹"的惊心动魄，但是也在静水潜流中逐步成长，用自己的努力给部门带来了新的改变。

在华为，类似财经档案中心这种后方保障性部门，都有一定的能力和潜力做出不平凡的改变，在为公司创造价值的过程中贡献自己的力量。公司所要做的就是及时给予其应得的认可、评价及回报。这样一来，这些部门的所有干部、员工自然就会全身心地投入自己的工作中，做好自己应该做的一切。

7.5　员工持股制：财聚人散，财散人聚

任正非相信："财聚人散，财散人聚。"华为正是秉持这样的理念，通过员工持股制把公司的利益分享给员工，让员工觉得自己就是华为大家庭中的一员，而不仅仅是一个普通员工，激发了坚持奋斗的动力，从而使华为的凝聚力得以不断增强，提升了公司的竞争力。

7.5.1　员工持股计划的演变

为什么华为能仅仅经过 33 年的发展，便成长为全球领先的通信解决方案供应商？推行独具特色的激励政策——员工持股计划是华为成功的关键之一。通过推行员工持股计划，公司和员工结成了利益共同体，员工的工作动力持续被激发，助推公司长远发展。

> 【任正非观点】吸收资本主义的合理动力，获得胜利
>
> 我们的外部环境是社会主义，公司内部是员工资本主义，我们内部吸收了资本主义的合理动力，在外部获得了社会主义平衡的大环境。我们遵守国家的制度和法律，改变自己，使自己在这样的规则下获得胜利。

由于员工持股计划在不同历史阶段对公司所起到的作用不同，华为根据公司的动态发展需求和外部环境变化，及时对员工持股计划做了调

整和完善。自初创之日起至今，华为的员工持股计划总共经历了四次规模较大的调整。具体演变过程如图 7-5 所示。

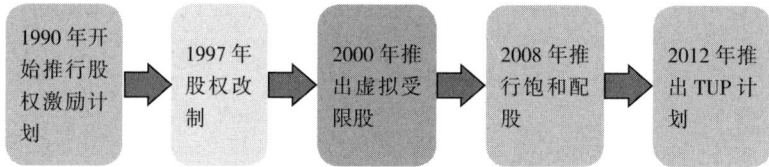

图 7-5　华为员工持股计划演变过程

　　1990 年，初创期的华为第一次提出了员工持股计划，在公司推行全员持股方案，以解决公司融资困难的问题，同时增强员工的归属感。这就是员工持股计划实施的开端。

　　华为当时有个内部政策：谁能够给公司借来 1000 万元，谁就可以一年不用上班，工资照发。有段时间公司开不出工资，任正非就给员工打欠条，后来干脆就直接写欠多少股份，当时一股算一元。

　　1997 年，华为的注册资本增加到了 7005 万元，增量全都来自员工股份。后来由于国务院发文要求停止内部职工股的审批与发行，华为开始了股权改制。改制后，由华为公司和其子公司工会持有公司股份，所有员工所持股份分别由它们集中代管，并且代行股东表决权。

　　2002 年 IT 泡沫破灭，华为迎来公司发展中的第一个"冬天"。为了保证充足的现金流，激励员工的工作热情，华为开始实行虚拟受限股模式。

　　虚拟受限股操作办法：

　　（1）根据公司财务审计结果，确定年度新增发的虚拟受限股数量。

　　（2）根据部门绩效和个人绩效及个人配股的饱和度分配受限虚拟股。

　　（3）每个职级都确定配股的饱和度，额度每年调整（如 2015 年的 17

级总额 144 万元、18 级 225 万元。按照购买股票的现金数量，而不是股票数量确定饱和度，同级别的老员工股票数量多于新进员工的股票数量）。

（4）个人缴纳现金购买股票（18 级及以上的公司不予借款）。

华为的虚拟受限股只有选举持股员工代表的权力，在公司内部不能公开交易，无转让权，但是有增值权和分红权。在员工离开公司时，虚拟受限股也会自动失效。

从固定股票分红向虚拟受限股的改革，是华为激励机制从"普惠"原则向"重点激励"原则的转变，体现了华为倡导的"以奋斗者为本"的价值观。其后华为的员工持股计划也是围绕奋斗者、向奋斗者倾斜的。

2008 年次贷危机爆发，为了应对挑战，华为推出了新一轮期权激励措施。12 月，华为推出"配股"公告。公告指出，此次配股的股票价格为每股 4.04 元，涉及范围几乎包括所有在华为工作时间一年以上的员工。

"饱和配股"是指每个职级都确定配股的饱和度，额度每年调整，这里的饱和度是指购买股票的现金数量，而不是股票数量。持股已达到其级别持股量上限的员工，不再配股，除非员工能够晋升到上一个职位级别。通过配股与职级挂钩，驱动员工更加努力工作。

华为在 2012 年推出 TUP（Time-based Unit Plan，时间单位计划），这是基于员工绩效的利润分享和奖金计划，不只面向中方员工，也面向海外员工。

7.5.2　时间单位计划的推出

随着股票价格逐渐升高，新配虚拟受限股获取成本增加，逐渐失去了其激励作用。在华为内部出现了不少靠持有虚拟受限股生活的"食利阶层"，原来"拉车的人"变成了"坐车的人"。他们的存在使得拉车的员工得不到应有的回报，背离了华为"以奋斗者为本"的核心价值观。

加上华为推行 45 岁退休政策，退休人员逐渐增多，影响了在职员工的积极性。

另外，华为的外籍员工越来越多，而虚拟受限股仅能发放给中国籍员工，所以华为必须考虑解决外籍员工的长期激励问题，找到一个与国际接轨的工具。

因此，华为推出了新的激励工具——时间单位计划（Time Unit Plan，TUP）。TUP 是一种基于员工历史贡献和未来发展前途设置的中长期但非永久性的奖金分配方法。它不需要购买，价值和虚拟受限股价值挂钩，持有 TUP 的可在五年内获得增值和分红，五年到期 TUP 结束并清零。

【管理策略】TUP 设计的目的

　　√ 提高工资、奖金等短期激励手段的市场水平，提高对优秀人才的吸引力和保留力。

　　√ 丰富长期激励手段，消除一劳永逸、少劳多获的弊端，使长期激励覆盖到所有华为人，将共同奋斗、共同创造、共同分享的文化落到实处。

TUP 是一种简单的递延激励，采用的是现金，除了在分配额度上参照分红和股本增值的确定，其他方面与涉及所有权性质的股票没有任何关系，因此不受法律法规的限制，从而可以直接解决华为不同国籍员工激励模式不统一的问题。

另外，随着 TUP 覆盖范围的不断扩大，TUP 收益的稀释作用会使虚拟受限股所占的比重逐步下降。随着时间推移，它对奋斗者的激励作用会慢慢赶超虚拟受限股，从而逐步清除"食利阶层"，纠正股权激励的不合理性。

TUP 的面值计算方式和虚拟受限股的股价做了关联。例如，授予

TUP 时虚拟受限股股价是 5 元，5 年以后虚拟受限股股价增值到 10 元，TUP 对等的权益增值也为 5 元。

TUP 采用的是"递延 + 递增"分配方案，接近于分期付款：先给你一个获取收益的权利，但收益需要在未来 N 年中逐步兑现，而且到期后要收回，重新分配。

华为的 TUP 基本周期是五年，操作方法如下：

假如 2014 年给员工甲配了 5000 个单位的 TUP，当期股票价值为每股 5.42 元，规定当年（第一年）没有分红权。

2015 年（第二年），可以获取 5000×1/3 分红权。

2016 年（第三年），可以获取 5000×2/3 分红权。

2017 年（第四年），可以获取全部单位的分红权。

2018 年（第五年），获取全部单位的分红权，并且进行 TUP 结算。如果当年虚拟股股价升值到 7.85 元，则第五年员工甲能获取的回报是：2020 年分红 +5000×(7.85－5.42)元，这 5000 个单位的 TUP 结算后清零。倘若员工甲想要让自己持续持有 TUP，那么，他便要在每一年都努力做出让公司认可的绩效，为自己不断争取被授予 TUP 的权利。

前四年 TUP 分红比例递增，最后一年除了获得全额分红收益，还可能获得五年中单位增值的收益。TUP 模式经过内部实践，在 2015 年修改为不再按比例分年解锁，而变为第二年全部解锁，这对于华为奋斗者来说，一举提高了激励的饱和度。

华为通过 TUP，在获取分享制的基础上，延长了员工物质激励的时间，同时扩大了员工的覆盖范围，使获取分享制得到进一步延续和完善。同时，很好地起到了激活沉淀员工的效果，解决了对外籍员工长期激励存在的问题，捍卫了公司"以奋斗者为本"的核心价值观。

7.5.3 持续优化激励制度，保障作战队伍

TUP虽然有这么多好处，但是它最大的问题就是五年一个周期，和公司长期发展的捆绑力度不足，因此华为会持续优化公司激励制度，保障一线作战队伍。

【任正非观点】华为受限股是值得拥有的

上市公司不盈利，也是要垮掉的；不上市的公司不盈利，也是不能发展的，我们没有不同于别人的命运，唯有多努力。但仅从目前情况和未来三年的经营预期来看，现在的华为受限股还是可以看成某种原始股，无论是从目前投资回报率，还是安全性看，都是值得拥有的。

公司经营实质上是在既定的经营模式下所有岗位间分工合作，每个岗位都有属于自己的专业化运作，因此，职务工资拉开太大不利于强调员工间、部门间共同协作，也不利于保持公司市场竞争力。

由于不能完全从基本工资切入，为了激发奋斗者的工作动力，拉开员工间收益差距，华为在奖金设置、股权激励中始终强调以奋斗者为本，向高绩效员工倾斜（见图7-6）。

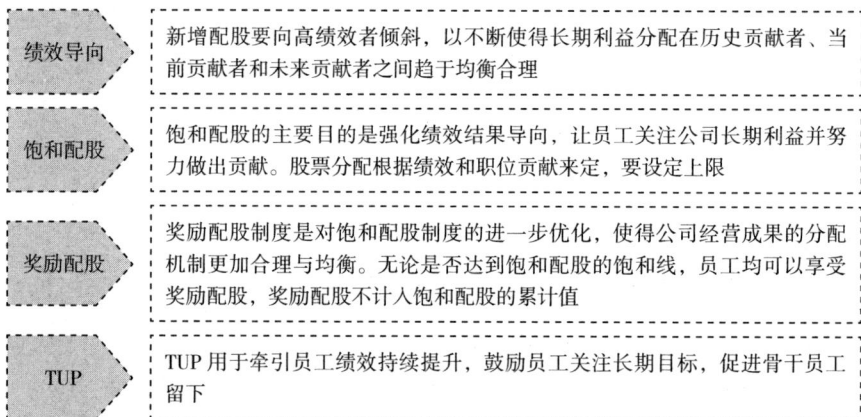

绩效导向	新增配股要向高绩效者倾斜，以不断使得长期利益分配在历史贡献者、当前贡献者和未来贡献者之间趋于均衡合理
饱和配股	饱和配股的主要目的是强化绩效结果导向，让员工关注公司长期利益并努力做出贡献。股票分配根据绩效和职位贡献来定，要设定上限
奖励配股	奖励配股制度是对饱和配股制度的进一步优化，使得公司经营成果的分配机制更加合理与均衡。无论是否达到饱和配股的饱和线，员工均可以享受奖励配股，奖励配股不计入饱和配股的累计值
TUP	TUP用于牵引员工绩效持续提升，鼓励员工关注长期目标，促进骨干员工留下

图7-6 华为股权激励政策导向

当华为 LTE TDD 产品线副总裁邱恒被问及为何跳槽到华为时，曾坦言："没什么不好承认的，我就是被华为的股权制度和公司潜力吸引来的，你拼命的程度直接反映在薪水和分红上。所有人每天需要思考的都是如何尽可能展现自己的能力，为公司创造价值，从而提高自己的收入。"

由于推行全员持股制度，华为每年都要在员工身上花费超过 1000 亿元。据统计，2019 年公司在员工工资、奖金、分红上支出达 1490 亿元，以华为 19.4 万名员工计算，员工平均年薪近 76.8 万元。

2019 年，华为的虚拟股票分红，每股分红 2.21 元。华为员工的股票数量与其在华为的工作年限相关，资格稍老的员工配股有几十万股，按照 2019 年分红比例，分红超过百万元。更有不少的员工 2019 年光是分红就超过了 500 万元，等级更高的管理者税前分红以及股票升值甚至超过 1000 万元。

这些财富都源自华为的成功。2020 年上半年，华为运营商业务、企业业务、消费者业务、云业务四大业务在往年的基础上持续有效增长，全球销售收入高达 4540 亿元，同比增长 13.1%，净利润率达 9.2%。华为的成功是无数的华为奋斗者共同努力创造的。

华为通过让员工持有股权，实现了多方共赢。但是股权激励并不是万能的，也是有弊端的。对此，任正非表示，配股的高额回报可能助长员工怠惰的思想。

【任正非观点】拒绝为怠惰的员工配股，基层干部要敢作敢为

誰怠惰就不给他评奋斗者，这是主管的权力。个别案例事先与人力资源部沟通，谋定而后动。如果认为这个人不该配，即使他符合公司的规定，还是不应配，配了就是犯错。如果给错了人，就伤害了公司的竞争力，就是支持怠惰。所以，我们希望基层干部要敢作敢为。

为了打击员工的怠惰思想，把激励真正落实到奋斗者身上，华为采取了一些方法，以进一步优化激励制度。

华为的薪酬和股权一直处于动态调整的状态，TUP 不会是华为股权变革的终点，华为会不断迭代激励机制，保障队伍活力，促进公司发展。

7.6　明确福利的保障意图，控制福利成本

对于华为来说，薪酬制度就是血液，保障机制是基础，两者结合，公司才能持续发展。因此，华为构建了均衡的福利体系，一方面让所有员工均能获得基础保障，另一方面让在艰苦区域工作的员工能不受外部恶劣环境的影响，聚焦于业绩创造。

7.6.1　完善员工的福利保障体系

华为多次强调：华为要实现长久发展，必须依靠全体员工，他们是公司保持竞争力和行业领先的最重要因素。因此，只有为员工着想，真正在实际行动中做到关爱员工，尤其是一线员工，让员工有归属感，华为才能永葆活力，实现可持续发展。

华为在员工福利保障体系方面进行了系统的设计，以福利管理理念为指引（见表 7-8），充分考虑公司的国际化发展情况，制定了多层次、多类别的福利保障政策。

基于指导性的福利管理理念，华为确定了独具特色的福利分配方式（见图 7-7），以使理念落地。

华为通过融合多元化的福利分配方式与获取分享制，给予员工尤其是优秀奋斗者利益保障。

表 7-8　华为的福利管理理念

类别	管理理念	具体内容
保障性福利管理	属地化管理	遵循属地化管理原则
	确保合法合规	遵从所在国家和地区的社会保障和其他相关法律法规
	提供基本保障	在养老、医疗、生命保障等方面为员工提供基本保障和合理补偿
	福利水平管理	综合考虑保障性福利的定位水平，原则上应定位于所在国家和地区同行业的中间水平
非保障性福利管理	尊重当地实践	充分尊重与参考当地行业实践与业界做法
	个性化设计	充分体现非保障福利的个性化和差异化
	福利成本管理	作为整体薪酬的重要组成部分，在符合当地整体薪酬竞争性定位的基础上，综合考虑非保障性福利的定位水平。非保障性福利的成本纳入工资性薪酬包，作为刚性工资成本的一部分

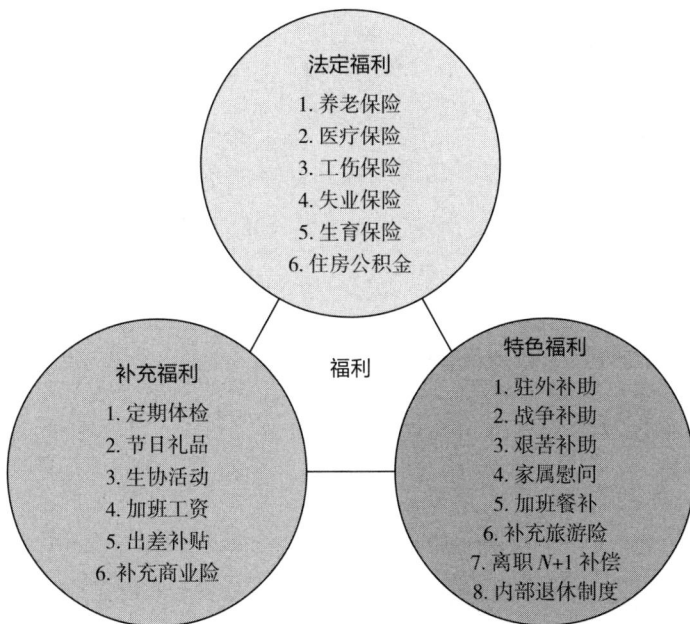

法定福利
1. 养老保险
2. 医疗保险
3. 工伤保险
4. 失业保险
5. 生育保险
6. 住房公积金

福利

补充福利
1. 定期体检
2. 节日礼品
3. 生协活动
4. 加班工资
5. 出差补贴
6. 补充商业险

特色福利
1. 驻外补助
2. 战争补助
3. 艰苦补助
4. 家属慰问
5. 加班餐补
6. 补充旅游险
7. 离职 $N+1$ 补偿
8. 内部退休制度

图 7-7　华为的福利分配方式

　　《华为人》报上曾刊登过一篇名为《我所认识的Teddy》的文章，男主角是一位埃及某项目的经理，中文名叫罗志（化名）。认识罗志的人都知道，他是一个抗压力能力很强的人。虽然已经结婚生子，但是由于工作的关系，不得不远离家乡，放弃陪伴孩子成长的机会。罗志的老婆为了能够让他安心工作的同时，又不错过年幼的儿子在成长过程中的每一个有意义的变化，毅然踏上了"带娃探夫"的行程。从埃及到坦桑尼亚，面对着海外生活的艰辛，她一直坚信："我选择了，再难，也要一起面对。"

　　当项目交期逼近，项目组成员都在忙碌的时候，罗志的老婆带上孩子，主动承担起区域仓库的物流货物跟踪和后期服务等工作，并且还会为项目组的兄弟们买菜做饭，让他们把精力集中到工作中。如果有新员工和同事到来，她还会组织大家去一些名胜古迹参观旅游，帮助他们了解和感受海外生活。

　　为了让一线员工安心工作，华为设计了家属探亲、家属陪同的政策，公司给予报销往返探亲机票、解决吃住等，极大地鼓舞和稳定了"军心"。

　　随着公司的不断发展，华为的福利保障体系也在不断完善，确保所有员工都能踏踏实实工作，增强员工的归属感。

7.6.2　福利制度不能导向太平主义

　　企业不会只是因为福利做得好，就会成功；企业也不会单单因为福利差而倒闭。每个企业有它独具特色的文化土壤与管理逻辑，不要完全把它们割裂开来进行评价。但是可以肯定的是，在华为，福利是基础保障，法定福利的导向是外部遵从，不按人群差异化，但在特定福利上华为坚持向艰苦区域倾斜。

　　有员工提出："公司花很多钱支持希望工程、提供寒门学子助学基金，为什么不建华为大厦让员工免费居住？为什么不对员工实行食堂吃饭不要钱？"任正非认为，不管经济上能否实现，但这反映了员工的太平意识，这种太平意识必须打击，不能把员工养成贪得无厌的人，否则企业会走向没落。

华为曾对美国和英国的福利制度进行过比较深入的研究。

英国是一个有高福利传统的国家。1601 年引入世界首个《济贫法》。1948 年 7 月，根据《贝弗里奇计划》，宣布建成了世界上第一个福利国家，给公民提供"从摇篮到坟墓"的全方位福利保障。

在第二次世界大战以后，不管是工党还是保守党执政，更是大幅度增加社会福利，以获取公民的支持。这导致不少公民不愿意去努力工作创造价值，英国在世界经济的发展浪潮中，失去了无数创新的机会。

美国没有照搬英国的福利制度，而是实行收入审查制度，规定公民的收入与财产在制定的标准以下才能享受国家的福利补助，其覆盖及保障范围加起来还不到总人口的 1/3，低于其他发达国家。

20 世纪 80 年代，为了冲出长期的经济滞胀，美国政府对公民的福利进行大幅缩减，以期用市场机制来推动经济繁荣与社会发展的恢复。同时，政府管理也从提供福利转变为提供服务给公民，政府还通过各种创新制度来不断提高自身的运作效率，通过创造能动的环境赋权给公民，因此美国的福利政策执行效果是优于英国等发达国家的。

鉴于此，华为一直强调：员工的幸福是需要自己去奋斗的，通过为公司创造价值而挣得。如果员工没有去奋斗、去创造价值，却得到了太多福利，就容易滋生太平意识。正如任正非所说的，华为的薪酬制度不能导向福利制度。华为的薪酬要使员工在退休前必须依靠奋斗和努力才能得到。

【任正非观点】不断改善，工资增长率逼近公司的经济增长率

　　我们只能有限度地将条件不断地改善。我们工资的增长率一定要逼近我们的经济增长率。如果收入增长率超过公司的经济增长率，那么华为公司过两三年就没有了。

　　总之，华为的福利制度始终是向奋斗者倾斜的，对于有太平意识的员工，则通过降薪等措施来激发他们在压力下的生存意识，以确保在市场进入下一个冬天之际，员工不至于束手无策，能够共同努力确保华为活下去。

7.6.3　福利保障要向艰苦区域倾斜

　　任正非曾在一次讲话中谈道："华为公司若想长存，有许多准则是适用于我们的。公司愿意给予员工高额的福利，为的是激励员工们为客户提供更有价值的服务。同时，自己期望的福利待遇，只有通过努力工作获得，别指望天上掉馅饼。要知道，如果公司实行短期的不理智的福利政策，实际上是在饮鸩止渴。"可见，华为不以高福利吸引员工，福利是一种基础保障手段，会向海外和艰苦地区倾斜。为了开拓更大的国际市场，华为外派大量的人才前往世界各地，而这当中大部分都是艰苦的地区。华为综合参考国家发达程度、社会安定程度及生活环境的艰苦程度等对全球各国家或地区进行分级，设计不同层级的福利体系。以中方外派员工的补助为例，其主要包括三项：外派离家补助、艰苦地区补助和外派伙食补助。

　　一、外派离家补助按职级划分：职级 13、14 级，离家补助 11 250 元；职级 15、16 级，离家补助 12 500 元；职级 17 级，离家补助 16 000 元；

职级 18 级，离家补助 20 000 元；职级 19 级，离家补助 25 000 元；职级 20 级，离家补助 30 000 元。

二、艰苦地区补助（每天）分为六种情况：一类地区 0 美元，二类 10 美元，三类 20 美元，四类 30 美元，五类 70 美元，六类 100 美元。

三、外派伙食补助：基本按照员工外派地区的实际伙食的 50% 对员工进行补助。以艰苦地区每月大概 200 美元的实际伙食费计算，员工可以获得 100 美元 / 月的补助。上限：除去个别高消费地区为 25 美元 / 餐，其余均为 15 美元 / 餐。公司公布的是上限，各地按当地实际的平均消费水平执行。

华为对于艰苦地区的投入，也体现在完善的行政平台建设上。任正非曾指出，饭勺也是生产力。首先要让海外员工吃好饭，大家才能安居乐业。虽然很多海外国家的外部环境非常艰苦，但华为在办公环境、住宿环境、就餐环境等方面的投入是不遗余力的。海外办公地均设在当地最好的商业区，员工住宿也都选择非常安全并有保障的高级社区。在艰苦国家，还安排了外派中方厨师做饭。

华为能发展到今天如此大的规模，业务遍及全球 170 多个国家和地区，服务全球 30 多亿人，得益于华为海外完善的保障体系建设，这让几万个远离家乡的华为人不受外部环境的干扰，心无旁骛地聚焦于工作。

第 8 章
多元化的精神激励

任正非说："光是物质激励，就是雇佣军，雇佣军作战，有时比正规军厉害得多。但是，如果没有使命感、责任感，没有精神的驱使，这样的能力就是短暂的。只有正规军有使命感和责任感，驱使他们能长期作战。"因此，华为十分注重对员工进行精神激励，以激发员工的责任感，持续艰苦奋斗，为公司创造价值，实现公司的持续发展。

8.1　用荣誉感激发更大的责任感

华为对优秀员工进行表彰，不仅是对其出色的工作表现给予肯定，更是用荣誉感激发他们更大的责任感，为员工后续的工作注入更强的信心，牵引更多的员工持续奋斗。

8.1.1　用好集体与个人的荣誉感

美国第一任总统乔治·华盛顿说："战争必须有条不紊地进行，而想要做到这一点，必须要激发战士的荣誉感。"市场就是企业的战场，能否战胜对手，就看企业对员工能力的激发程度。为此，华为通过用好集体与个人的荣誉感，激发组织和员工群体更大的责任感和使命感，坚持艰苦奋斗，为公司积极做出贡献。

华为是如何用好集体和个人的荣誉感的呢？首先，华为注重对员工的及时激励；其次，在对员工进行激励时，除了运用多元化物质激励，还运用各类表彰、表扬等精神层面的激励。华为将对先进员工的表彰等荣誉激励权力下放给各级主管。

除此之外，华为还为授予荣誉塑造了仪式感，为获得各项荣誉的员工举办正向积极、隆重且催人奋进的荣誉表彰仪式，让优秀的集体和个人产生发自内心的自豪感，从而进一步激发集体和员工个人更大的责任感，让员工个人的"一枝独秀"牵引出集体的"百花齐放"。

华为现在5G技术可以领先全球，任正非除了感谢华为的科研人员，还特意给华为的厨师重奖。华为是工作强度非常大的公司，任正非一直提倡"想要马儿跑，就必须让马儿吃上好草"。

任正非非常重视员工的吃饭问题。在华为不仅有饭堂，而且饭堂的等级还非常高。厨师虽然是不起眼的人物，但是这些人都是华为的幕后英雄。任正非自己也经常到饭堂吃饭，而且一有空就在华为组织厨艺比赛。2019年，华为就组织了全球优秀餐厅评选活动。

110个国家的149个餐厅在好评、安全等22个标准上自检自荐，经华为组织的全球专业评审团评估，最终，尼日利亚拉各斯东方餐厅、沙特利雅得餐厅、西班牙马德里餐厅、俄罗斯明斯克餐厅、埃及开罗餐厅、玻利维亚拉巴斯餐厅、马来西亚吉隆坡INTEGRA餐厅、刚果金沙萨餐厅、泰国曼谷G TOWER餐厅、土耳其伊斯坦布尔亚办餐厅当选华为十佳优秀餐厅。

此外，尼泊尔加德满都餐厅与西非加纳阿克拉好莱坞餐厅获得华为海外餐厅年度特别奖。

华为通过开展隆重的优秀餐厅评选表彰活动，来激励华为在各国的餐厅争当好餐厅，让华为的奋斗者吃好喝好，奋斗更有劲。为了鼓励员工持续在海外工作，华为还推出了天道酬勤奖。

"天道酬勤奖"于2008年推出，授予对象是在海外累计工作10年以上或在艰苦地区连续工作 6 年以上的中方外派员工，以及在全球流动累计 10 年或在艰苦地区连续 6 年承担全球岗位的外籍员工。

"天道酬勤奖"的奖牌是水晶做的，上面印有那双著名的芭蕾舞者的脚，刻有罗曼·罗兰的名言："伟大的背后是苦难。"当年推出这个奖项时，获奖人数仅有 17 人，次年也只有 15 人，到 2017 年共有 656 人获得该奖项。截至 2018 年初，公司共有 3943 人获得"天道酬勤奖"。

获得"天道酬勤奖"的华为员工可以带上自己的家人上台领奖，一方面这是对员工工作成绩的肯定，增强员工对公司的归属感；另一方面是让员工家属感受到员工努力工作的意义，更加坚定地支持员工的工作。总之，华为通过用好集体与个人荣誉感来激发员工持续创造价值的责任感和继续奋斗的内在动力。

8.1.2　奋斗的背后是希望和快乐

任正非说："华为给员工的好处就是'苦'，没有其他。'苦'的后面有什么？有成就感、有改善的收入、有公司不断前进的信心……"

华为一名高管 T 曾经在非洲与中东地区对很多员工进行过访谈，倾听他们讲述自我奋斗的故事、在枪林弹雨中成长的故事以及在非常艰苦的环境下奋斗的故事。在倾听时，T 经常会受到在震撼，脸上挂满泪水。员工在讲述过程中所表现出的热情与激情也让 T 非常激动。

在这些员工中，有不少是独生子女，有"80 后""85 后""90 后"，虽然他们驻守的地区工作环境非常艰苦，工作任务多且繁重，但是他们所有人的眼神都是阳光的、向上的、灿烂的、充满热情的，因为奋斗的背后是希望和快乐。

T 至今依旧记得在南非进行访谈时，访谈了 30 多个驻办事处的华为中基层主管与员工。他问这些员工："你们在非洲最深的共同体会是什么？"大家都不约而同地说是疟疾，"我们大多数人得过疟疾，有人甚至一个月得了四次。"

非洲的马拉维湖虽然非常美丽，但是一到潮湿的天气，湖面上就会呈现出巨大的"龙卷风"——由几十亿只蚊子所构成。有一位员工非常夸张地对 T 说："每次回到员工宿舍，门一打开，我就感觉到有蚊子扑过来的压力。"可是所有员工在说这些的时候，都是开心地笑着。

类似这样的例子在华为内部数不胜数。员工在奋斗时"苦"中作乐，因为他们知道他们的奋斗就是在为客户创造价值，那不是"苦"；像无头苍蝇做着无意义的奋斗，那才是"苦"。所以，华为员工坚信："苦"的背后、奋斗的背后，是希望，是光明，是快乐。

8.1.3　奋斗是为了让你们站在成功的领奖台上

任正非说过："公司能依靠的，只有员工。所以，公司一定要对得起每一个在此奉献青春和汗水的工作者，让每一个人都分享到公司的成功。"

华为深知公司与奋斗者的关系是一荣俱荣，让所有的奋斗者站上领奖台，让更多为华为创造出价值的奋斗者获得成功，华为就能在这些奋斗者的付出中稳步前行。华为一直强调："奋斗是为了让你们站在成功的领奖台上。"

华为中亚地区部涵盖了乌兹别克斯坦、哈萨克斯坦等国家，是华为最早拓展的海外市场之一。经过多年的本地化运营之后，到 2013 年，员工本地化率已超过 60%。在物质激励等各项政策逐渐规范清晰的情况下，华为开始考虑加大非物质激励，传承华为的核心价值观。

2013 年 8 月，中亚地区部 AT 会议通过决议，对在华为当地子公司以及办事处工作十年及以上的本地员工颁发"华为奋斗奖"并授予银牌，奖牌上还刻有该员工的姓名，并且决定从2013年起，每年颁发一次该奖项。在乌兹别克斯坦代表处2014年新年晚会上，中亚地区部总裁孙铭向乌兹别克斯坦代表处的获奖本地员工颁奖。

华为颁发"华为奋斗奖"这一行为极大地激励了华为的奋斗者们。一位获奖者在领奖之后激动地说："很意外能获得'华为奋斗奖'，这是对我工作的认可，也给了我信心！面对新挑战和新目标，我会继续努力取得更好的成绩，为华为成为世界上最棒的公司而努力奋斗！我很喜欢我的工作，非常感谢公司看到了我的努力！"

任正非说："十九万华为人利出一孔，公司上下才能力出一孔，才能团结一致所向披靡。"他坚信，只有利出一孔，才能让华为上下团结一心，始终朝正确的方向努力奋斗，同时也能让所有奋斗者都分享到华为的成功。

2012年，Connect杂志组织了第三方网络比拼测试——P3比拼，这是一套完善的用户体验模拟测试，按同样标准对运营商网络进行打分排名，并且公开比拼结果。由于该杂志的影响力巨大，比拼结果会对运营商口碑、市场品牌、用户选网以及管理层评价产生巨大影响，因而被所有参加比拼的运营商视为大考，自然也被参与的供应商视为大考。

作为瑞士S网络的供应商，华为接受了这个巨大的挑战。瑞士S网络由于基础条件非常落后，在2012年的P3排名垫底。可是在华为奋斗者的努力之下，在2013年12月5日，华为项目团队发出了挑战成功的喜报，客户网络在华为第一阶段的努力下，终于迈上了一个新台阶。

2014年12月3日，项目团队再次发出挑战成功喜报，帮助客户网络达到了最高等级。在2014年P3比拼后，瑞士S网络的P3排名语音部分排名第一，总体排名第三，网络等级达到最高级。客户CTO在第一时间给华为项目组核心成员打电话告知了喜讯，客户方十分激动，接到电话的交付副代表 Simon 也当场泪流满面，这意味着两年以来的艰难与痛苦终于换取了项目的圆满成功。

连续两年挑战成功，深受项目组拼搏精神感动的管理团队做出决定：所有项目奖励全部给真正攻山头的将士，最高级别奖励全部给最关键的专家，并且给在最困难的日子里不离不弃、并肩作战的保障与支持团队颁奖，让他们与所有奋斗者共享项目成果。这也印证了华为曾多次向员工强调的那句话："所有奋斗的目的，其实就是为了能让你们站在成功的奖台上。"

哈佛大学的斯金纳教授认为，如果某种行为产生了一种积极的后果，个体就可能有重复它的动机，称为"积极强化"。企业应该利用这种"积极强化"，影响员工的行为，从而形成良性循环。让奋斗者站上成功的领奖台，实际上就是促使他们产生重复站上领奖台的动机，使奋斗者不断重复奋斗过程。这样，奋斗者在获取积极成果的同时，企业也能获得积极的成果。

8.2　敢于表彰，让遍地英雄下夕烟

任正非在华为内部多次呼吁：华为要"遍地英雄下夕烟，六亿神州尽舜尧"，而不是"几个英雄下夕烟，十三亿神州几舜尧"，华为要英雄"倍出"，而不是"辈出"。为此，华为强调要对工作在艰苦地区的、有大贡献的奋斗者进行表彰，激励更多的奋斗者为公司创造价值，提升公司的人才吸引力。

8.2.1　把英雄的盘子划大，敢于表彰

在一次内部工作总结汇报大会上，任正非在说到华为的非物质激励

时，特别强调，华为应该敢于表彰，把英雄的盘子划大，正所谓"遍地英雄下夕烟"。他甚至建议把公司的先进者比例保持在 60% ~ 70%，通过这样的方式，向落后的人传递一些压力，逼着他们去奋斗、去改善、去争当先进。

【任正非观点】发奖要有仪式感，让员工永远牢记

　　表彰要舍得花钱，别抠门。要使奖励形式多样化，奖牌要高级，让人一辈子得到鼓舞……发"明日之星"奖牌，可以搞一个仪式，要强调仪式感。不要评下来，把奖牌悄悄一塞就走了。可以花点钱让他们牢记，他们的光荣就是责任。制造系统可以适当拿点钱先做起来，让大家发奖的时候有一种荣誉感。

　　华为在颁奖典礼上舍得投入，颁奖典礼的规模做得大而隆重，这样能让颁奖典礼的场景映射在员工心中，对员工的精神激励就会更强、更持久。任正非曾要求华为设计一个自己的独特的典礼形式，和美国海军学院的毕业典礼类似。在美国海军学院的毕业典礼上，校方会在方尖塔上涂满猪油，让所有学员前赴后继地爬上塔，一层层往上攻。

　　华为在各类大会上的标语和口号非常激动人心。

　　2000 年，在五洲宾馆出征将士的送行大会上，华为打出"青山处处埋忠骨，何须马革裹尸还"的大幅标语。

　　2016 年，"出征·磨砺·赢未来"研发将士出征大会，华为集结了2000 名研发高级专家及干部。任正非到场讲话，提出"春江水暖鸭先知，不破楼兰誓不还"。

　　2019 年 5 月，面对外部的打压，华为做了两万枚题词"不死的华为"金牌奖章，以表彰先进、激励士气，向死而生。

在华为，员工在不同时间段可以获得由不同级别部门评选的不同种类的荣誉奖项，具体如图 8-1 所示。

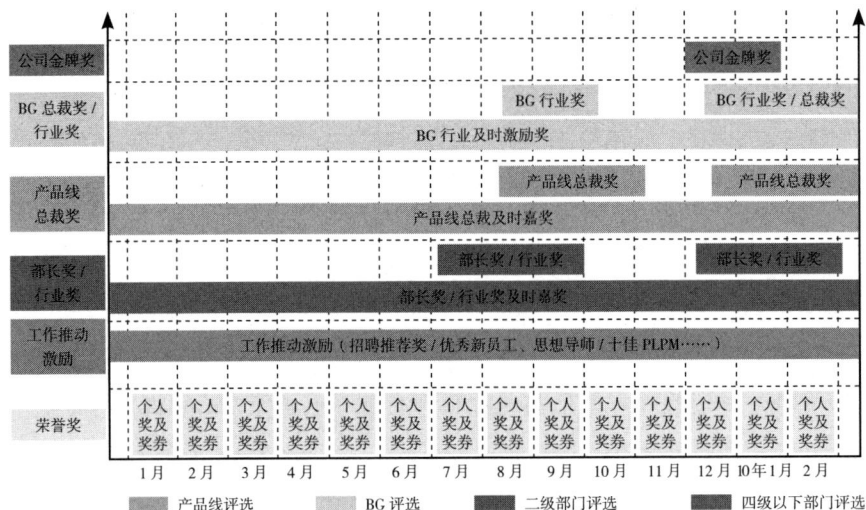

图 8-1　华为员工激励地图

在表彰氛围的营造方面，华为也越来越重视。在华为诸多的颁奖典礼中，2019 年 7 月 26 日在华为深圳总部专门为 5G 极化码（Polar 码）的发现者 Erdal Arikan 教授举办的颁奖礼非常典型。

2019 年 7 月 26 日，华为在深圳总部举行颁奖典礼，向 5G 极化码（Polar 码）的发现者土耳其毕尔肯大学 Erdal Arikan 教授颁发特别奖项，百余名标准与基础研究领域的华为科学家和工程师也获得了表彰。华为邀请了国内外众多媒体一起参加见证。

包括华为公司创始人任正非在内的华为最高管理层集体亮相，一起站立迎接 Erdal Arikan 教授以及为 5G 做出突出贡献的华为科学家和工程师。

华为轮值董事长徐直军在典礼上说："在此，我要感谢李英涛在这次旅程中的出色领导。没有他，我们就不会成为今天的我们。我还要感谢我们的 5G 项目经理童文博士。在过去 10 年里，他在世界各地旅行了数百万公里来完成工作。由于他的工作，我们实现了 5G 的目标：实现技术突破并帮助制定统一的全球标准。请允许我再次向 Arikan 教授、李英涛先生和童文博士表示衷心的感谢，还有 Arikan 教授在学术界的同行、科学家同伴以及所有为 5G 做出贡献的华为专家。"

仪式如此隆重、氛围如此热烈的表彰大会，只是华为众多表彰形式的一种，但是从中能看出，华为对表彰规模和氛围的重视。

表彰，不仅是为了让被表彰员工本人感到光荣，也是为了激发员工的责任感，更是为了让那份荣誉能够让更多员工看到，激发起他们追求卓越的斗志，从而实现任正非所说的英雄 "倍出"，"让遍地英雄下夕烟"。

8.2.2　"给艰苦地区的奋斗者发个纪念章"

除了用表彰将英雄的盘子划大，华为对艰苦地区奋斗者的价值创造给予更多关注，并且设计了相应的表彰方案。

自公司成立到现在，华为在非洲驻守过的奋斗者中有很多当时感染过疟疾，对此，华为创始人任正非表示："在考核干部的过程中，得过疟疾就是受过伤。谁也不会故意去得疟疾。要统计好，要让大家申请，至少要发个纪念章，而且升级时要优先于其他人。"任正非的话表明，华为认同每一位员工为公司做出的贡献，同时也重视每一位员工对公司的辛勤付出。也许，有时公司给他们发个纪念章，就能带给这些员工无穷的力量和动力。

2008 年 5 月 12 日，四川省汶川县发生 8.0 级地震。华为快速组织工作人员奔赴灾区抢修通信设备。当时灾区余震不断，所有去往灾区的华为人都时刻面临着受伤的风险。但作为一家制造通信设备的公司，华为必须在此时赶往灾区，以保证国家营救工作的顺利开展。

到达灾区后，由于物资缺乏，有的员工就靠着一包压缩饼干坚持了24 小时;有的员工因为任务紧急、专业人力缺少，连续工作了 40 多小时,被医生强制休息；有的员工每天接 500 个电话，奔波联络，保证抢修工作顺利进行；有的员工冒坍塌的危险，6 次往返漏水隧道；有的员工劳累虚脱了，也要和客户讨论解决方案……

救灾通信通道抢通后，华为对所有在灾区最前线奋战的员工进行了奖励。任正非亲手在水晶砖上写下"让青春的生命放射光芒"的寄语并署上他的签名作为这次灾区抢修工作的纪念奖章，赠予 127 名一线员工。但是当时条件有限，大部分员工收到的是一块木质的奖章。

7 年之后，华为重铸"2008 汶川地震救灾抢通英雄纪念章"。这枚纪念章由奥地利铸币厂纯手工打造，纪念章的正面表现了汶川地震时山崩地裂、房屋塌陷的灾难现场，背面则体现了华为人保障全球通信网络运行的责任。华为要用奖章换回木牌，以鼓励华为的千军万马不畏艰难上战场。

时隔 7 年收到这枚代表着血汗和荣耀的奖章，许多员工都感慨道："7 年过去了，感谢公司还没有忘记我们！"

任正非多次表示公司要重视奔赴艰苦地区的华为人的付出，他说："华为就是从艰苦中走过来的。我们前面的人给我们爬冰卧雪做了贡献，我们不能说他们文化低就要把他们抛弃了，只要他们坚持努力。我们今天好了，至少要给他们发个纪念章。"

可见，华为始终是将员工的贡献和付出收于眼底、铭记在心的。正是有这样真诚对待员工工作成果的态度，华为才会涌现出越来越多的奋斗者。

8.2.3　把最高荣誉奖颁给有大贡献的人

华为在把英雄的盘子划大的同时，还主张把最高荣誉奖颁给为公司做出巨大贡献的员工。

那些带鼓励性质的奖项，可能有好多个员工获得，但是最高荣誉奖却是不同的，它应被颁给公司在某一时间段内的"尖子"，所以华为限制了获得最高荣誉奖的员工数量，不能"你有我也有"；另外，华为为了凸显最高荣誉奖的与众不同，为最高荣誉奖设置了让其他员工羡慕的奖励。

把最高荣誉奖颁给有大贡献的人，受奖员工会因此充满成就感和自信，深感自己为公司创造的价值得到了关注与认可，同时，也会激励全体员工奋力进取。比如，每年度颁发的金牌奖，就是奖励那些为公司的持续商业成功做出了突出贡献的团队和个人，是华为的最高荣誉奖。

2019 年 3 月 29 日上午，75 岁的华为总裁任正非在深圳坂田基地 A3 湖畔会见了 36 名获得 2018 金牌员工及团队奖的代表。任正非身着蓝衣亮相，和员工进行了亲切的交谈。见到老板，这些员工都非常高兴。

在金牌员工代表中，有主导华为 MateX 折叠屏手机工业设计的工程师，也有场景交付专家、行业拓展专家、生活馆设计师等。在刚过去的巴展中，华为折叠屏手机 MateX 惊艳了世界，背后的工程师功不可没。由于任正非是军人出身，大家合影时的口号很特别，那就是"全营一杆枪，攻上'上甘岭'"。

华为始终坚持"以奋斗者为本"，金牌奖是华为授予员工的最高荣誉。获得金牌奖的员工不仅可以有机会见到华为创始人任正非，还能和他合影，而且获奖事迹会载入公司电子荣誉殿堂，真是羡煞其他员工。获得这个荣誉，用华为员工的话说就像走上了人生巅峰，值得骄傲一辈子。

这些优秀员工来自华为业务板块的各个区域，是每年各区域中最具突破性的个人。他们不仅在其他员工的注目下接受这份荣光，还能有幸和公司创始人任正非一起见面交谈。这样的礼遇，是属于这些优秀员工的"独家记忆"，也必定是他们选择在华为坚守的重要理由之一。

8.3　在欣赏和宽容中不断成长

华为要求方向要大致对准主航道。科学研究，没有浪费就不可能成功。对未来的探索，要宽容，要宽容创新、宽容失败。在招聘科学家时，任正非甚至认为可以招聘失败过的人，他认为失败过才知道如何避免失败。在失败中学习，也是一种能力提升的方式。

8.3.1　欣赏优点，包容差异性

人有被尊重和实现自我价值的需求，即追求被社会认同，被人理解、尊重和信任就是一种被认同。作为员工，看重的不只是薪酬待遇，更看重企业对他的定位，以及给予的信任。信任是建立在欣赏和包容的基础上的，因此，华为提出各层级管理者要学会欣赏员工的优点，还应适当包容员工间的差异性，这样双方才能逐步建立起信任。

当年楚汉相争，项羽武功盖世，在势力上占到了绝对上风，可最终为什么是才能并不出众的刘邦取得了天下？

关键是刘邦不仅能够看到别人的优点，还能容人所短。刘邦曾自评："夫运筹策帷帐之中，决胜于千里之外，吾不如子房。镇国家，抚百姓，给馈饷，不绝粮道，吾不如萧何。连百万之军，战必胜，攻必取，吾不如韩信。"陈平虽然有"昧金"的不好名声，但是刘邦却非常欣赏他，大胆重用。陈平曾对刘邦说，他虽然前后在魏王、项羽和刘邦手下效力，但是他在前两个人那里得不到他们的信任，没法施展自己的才华，而在刘邦这里可以一展才学。

反观项羽，只有一个范增，还不用。范增多次向他推荐韩信，但是项羽始终表现得不屑。因为项羽气量狭隘，不能够容人，所以韩信、陈平都转投到了刘邦麾下，助他成功夺得天下，而项羽却落得乌江自刎的地步。

刘邦就是因为能充分看到下属的优点，包容他们的差异性，给予他们最大的信任，最终才击败项羽，建立汉室王朝。在华为，任正非多次表示："我们不想培养和尚、牧师，我们是一支商业部队。华为要信任下

属，要容得下各种不同的人。"

余承东 1993 年加入华为，在管理消费者业务之后，行事高调，屡有惊人之语，被外界称为"余大嘴"。在华为这种一贯以低调著称的公司里，他受到诸多异议。但是任正非一直鼎力支持余承东，因为他了解余承东的内在潜力和对华为发展的意义，因此对他始终予以信任。余承东最终促成了华为终端业务的大规模发展。如果任正非当时没有对余承东全力支持与包容，华为手机业务估计也很难走到今天的高度。因此，华为要求管理层要学会欣赏员工的优点，包容员工的差异性，以包容之心激励员工共同为公司的发展奋斗。

8.3.2　宽容，是走向成功之道

对于宽容，任正非认为："宽容是领导者的成功之道。"作为管理者，需要经常与下属打交道，随时关注下属及他们的工作表现。当发现下属在工作过程中出现错误时，需要及时指导或提供资源支持，协助他们解决。在这个过程中，管理者必须自始至终抱有宽容之心。

【任正非观点】学会宽容，才能走得更远、更扎实

为什么要对各级干部说宽容？人与人的差异是客观存在的，所谓宽容，本质就是容忍人与人之间的差异。不同性格、不同特长、不同偏好的人能凝聚在组织目标和愿景的旗帜下，靠的就是管理者的宽容。

宽容是一种坚强，而不是软弱。宽容所体现出来的退让是有目的、有计划的，主动权掌握在自己的手中。无奈和迫不得已不能算宽容。

我们的各级干部要真正领悟妥协的艺术，学会宽容，保持开放的心态，就会真正达到灰度的境界，就能够在正确的道路上走得更远，走得更扎实。

对员工宽容，是因为宽容能促成团结，使得多数员工自愿跟随管理者一起向前走。如果管理者只会批评和惩罚员工，员工会感觉自己在企业中的生存空间受到挤压，很有可能再也没有心思专注于工作、投入为客户创造价值中去。

2008年的时候，杨超斌去了华为的D研究所。当时，研究所的一些中方主管向杨超斌请求撤换一名本地主管B，他们的理由包括：B与周边合作不好，经常会因为业务分工等问题和国内对应的部门吵起来；B的牢骚很多，脾气也比较暴躁。

对此，杨超斌决定先调查一番。在调查中，他发现D研究所本地的其他团队对于B的合作性是认可的，只是B在与国内的对应部门合作时，确实有不妥之处。而B的脾气除了对周边合作有一些影响，并没有影响主要工作。另外，虽然B与国内的部门吵架比较多，但B的团队中每一个成员都对他很佩服，从技术水平、管理能力，到处理问题的水平，B都获得了一致认可。

在杨超斌看来，B从事的工作主要要求他能带领团队专注于无线的关键技术研究，与国内需要配合的部分其实并不多，再加上他带领的团队绩效远高于其他地方的团队，因此，他尽管性格上有瑕疵，与他人的合作方式也不太恰当，杨超斌还是选择让D研究所继续留用B。没过多久，B团队的一个项目取得了重大突破，包括B在内的团队成员都获得了公司重大专利奖。

杨超斌对下属员工抱以宽容之心，他的下属才会坚定地和他一起奋斗，最后取得成功。有人请教松下幸之助企业成功之道，松下说："以温柔、宽厚之心待人，让彼此都能开朗愉快地工作，才是最重要的吧。"

作为一个管理者，只有以宽容之心待下，才能留住人才，成就事业。但是，宽容不是没有原则的迁就，也不是软弱和无底线的退让。

8.3.3　在不断试错中成长为英雄

任正非强调："人生破局的第一步，从反复试错开始。"每一次试错就是一次探索，员工勇于试错就能够不断积累经验，找到破解困局的合适方法，从而提升自己的能力，实现成长。

篮球巨星姚明曾在一次演讲中说过，他在美国职业篮球联盟打球期间，总共出手了 6408 次，投进了 3362 个球，投失了 3046 次，另外还有 1304 次失误。如果没有这 4300 多次的错误，他也不可能有今天的成就。可见，人就是在不断试错中成长起来的。华为也有不少类似的例子。

2001 年，华为拿出新一代综合交换机 iNET 时，中国电信客户劈头盖脸地指出"华为根本不懂新一代电信网络！"从此，华为的产品不允许入网，C&C08 机的成功带来的巨大辉煌不复存在。

2000 年，受当时互联网和 IP 业务的影响，下一代电信网络的发展有两种演进策略：ATM（基于电信的实时高可靠性传输技术）和 IP（基于互联网的简单传输技术）。

产品研发团队在 C&C08 机 128 模块的成功和惯性思维的影响下，坚持认为前一个策略才是客户真正需要的，而后者只是 IT 厂商的玩具。在整个开发过程中，也没有及时听取客户的需求，还不断批判软交换的演进方案，甚至在与客户交流时也是如此，导致客户彻底失望。

由于偏离客户需求、盲目自信，产品不被客户接受，两年的巨额投入打了水漂，研发团队面临被解散的局面。那时，姚戈宇刚进公司五个月，怎么也没想到，自己参与的第一个产品就要被终止，他非常沮丧。就在整个研发团队彷徨和绝望时，公司重新调整战略方向：选择 IP 技术，重做平台。研发团队从解散的边缘重新组建，成立了新的软交换平台团队。

"要想正名，唯有胜利。"一切都要从头开始，团队成员们全力投入，项目经理承担了最复杂、最具挑战性的开发模块，既要主导平台和产品的联调，还要四处奔忙，哪里有问题，就扑到哪里，姚弋宇也就成为了一名 OS（操作系统）问题专家。2003 年，软交换平台渐渐成形，在关键技术和性能竞争力上，大幅超越了友商，最终得到了中国电信的认可。

华为高层并没有因为研发 C&C08 机团队的一次失败就否定他们，反而及时调整策略，让他们再接再厉，研发出了符合客户需求的产品，最终重新赢得了客户的信任和认可。

无论是企业还是个人，都是在试错中不断成长起来的。如果过于爱惜自己的"羽毛"，不允许自己犯错，就很难取得开创性的成就。

8.4　用好负向激励，激发员工斗志

负向激励也被称为反向激励，是指对待员工采取惩罚的手段，提示员工避免再次犯错的激励方式。华为除了正向激励，还擅长采取负向激励方式，通过负向激励唤起员工的进取心，激发员工的奋斗意识，继续坚持艰苦奋斗。

8.4.1　用自我批判激发员工改进

2000 年，华为召开了一次规模庞大的自我批判大会，会议的主题是：从泥坑里爬出来的人才是圣人。大会地点在深圳体育场，可以容纳6000 多人。当天体育场内座无虚席，任正非等高层干部给华为的研发骨干发奖品，奖品是什么？就是开发时浪费了的各类物料，还有产品出现问题后工作人员乘飞机去维修的机票。任正非要求中研开发人员，产品开发首先要考虑用户需求，不能与市场脱节，不能重功能创新、轻性能稳定，不能不愿搞老产品的维护、优化，不能文过饰非、逃避问题、骄傲自大。

在这次大会上被"奖励"机票的中研某部骨干黄健，讲述了他的1997 — 1998年"五次大连之行"。他第一次去大连是因为整个系统设计中对性能问题没有仔细考虑，于是他们过去测试局方 VAX 主机上的性能，结论是他们原来的方案必须彻底推翻。

过了几个月，黄健他们再次为新的小型机安装新的系统，于是第二次飞赴大连，一直待到开通，一共在大连待了一个多月。刚回公司不久，大连那边反映质检总是录不上音，而且质检数据也未能记录下来，于是他第三次飞往大连。第四次是因为一个小功能不行，第五次是因为局方认为黄健他们的维护方案不可靠，资料不全面，所以一定要验证。隔壁办公室的小姐见他又来了，惊奇地瞪大眼睛："怎么你们又来了？干脆长驻我们这儿得了。"就是因为一些小问题，黄健他们飞往大连五次，来回飞机票就是几十张。

黄健说，正是由于我们开发人员工作的不规范，才导致产品屡出问题。我们的客户在公司创业初期给了我们很多理解和宽容，对我们不稳定的产品、不规范的行为给予了包容。但如果我们自己缺乏一种自我批判的精神，凡事要等到客户向我们指出问题在哪里，那么华为就无法在竞争如此激烈的通信行业立足。研发人员只有具备自我批判精神，才能不断把产品做得更稳定、更可靠，才能向客户提供满意的产品。

任正非认为，在产品开发中，谁能把华为打败？不是别人，正是华为自己。如果华为不能根据市场需求的变化适时调整自己，缺乏市场竞争意识和危机感；如果华为只喜欢创新产品，却不愿做老产品的维护、优化，缺乏踏踏实实的实干精神，华为就会把自己打败。只有时刻保持危机意识，在内部形成主动自我批判的精神、适应未来的组织与动力，才能永立潮头，永不言败。

8.4.2　用"最差奖大会"强化质量意识

华为一直以来都是一个善于总结失败经验的公司，并且用失败提醒自己不能在同一个地方栽跟头。任正非强调华为人必须撕破遮挡"面子"的面纱，让员工在批评与自我批评中进步，把危机的苗头扼杀于萌芽状态。

2010 年 7 月 3 日，华为网络产品线质量大会在深圳市民中心举行。在这次会议上，华为从始至终都在强调："随着公司平台化战略的实施以及业务高速增长，每年的出货量越来越大，归一化程度越来越高，我们大规模召回的风险也在与日俱增。华为如果不能战战兢兢、如履薄冰、如临深渊，以自我批判的精神，正视我们自身的问题，持续改进产品质量，真正把质量优先做扎实，把客户满意放在心里，我们就有可能倒在高速发展的路上。"

为了提醒华为人真正关注过去犯过的错误，华为把"负向激励"设为会上的一个重要环节，震动了全场数千名网络产品线员工。网络产品线相关团队和个人陆续上台，从当时的网络产品线总裁查钧手中接过一个个"奖项"："埋雷奖""最差 CBB 奖""架构紧耦合奖"……这些"奖项"都是基于过去几年华为研发人员给客户和公司造成的损失来评定的。在全场的嘘声中，相关人员面红耳赤地领取了这些沉甸甸的"奖项"，作为自己职业生涯永远的一个提醒。

在任正非看来，如果敢于扯掉掩盖产品与管理问题的面纱，那么华为就不会出现那么多不合格的产品。华为通过举行"最差奖大会"，让"获奖"的员工在所有员工面前上台领奖，就是为了激发员工内在的改进动力，奋发进取，更好地完成工作任务。不过，实施这种负向激励的前提是要做到一视同仁，管理者也不能例外。

8.4.3　负向激励对管理者也同样适用

著名的激励大师约翰·库缇斯曾说过："想要让员工按照你的意思来做事，要比你自己去做一些你不愿意做的事还要难。"由此可见，企业管理者只是发出强硬的要求是起不到好的激励作用的。

管理学认为激励的最高境界是"自我激励"，也就是自己激励自己。只有员工从心底里对自己进行奖惩，才能真正承担起自己应该承担的责任，而不是把责任推诿到其他人身上。

2013 年 1 月 14 日，华为召开了 2012 年度市场大会，对取得优秀经营成果的小国办事处进行了非常隆重的表彰，总共有 23 个小国办事处获得了奖项和高额奖金。在此次表彰会上，还有一个特殊的奖项——"从零起飞奖"。

众所周知，华为实行的是员工持股计划，即便在工作上没有取得令人满意的成果，员工依然能在年末拿到不少的分红，而且是远高于他们的工资的，尤其是公司管理层员工。不过就在这次表彰大会上，有一些团队的负责人因为绩效目标没有达成，根据年初管理层"不达底线目标，团队负责人零奖金"的承诺，徐文伟、万飚、陈军、张平安以及余承东五位高管践行承诺，没有拿一分钱年终奖，获得了公司的"从零起飞奖"。

其实，华为 2012 年年终利润达 154 亿元，年度奖金总额比 2011 年提升了 38%，华为终端取得了巨大的进步，公司各 BG 也在重大项目上屡屡突破，但在这种好的形势下，这些领导们自愿放弃奖金，体现了他们勇于担当的品质。由于一年的全部奖金都被取消了，这意味着来年想要领取奖金，就必须艰苦奋斗，达成公司的战略目标。授予他们这个奖，他们作为火车头将更好地率引团队前进。

任正非在为他们颁发"从零起飞奖"后发表讲话，他说："我很兴奋给他们颁发了'从零起飞奖'，因为他们五个人都是在做出重大贡献后自愿放弃年终奖的，他们的这种行为就是英雄行为。他们的英雄行为和我们刚才获奖的那些人，再加上公司全体员工的努力，我们除了胜利还有什么路可走？"

余承东等管理者通过领取"从零起飞奖"来进行自我激励，激发自己对工作的热情，为公司树立了标杆，牵引公司所有员工积极工作。

负向激励的本质是通过动摇员工的基本利益，唤醒员工的进取心。为了能保证自己的利益不受损害，受到负向激励的员工必定会尽最大努力完成自己的业务目标，从而保证企业的利益不受损害。

8.5　组织对干部和员工要有人文关怀

对于企业管理者来说，人文关怀的起点应当是"心"，用自己的"心"去感受、理解、宽慰员工的"心"，而不要总是指望着用物质解决一切问题。关怀需要从对方的心理感受出发，真正去体会员工需要什么、渴望什么。因此，华为在对干部和员工的人文关怀上特别用心。

8.5.1　真诚而不打折扣的沟通

沟通不单单是用嘴巴去问、去说，还应当进行换位思考、用心思考，再做出合适的反应。人与人之间的沟通是双向的，作为管理者，他们是否从"心"出发和员工进行沟通交流，员工是能感受到的。

尽管物质激励非常重要，但不可否认的是，员工总是有着物质以外的其他需求。这也正好解释了为什么有些员工在薪酬待遇不低的情况下，仍然对工作热情度不高，甚至选择离开企业。他们的理由可能是"想找到更能发挥能动性的工作""世界那么大，我想去看看""跟主管合不来"等非物质因素。华为员工陈昊（化名）在无线 TDD 营销支持部担任部门主管将近三年，他指出，用心激励员工有助于提升组织绩效，而且还能提升管理效率。在此之前，陈昊从来都没有在管理中明确要做非物质激励，只是在心中念着：只要兄弟们跟着我，哪怕工作强度很大，除了正常的工资、奖金和股票，也许自己还能为他们创造一些相关的附加价值，比如在完成高强度工作的过程中，让他们的内心仍然是很快乐的。

在华为经理人反馈计划中，黄万兵（化名）的下属员工对"你觉得自己直线主管的人员管理水平如何"这一项给予"非常满意"回答的比例在两年间从58%上升到100%。黄万兵到底做了什么呢？

举例来说，在黄万兵主管的部门，不管谁新加入、谁调动，欢迎会和调动送别会都是必不可少的，尤其是送别会，不管是谁都必须有。一方面是因为部门员工之间关系都很好，不舍得员工走；另一方面也是对调动员工曾在部门中所做出的贡献有所表示，这不仅能让调动员工感觉到自己在该部门度过的时光是值得的，也让留在部门的其他员工感觉到自己正在做值得做的工作。

情感的沟通、关怀，可以是碎片化的，分布在员工工作和生活的各个方面，甚至有时候只有三言两语。这些真正发自"心"的细微言行举动，能给员工带来很好的心理感受。

因此，华为在内部多次强调各级主管要和员工保持真诚而不打折扣的沟通，让员工知道公司是一直关注他们的，让他们了解只要有困难、压力，都可以和主管进行沟通，这样员工就能全身心投入工作中，积极为公司创造价值。

8.5.2　协助下属解决各种难题

在与员工进行沟通时，主管要了解员工的工作情况和思想动向。如果他们遇到难题，主管要想办法帮助员工解决问题。因为主管比员工拥有更大的话语权，掌握着更多的资源。员工在工作中遇到的一些困难，可能自己一个人解决不了，但主管的知识更广且经验多，协调资源的力度也更大，因此主管除了给员工安排工作，还应该有协助的义务，这样，员工才能更心情舒畅地开展工作。

在华为担任固网首席测试架构师的张波，在谈到如何做新时代的领导者时，将领导者的新工作做了界定。在他看来，领导者的第一项新工作是"设计"团队，基于自己的观察和经验，将自己所管辖的团队当作一个系统进行设计，争取为每个人创造发展和成长的机会；第二项新工作是当老师，一方面为团队营造学习氛围、指明学习方向，另一方面在大家遇到难题前来询问时，帮助大家看到问题背后的系统结构和心智模式；第三项新工作则是当受托人，领导者要树立"我属于团队"的意识，不要光想着做"英雄"而从没打算当"仆人"，领导者职级再高，终究还是要服务于团队的。

基于张波的概述，可以系统地总结出主管应该如何为下属解决难题：一是打造一个帮助解决难题的环境；二是采用正确有效的方式方法；三是摆正心态。

相关数据显示，员工遇到的难题大致集中在两个方面：第一是员工不知道怎么应对工作调动和职位变化；第二是员工面临的压力过大，出现了一些心理障碍。

在员工遇到工作调动时，管理者首先应该向员工说明企业为了持续发展，组织结构发生变化实属正常，由此带来的员工岗位变化、业务变化等，自然也是正常的。除此之外，根据员工能力变化进行职位调整，也是公司提升其价值、创造更高效率的需要。接着，管理者应结合员工的个人情况及其所面临的情况，协助员工梳理他接下来可能碰到的问题，比如调整适应与新同事的相处模式等，不要让员工处于一种"不知道为了什么而烦恼"的状态。最后，管理者应当帮助员工解决好定位问题，重新明确自己的工作定位、职责等，鼓励员工努力调整心态，积极迎接新的挑战。

当员工在工作中出现压力过大的问题时，管理者应该主动关怀员工，引导员工改变观念，"我的生活我做主"，让他们积极参加企业组织的健康文体活动，如"变压力为活力"团队活动（具体流程见图 8-2），指导员工认识压力，应用压力测试工具进行自我觉察，正确应对压力。

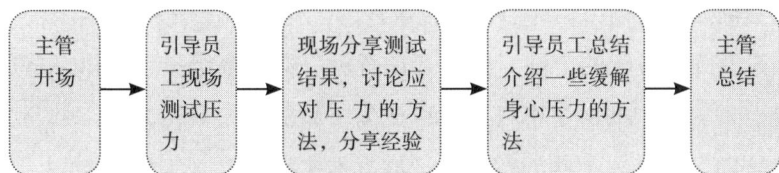

```
┌──────┐   ┌──────┐   ┌──────────┐   ┌──────────┐   ┌──────┐
│ 主管 │ → │引导员 │ → │现场分享测试│ → │引导员工总结│ → │ 主管 │
│ 开场 │   │工现场 │   │结果，讨论应│   │介绍一些缓解│   │ 总结 │
│      │   │测试压 │   │对压力的方 │   │身心压力的方│   │      │
│      │   │力    │   │法，分享经验│   │法        │   │      │
└──────┘   └──────┘   └──────────┘   └──────────┘   └──────┘
```

图 8-2　"变压力为活力"团队活动流程

通过开展减压活动，引导员工总结一些缓解身心压力的方法，可以让员工正视遇到的问题，逐步减轻思想包袱。这时，管理者只要在旁边对他的工作方向稍加指导，员工就能快速摆脱心理压力，轻装上阵了。

8.5.3　尊重知识，尊重个性

"人文关怀"必然还涉及一个重要内容，那就是"尊重"。管理者应尊重员工的知识和个性，认可员工的知识贡献，有针对性地为员工提供职业发展通道，充分尊重员工基于自己的知识、技能所提出的一些意愿和想法。

肖娟（化名）在华为 TDD 营销支持部工作，如员工有意愿调整自己的工作内容，比如换小组、申请去其他部门、申请去海外等，她都会同意，当员工有职位提升机会的时候，她更是会帮助他们积极争取。

在一次内部采访中，她满是欣喜地告诉采访人员："我很高兴去年我们部门走出了一位测试部部长和一位营销支持部部长，今年我们的一位骨干又顺利担任了 PDT 经理,这是他们丰富知识和技能积累的有力证明。"

尽管当自己部门的优秀员工输出后的短暂时间内，部门工作很可能碰到一些困难，但诸如肖娟这样的部门主管有着更长远的目光，他们充分尊重员工的才能和意愿，全力支持部门优秀人才输出，同时也为部门的其他员工树立了榜样，让他们更加努力地提升自我。长久来看，一个持续有优秀人才输出的部门，其阶段性的工作成绩往往不会差。

为了尊重员工的个性，部门管理者可以尝试多给员工提供一些创新的机会，这些创新机会本身还可以成为一种激励。具体来说，部门主管可以鼓励员工想出一些创新的点子或方向来完成常规工作。比如，肖娟曾经支持员工从 2012 年起每年制作"世界和 TDD 一起回顾"的视频，还鼓励员工对在峰会上发言的 PPT 尝试新的风格等。一方面，挑战与创新的工作过程本身就能给员工灌注更多乐趣，激发他们的工作激情；另一方面，当员工的创新"点子"尝试成功后，员工自己会收获更多成就感，这些成就感会转化为其新一轮工作的动力。

8.6　开展各类活动，丰富组织生活

华为通过开展各种各样的活动，丰富组织生活，提升组织成员之间的信任，加强他们对于组织的归属感，从而提高公司的凝聚力和向心力，以应对残酷的市场竞争。

8.6.1　组织家属随行，感受亲情文化

很多人在提到华为时，第一时间想到的就是华为给员工的优厚物质

福利，但实际上，华为也非常重视给员工，尤其是海外员工提供物质福利以外的精神福利。

国内管理专家段俊平曾说过："什么叫作福利？让员工感到幸福，并且从中获利，才是真正的福利。"对于在艰苦地区坚守的奋斗者来说，坚守是为了给家庭带来更大的幸福，如果公司能为坚守在一线奋斗的员工以及家属提供一定的精神福利，温暖员工的心，势必让奋斗者更加坚定信心，为自己、为公司创造更好的未来。

在刚加入华为四个月后，李晓（化名）便被公司外派到非洲，当时她的女儿才刚满三岁，她的丈夫铁先生的饭店事业也风头正劲，但在李晓接到外派通知时，铁先生为了一家人能够相互陪伴，毅然卖掉了自己的车子、房子和店铺，加入了华为的家属大军。

起初刚到埃及的时候，李晓一家都还不是很适应当地的生活，而李晓又恰逢全预算，上班第一天就遭遇了一场 72 小时不眠不休的加班，由于劳累和沙尘暴的双重重压，李晓的肺部发生了感染。铁先生得知后，第一时间去往十公里外的超市，做了雪梨川贝汤缓解李晓的咳嗽，霎那间李晓觉得自己很幸福。

与李晓一家相同，有不少华为员工都带了家属过来，一个个家庭聚在一起成了一个"大家庭"，营造出了热闹温馨的氛围。在"大家庭"中，铁先生还担任了重要角色，由于他厨艺精湛，每周李晓家都有盛大的聚会，由铁先生掌勺，以解诸多华为奋斗者的思乡之情。

可见，华为实行家属随行的福利政策，可谓一举多得：不仅顺应了人情，让常驻海外的员工能够继续亲自照顾家庭，还能让他们更加专注于自己的工作，为自己和家人创造更美好的未来。出于对公司体贴关照政策的感激，他们可能更加卖力工作，为公司的商业成功做出更多、更大的贡献。

8.6.2　开展有意义的纪念活动

除了家属，员工往往还有其他各种形式的精神寄托，如爱情、友情、文化生活、运动等。尽管企业很难在有限的时间内，一下子满足员工的各类需求，但仍可以定期地、有针对性地满足一部分有共同需求的员工的愿望。

精神方面的需求，多半与员工工作之余的生活有关，通过组织员工开展与此有关的有意义的活动，企业实际上把精神激励延伸到了工作之外，在员工的休息时间，点燃他们的激情，让他们感受到企业对他们的重视与关怀。

2019年9月28日晚上，在距离中国七千公里外的沙特，大红灯笼高高悬挂，五星红旗迎风飘扬。"谁是最可爱的人·2019沙特华为庆国庆暨英雄事迹报告会"隆重举行。会上，在沙特的华为员工、员工家属、厨师等纷纷上台，诉说着自己和身边一个个真实而平凡的故事。

活动当天是华为员工陆轩（化名）和他的妻子爱玲十周年结婚纪念日，沙特代表处特意在活动现场给他们安排了一次非常有意义的纪念日活动——视频连线，互诉衷肠！

"当你白发苍苍耄耋之年时，回想起走过那么多国家，为祖国的通信事业甚至全世界的通信事业，贡献过自己的一份力量，这将是多么了不起的一件事情！"这就是陆轩的妻子爱的表白。现场的陆轩看着视频里持家又贤惠的妻子，幸福地笑了。

这样一个简单的活动安排，既给陆轩带来了心灵上的慰藉，也让他知道公司是一直关注每个员工的工作和生活的，从而让他对公司的归属感得到提升，更加激发了他为公司奋斗的热情。

华为通过对员工的观察，了解他们真正的需求，然后力所能及地为他们创造机会，提供帮助。

华为的独联体片区职业道德遵从办公室，为了丰富员工在海外的业余文化生活，陶冶他们的生活情操，决定发起图书捐赠活动，在莫斯科筹建员工图书馆，并且制定了图书借阅管理制度，借助员工家属的力量来管理图书。

华为希望能够通过这样的方式，让员工手中的图书资源可以尽可能地共享，让员工在阅读的过程中收获帮助。

员工在每天结束工作后，最希望的就是能够摆脱工作带来的单调感。对于这一点，企业应当予以帮助，而不是不闻不问，甚至遏制。

在尼日尔工作过的华为员工回忆起在海外工作的那段经历时，除了工作的艰辛与成果，聊的多是大家如何共度佳节、如何在紧张的交付之后共同调节、如何丰富周末的生活。除了工作，他们在华为的回忆还有一次次热闹欢腾的聚餐、一场场酣畅淋漓的球赛。这些美好的回忆支撑着他们长期坚守在被华为列为"六类艰苦地区"的地方。

8.6.3　从艰苦的环境中找到快乐

尽管华为将克服工作环境中的艰苦视为奋斗者的一项重要品质，而且不少奋斗者由于工作任务紧迫，无暇顾及寻找快乐，但是很多团队管理者仍然会创造机会让他们适当放松紧绷的神经，补充活力，以激励他们继续艰苦奋斗，为公司创造贡献。

委内瑞拉是一个美得让人心醉的国家，同时也是一个治安与经济环境堪忧的国家。但是在这里依然能看到华为人不顾自身安危，驻守在这里艰苦奋斗，华为驻委内瑞拉代表处财经团队就是其中的一个团队。

2014年，虽然委内瑞拉代表处发生过恶性绑架事件、委代CFO李琰经历过被歹徒盯梢的"惊险半小时"，资金经理李敏遇到过催泪瓦斯爆炸等各种危险，但是他们没有被吓退，依旧坚持艰苦奋斗，为代表处的经营做出自己的贡献。

驻委内瑞拉代表处财经团队的管理者为了缓解大家的压力，给大家的工作生活带来些许轻松和快乐，在CFO李琰的带领下，定期会组织所有员工聚餐出游，让大家放松畅聊，互相鼓励支持；为每个员工过生日、互送礼物……工作生活中的艰难困苦，不但没有击垮团队，反而使得团队更加团结，在逆境中坚持奋斗。

年末，委内瑞拉代表处财经团队在委内代表处捧得"2014年全球优秀经营代表处三等奖"时，获得"委内代表处最佳支撑团队奖"。

环境越是艰苦，企业越是要对坚守的员工进行更多的关怀与慰问。如果只知道让员工付出，那么员工很有可能就在孤独的付出中流失掉。华为没有把员工在艰苦环境下的坚持当成理所当然，而是尽可能地为他们创造获取精神慰藉的机会。

第 9 章
用机会牵引和激活人才

任正非认为，机会、人才、技术和产品是公司成长的主要牵引力，而且这四种力量之间存在着相互作用：机会牵引人才，人才牵引技术，技术牵引产品，产品牵引更多机会。加大这四种力量的牵引力度，促进它们之间的良性循环，就会加快公司的成长。因此，华为坚持运用机会牵引和激活人才，以发挥最佳效应，提高企业战斗力。

9.1　给机会、给通道，牵引人才发展

未来市场的竞争比拼的就是人才，华为将人才培养提到战略高度，通过采取三优先三鼓励政策、炸开金字塔塔尖等措施，为人才提供机会，提升公司对人才的吸引力。

9.1.1　机会牵引人才，让人才脱颖而出

任正非说："世界上最不值钱的就是金子，最值钱的是未来和机会。"于是，华为便把发展机会作为公司可分配的首要价值资源：一方面通过持续开创新事业，竭尽所能为员工创造成长、发展的机会；另一方面通过公平竞争机制，对公司的机会资源进行合理分配，为人才的成长创造良好的环境和条件，牵引人才自主、自发地为公司创造价值。

机会是对优秀人才的最大激励，要将公司的每一次技术进步、每一项管理改进、每一个空缺岗位配备，都视为给予优秀人才持续激励与发展的最好机会。用机会牵引人才，最重要的一点是要让人才看到机会、

看到自己在公司的发展前景。

华为某代表处人力资源部曾经与工程部几名递交了辞职申请的员工进行了深入的交流,发现"对个人发展前景不乐观"在辞职原因中占比最大。

针对这样的现象,该华为代表处人力资源部老蒋(化名)认为:"在很多人眼中,提高薪酬待遇是企业吸引和留住优秀人员最常用、最好用的方式,但不少人也忽视了,有时候薪酬待遇恰恰会变成最不堪一击的手段,因为那是员工所追求的较低层次的需求。"

当公司为员工设计好职业生涯规划,哪怕提供给员工的薪酬待遇不是最好的,这些员工的精神面貌也是很多高薪企业无法比拟的。因为员工在这里看到了自己的发展前景,便很乐意为它服务。

于是老蒋和他的团队开始在代表处工程部推行员工职业规划和梯队建设,出台了一系列政策。

第一是培育第二梯队,用梯队建设促进团队活力。随着该代表处技术队伍的发展壮大,涌现出了一批各类产品的技术专家,并且已经能够独立挑起网上维护与技术支持的重担了。人力资源部决定加强第二梯队建设,从而促进技术专家与技术管理人才进一步成长。基于这一理念,人力资源部还提出了代表处工程部第二梯队建设的"1135工程":成熟一个区域经理,培养一个区域经理,培养三个产品经理,成熟五个技术专家,并且具体到人。

第二是建立内部岗位调度制度,为优秀员工内部流动创造条件,为员工提供职业发展通道。对于任职资格达标、在现岗位业绩显著且希望调动岗位的员工,公司在拥有职位空缺的前提下,将为其提供内部岗位调动机会。这一举措无疑有助于员工拓宽自己的职业发展道路。

第三是建立主管与员工的职业生涯规划沟通制度。在这一制度下,主管每年会与员工就个人在公司内部的职业发展进行双向交流。

第四是推行任职资格认证。这一举措的目的在于鼓励员工"干一行,爱一行"，在个人所从事的领域成为专家。公司提供同一职位的不同专业水平阶梯，并且辅之以薪酬政策，员工除了晋升至管理岗位，还能选择在专业技术领域深入发展。

第五，对于行政后勤服务员工，该代表处同样考虑通过岗位技能等级评定的方式来帮助员工实现职业发展规划。

运用职业发展规划和梯队建设，可以引导员工看到机会，看到自己未来的发展前景，从而充分激发他们的潜力，激发他们对工作的热情，持续地为公司创造价值。

9.1.2　三优先三鼓励政策

随着公司的不断发展壮大、市场的不断拓展，华为每年都会出现一个比较大的管理人才缺口。为了保证最优秀的人才在最需要的岗位上，华为提出了三优先三鼓励政策，激发员工的工作斗志，鼓励员工持续奋斗。这一政策是华为人力资源改革中比较重要的一项内容。

在华为，三优先三鼓励政策又被称为双三政策。

1. 三优先

三优先的内容如下：

优先从成功的团队中选拔干部。出成绩的团队，要出干部。连续不能实现管理目标的直接主管要免职，有过免职的部门，副职不能升正职。

优先选拔责任结果好、在一线及海外艰苦地区工作的员工，进入干部后备队，给予重点培养。华为大学的第一期培训班就是在尼日利亚开办的。

优先选拔责任结果好、有自我批判精神、有领导风范的干部去担任各级一把手。

2. 三鼓励

三鼓励的内容如下：

鼓励机关干部到一线作战部门，尤其是海外一线和海外艰苦地区工作。奖励向一线作战队伍倾斜，向海外艰苦地区大幅倾斜。在华为，所有干部都要填写自愿申请到海外艰苦地区工作的申请表，否则再优秀的人才都不会被列入干部队伍。

鼓励专家型人才进入技术、业务专家的职业发展通道。

鼓励干部向国际化、职业化转变。

可见，在三优先三鼓励政策中，去海外艰苦地区工作占了很大部分。2016 年，华为向海外派遣了 2000 名研发人员，华为提出这些原来坐在金字塔里的高级专家要"背上自己制造的降落伞"，空降到战火纷飞的战场，更贴近客户，这样才能真正理解客户需求，成为客户的战略伙伴。

【任正非观点】别让"花前月下"的人把官职夺走

不去艰苦的地方工作，将来不能提拔你。否则海外的员工艰苦奋斗回来，都让在"花前月下"的高素质干部把官职夺走了，这样的价值评价体系不行。

在华为，技术专家如果在研发上做出了优秀成绩或在管理团队中有出色的管理成绩，都能优先成为干部。而且，华为给员工的晋升通道是以其贡献的大小和任职能力为依据的，并且考虑他们吃苦耐劳的能力，不受学历和工作年限的限制。

华为提出的"三优先三鼓励"政策有效地解决了公司内部管理问题，同时让员工看到了未来职业发展的前景，使得他们的工作热情得到很大提高。

9.1.3　炸开金字塔塔尖，让人才倍出

随着数字化时代的到来，传统的人才金字塔结构逐渐暴露出其缺点：封闭式结构不利于与外界交流，再加上塔尖很小，能够容纳的人才数量有限，难以为企业带来更多先进的思想和技术。

华为的策略是炸开金字塔塔尖，打开边界，构建开放型人才金字塔（见图 9-1），吸引全球优秀人才来华为，共同创造美好未来。

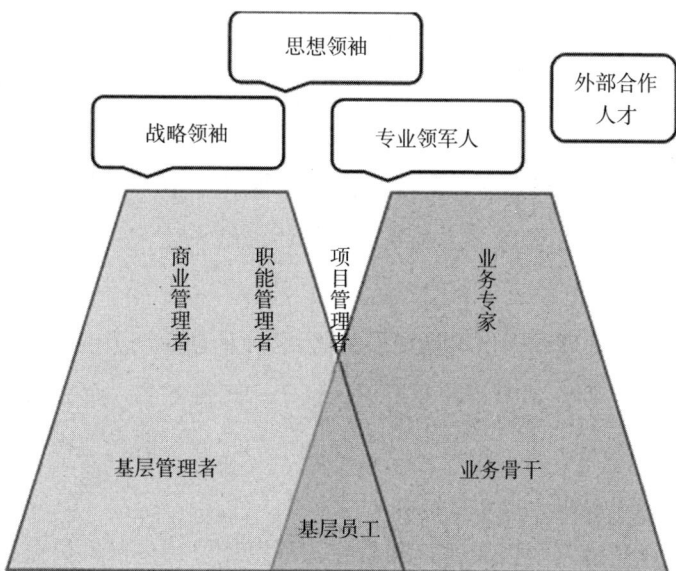

思想领袖

战略领袖　专业领军人　外部合作人才

商业管理者　职能管理者　项目管理者　业务专家

基层管理者　基层员工　业务骨干

图 9-1　开放型人才金字塔

对于如何引入、用好优秀的人才，华为提出了炸开金字塔塔尖，和世界交换能量的思想，以此让外面的优秀人才有机会进入。华为希望引入更多优秀的人才进入华为，但薪酬问题不是主要阻碍，更多的是组织结构问题。科技人才由于较少涉及人际关系问题，因此能够顺利地在华为工作。但一些新进的管理者，由于缺少与兄弟们一起奋斗的过程，导致其威信不足，难以有效领导下属工作。对于这批人员，华为要将其放入重装旅或战略预备队参加循环作战，以此适应和认同华为的文化。

另外，金字塔内部结构要异化。华为人力资源有很多模块，但以前薪酬待遇都对标通信行业，随着华为业务板块的增加，对标应该基于每个业务所在的细分领域。比如，在机器制造方面，通过与市场对标，技师只要能够做到高质量，也可以拿高薪酬。

2019年初华为给俄罗斯科学家按中国薪酬标准提升待遇，合理地提升了科学家的职级，华为把这个"灯塔"点亮起来了，在俄罗斯科学界引起了一定的躁动。2019年4月任正非去俄罗斯，亲自给三名曾获得世界计算机大赛冠军的本科生定薪1500万卢布，以此为标杆，华为还要把此次世界级竞赛的"榜眼""探花"都招进来。在任正非看来，华为公司需要引入一批"丙种球蛋白"，以此和华为的大平台产生异化作用，用这些"泥鳅"激活华为19万人组成的稳定的组织平台。

华为高级管理顾问田涛指出："华为已经从创业期迈入成长期，年轻的时候生机勃勃，到中年就变得更理性了。理性的另一面就是世故，缺乏激情，不敢做决策，不敢冒险。到老了的时候可能就变得很惰怠，缺乏动力与活力。组织也是这样的。"

通过炸开金字塔塔尖，打开边界，可以让公司内部人员获得更多发展的机会，同时也吸收外部更多优秀人才的思想和理念。这样一来，华为的人才能够和外部的优秀人才有更多思想的交流和碰撞，避免公司内部人员只会埋头苦干，缺少与外部的交流，导致公司逐渐落伍，甚至被市场淘汰。而且这种开放式结构也有利于组织进行创新，使组织永葆活力。

华为坚持开放式创新，打破人才的组织边界，鼓励华为的人才积极与外部专家、科学家、国际组织、产业组织进行交流。与此同时，在全球广泛建立能力中心和人才中心，以"贴近人才建能力"的策略实施华为开放式创新和开放型人才金字塔的理念。目前华为已在全球建立了26

个能力中心，确保做到人才在哪里，华为就在哪里。

9.2　融入公司，与公司共同成长

华为人秉承"干一行，爱一行，专一行"的工作理念，将自己的个人发展融入公司发展中，在公司发展壮大及变革的过程中，坚持不断学习，完善自己，提升自己的能力，以适应不断变化的市场环境，进而反过来推动公司发展，实现个人和公司双赢。

9.2.1　融小我于大我，适应公司管理变革

公司有发展前途，员工才有更好的发展。华为员工都秉持融小我于大我的精神，使个人成长紧跟公司成长，适应公司的管理变革。

1995年，田峰进入华为之后，从基层工程师做起。数年间他做过服务、行销等工作，既在代表处和客户直接沟通过，也在机关做过事务性工作；既体验过中国边远乡镇的工作环境，也经历过国外的风风雨雨。但他不管做什么工作，担任什么职责，都把自己当作华为的一分子，融入公司，在把工作做好的同时，坚持学习，对产品的研发精益求精，以实现和华为一起成长。

当时还是基层员工的田峰在湖南装机，那时华为的工程安装制度还在完善过程中，对装机的要求还不完善，也没有一个规范的标准，于是田峰学习借鉴其他企业经验，细致地将线头修剪得很整齐、规范，当时还未工作多久的田峰就因为这个工作细节得到了公司的嘉奖。

后来他被调到负责回款的部门，没有了签单交付带来的荣誉和满足感，工作变得轻松而重复，但是田峰并不将手头的工作当成一项简单的工作，而是依然保持自己积极的工作态度认真对待。他和团队一起仔细

学习和研究业界是如何管理回款的，并且借鉴了其他企业的经验，引进了好的管理办法，成功地应用于回款实践中。

因为田峰积极的工作态度以及认真踏实的工作状态，2009 年他已经成为华为中国区的总裁。在一次会议上，他对所有华为的后备干部说道："随着公司的发展，我们工作、生活的环境会不断改善，我们的工具、方法会不断提升，但我们这种敬业、恪尽职守、一丝不苟、努力奋斗的精神不会改变。公司在成长时，需要一点一滴艰苦奋斗的积累来做大做强；当我们走向未来，奋斗精神仍然是公司永远的主旋律。"

经过 33 年的不断发展，华为创造并积累了丰厚的精神财富和知识财富，形成了令人赞叹的奋斗者队伍与管理模式。

能在华为长期工作的那些奋斗者，他们的成长速度也是远超普通公司员工的成长的。正是因为华为人融小我于大我，愿意为华为的成长奋斗，他们才能在公司发展的过程中成长为更好的自己，在成就华为的同时也成就了自己。

9.2.2　干一行、爱一行，成为一个领域的专家

作为职场人士，要热爱、精通自己从事的职业。在条件许可、精力充沛的情况下，可以去学习了解一些和工作相关的业务运作状况和技能。华为强调，没有基层工作经验的员工是不能被提拔的。华为希望员工"干一行，爱一行；干一行，专一行"，正如任正非指出的，华为要培养专家，不要"万能将军"。

任正非在《致新员工书》中说道："世上有许多'欲速则不达'的案例，希望您丢掉速成的幻想，学习日本人踏踏实实、德国人一丝不苟的敬业精神。现实生活中能把某一项业务精通是十分难的，您不必面面俱

到地去努力，那样更难。

干一行，爱一行，行行出状元。您想提高效益、待遇，只有把精力集中在一个有限的工作面上，不然就很难熟能生巧。您什么都想会、什么都想做，就意味着什么都不精通。做任何一件事对您都是一个学习和提高的机会，都不是多余的，努力钻进去，兴趣自然在。

我们要造就一批业精于勤、行成于思，有真正动手能力和管理能力的干部。机遇偏爱踏踏实实的工作者。

公司永远不会提拔一个没有基层经验的人做高层管理者。遵循循序渐进的原则，每一个环节对您的人生都有巨大的意义，您要十分认真地去对待现在手中的任何一件工作，十分认真地走好职业生涯的每一个台阶。"

可见，华为希望员工能热爱自己的工作，精通自己的业务，成为业务领域的专家，而不能"贪吃求大"，不能自己的工作尚不完全精通就去学习其他业务知识。

对于华为技术人员来说，同样也需要全身心投入研发中，争取成为技术领域的专家，正如华为始终专注于通信行业，最终成为行业内最好的公司一样。

【任正非观点】华为做事观

√ 基层员工要"干一行，爱一行；干一行，专一行"。

√ 专家、职员要做好参谋长，提高作业的有效性。

√ 尽心与尽力是两回事。一个人尽心去工作与尽力去工作，有天壤之别。要培养用心的干部，用心的干部即使技术上差一点也会赶上来，因为他会积极开动脑筋想方设法去工作。

对于华为员工而言，怎么做才算"干一行、爱一行地全情投入"呢？

华为的编译器首席专家胡子昂对此给出了答案："靠谱"。"靠谱"是指言必行，行必果。尽管每个人的能力不同且有所差别，但是答应了要实现的事情，就应倾尽全力去实现。只不过能力大一些，就做大一点的成果；能力小一点，就做小一点的成果。

除此之外，员工还应当有战略眼光，能够洞悉业务面临的挑战和趋势，选择对的方向和实现方式，否则有可能成了"朝着错误方向使了劲"。所有员工都应当争当奋斗者，贡献自己的力量，为客户创造出价值，以获得回报，享受快乐充实的职业人生。

9.2.3　将转身视为职业发展的机会

古人云："是故学然后知不足，教然后知困。知不足，然后能自反也。"意思就是人学习以后才知道自己的不足，教别人之后就会发现困惑之处，在知道自己的不足后，才能想方设法进行改进，提升自己的能力，使自己变得更强大。

在很多时候，职场上固有的工作模式，也就是所谓的"舒适区"，常常导致奋斗者一直盘桓在原地，没有动力跳脱出去，去挑战更有发展的、更能提升自己能力的工作。所以奋斗者要想成长、变得更强大，就必须主动跳出"舒适区"，去新的工作环境中锻炼自己，从头学习。

毕利银 2000 年加入华为，头两年在重庆代表处做技术工程师，两年后做固网产品经理。在公司组织的中国区技术大比武中，毕利银的团队各项得 A 的比例最高，一举闯进全国前三。

2006 年，毕利银转岗服务行销，虽然信心满满，但隔行如隔山。第一次和重庆电信的副总吃饭时，他特别紧张，不知道聊什么，非常局促。可是，要想做好服务经理，必须突破内心的禁锢，于是他强迫自己每周必须拜访一次客户中高层，同时尽快熟悉客户的业务规划和现状等，学习与客户中高层沟通的技巧，找共同话题。后来沟通变得毫无压力，他也承接到了多个重大项目，成长飞速。

2014年6月，任总提出新疆要做变革先锋，在全球率先实现账实相符。毕利银又被调往新疆啃这块"硬骨头"。去之前毕利银给母亲打了一个电话，母亲一听就急了："坚决不能去……"从小到大，这是毕利银第一次见母亲跟他发那么大的火。后来，毕利银只能瞒着父母说去了兰州。

经过一年的不懈努力，新疆在2015年6月已初步达成了账实相符的目标。毕利银说："从重庆到西安，再到新疆，虽然转身越来越艰苦，但内心却一直很快乐。曾经，被华为的群体奋斗精神吸引而来；如今，我依然传承并快乐地奋斗。"

毕利银在每一次转身时，无论遇到多大的困难都没有放弃，不断学习和完善自己，以适应不同岗位的工作要求，这也让他收获了更多的发展机会。

对于公司来说，不断创新变革、适应市场的变化才是生存之道。职场奋斗者也是如此，要坚持跳出"舒适区"，始终以一种积极的态度去对待新的知识和事物。要通过不断学习，把以往的知识和新的工作内容结合起来，以更好、更快速地应对工作上新的挑战。

9.3 英雄是上甘岭上打出来的

华为坚持从成功实践中选拔干部，打造富有高度使命感与责任感、崇尚战斗意志和求真务实精神的干部队伍。对于优秀的人才，华为给予他们更大的舞台，让他们在实践中成长。

9.3.1　坚持到底就是胜利

在日常工作中，员工一定会遇到难以攻克的难题。如果能坚持到底，解决问题，能力就能很快培养起来。当然，在这个过程中难免困难重重。那些遇到困难不退缩、最终解决问题的，才是真正有战斗力的人才。

2009年底，刘旭红被华为公司任命为iCare的产品经理，负责在服务领域引入欧美软件包，支撑ITR（售后）流程。产品规划出炉的时候，整个项目组满心期待。

然而，2010年iCare的第一个版本上线后，由于局限性明显，比如界面复杂、大量字段堆积、易用性不佳等，引发了用户强烈吐槽。不仅如此，iCare后来还出现了软件包缺陷、软件包设置和硬件资源异常消耗等多方面问题。并且在上线之后的一年里，iCare魔怔般出现连续性宕机。要知道，该系统是用于支持全球客户问题处理的，它出了严重问题，就意味着客户报告的问题不能及时响应和处理，公司的业务就会时刻面临来自客户的直接压力，严重性可想而知。

刘旭红和团队马上做出调整方案，将iCare界面Web（网页）化，这样的做法尽管之前没有先例，但为了解决问题，他们也只能尝试。2013年年中，Web化后的iCare重新上线，获得了一些认可。可是由于技术架构陈旧的问题依然没有解决，页面打开会随着运行时间延长而越来越慢，哪怕其间进行了多次升级，用户的抱怨还是没有停止过。从2013年开始，iCare持续三年满意度垫底，iCare项目团队几乎每天都在遭受诟病与质疑。

面对困境，刘旭红没有泄气，反而产生了更加强烈的斗志，坚持对iCare进行优化。他的项目团队随后又引进了软件包专家和架构专家，通过日复一日的自主研发，最终解决了软件包与用户连接的前台界面的技术架构过于陈旧的问题。

紧接着，iCare 项目团队又想到用 Web 框架去提升用户体验，实现界面多窗口操作，同时调用软件包的应用程序编程接口，去实现对业务流的支撑。就这样，iCare 整体用户体验的改进工作逐渐完成，在几番试点试验和推广使用后，终于在 2016 年底，iCare 项目团队打了一个翻身仗，用户满意度飙升至第一。

刘旭红负责的项目连续三年满意度垫底，他却坚持一定要改进和解决问题，体现了员工对工作高度的使命感和责任感。从项目启动到最终获得用户满意度第一，整整花了六年时间。这么长时间的坚持，听起来真的不可思议。这种以客户为核心，持之以恒，不达目的誓不罢休的精神，就是华为精神的核心。

华为是如何让员工始终保持奋斗精神，保持持续工作的动力的呢？这就要谈到华为对优秀人才的训战模式了。

华为将战略预备队当作重要的干部能力训战中心，对战略预备队的建设投入巨大。任正非亲自担任战略预备队指导员，三个轮值董事长担任委员。各部门将有意愿、有能力、有资格的优秀干部、人才输送到战略预备队来培养。

战略预备队的培养方式是训战结合，通过启发学员，赋能他们自己找到解决问题的方法。这种模式对作战能力的提升更快速有效。

前面案例中的刘旭红，一度因为很多问题没有思路而深受困扰。后来加入了 IT 战略预备队重新学习怎么做产品。在一次产品工作研讨中，时任变革及解决方案部副部长的周智勇一语惊醒梦中人："iCare 要从以用户为中心转向以客户为中心。系统一定要对准高效高质量地解决客户问题进行建设。"刘旭红深受启发，很快找到了解决方案，着手启动了客户需求的研究，经过分析发现问题处理过程不透明饱受客户诟病。项目组确定启用微信接入服务渠道，这个改变大幅度改善了用户的体验。

愿意扛重活、能啃硬骨头的员工，是公司的宝贵财富。正如华为一直倡导的：上甘岭上出将军，打一次大战就要涌现一批干部，这样才能激励千军万马上战场。

9.3.2　出成绩的地方也要出人才

任正非曾说："项目成功了，出成果就要出干部。打下这个山头的人里面，终究有一个人可以做连长，不能说打下这个山头的人全部都不行，我们不能老是空投一个连长过去。"

【管理策略】华为干部选拔九大原则

√ 坚持从有成功实践经验的人中选拔干部。

√ 从大仗、恶仗、苦仗中选拔干部。

√ 在关键事件中选拔核心员工。

√ 机关干部必须到海外去锻炼。

√ 注重实绩，竞争择优。

√ 优先从成功团队中选拔后备干部。

√ 培养敢于抢滩登陆的勇士。

√ 以全球化的视野选拔干部。

√ 从内部挖掘人才。

华为在选拔人才时非常重视奋斗者的实际业务能力。一个优秀的团队必须是一个能够做出成绩的团队，是能打仗的团队，而且团队的领军人是经历过炮火的实干者，取得过胜利果实。

2012 年，对于李国玉的团队而言，是丰收的一年。李国玉的团队负责新疆电力行业市场，那一年把华为数通产品在新疆的市场份额从 5%

提升到 80%。李国玉的团队负责的电力软交换项目整体贡献上千万元，在电力行业培养认证了有实力的渠道商，部分项目渠道商销售占比高达 100%……

2011 年，李国玉的团队经过一段时间的了解之后，拜访了客户 C 的负责人，想与客户 C 建立合作关系，让客户使用华为的视频系统。但一开始接触并不顺利，客户 C 婉拒了李国玉的团队。从负责人办公室出来后，李国玉的团队客气地请秘书帮忙分发一下华为的宣传册。C 公司的员工知道这次来谈合作的是华为的团队之后，都很好奇并纷纷凑上去和他们聊天。

就在不经意地问询之后，李国玉的团队收集到了项目的决策机制和渠道商等信息，了解到负责该项目的渠道商共有 12 家，分布在全国各地。

于是李国玉组织全体成员开始玩起了"拼图游戏"，他们依次联系了遍布全国的全部渠道商，从零开始介绍华为的视讯产品和解决方案。由于李国玉的团队对市场有很高的敏感度，加上华为有成熟的解决方案和应用案例，很快李国玉的团队就抢占了先机，和渠道伙伴一起拿到了单。

李国玉及其团队非常注重与渠道伙伴的合作，合作之初就向他们传递一种理念："公司业务正在成长阶段，希望渠道商尽最大努力去做，但在结果上不强求，有产出最好。"李国玉团队公平、公正地对待每一个渠道商，在利益上不偏不倚。合作顺利完成，李国玉的团队业绩十分突出。

接连两年李国玉的团队多次获得公司嘉奖，并且在 2012 年被评为金牌团队，李国玉也因为能力突出获得了金牌个人奖，被公司提拔到了管理岗位。

华为强调军团组合作战：弹头部分是"将军"带着一批有经验的人上战场；区域部分是有实力、有经验、善于"啃骨头"的中青年骨干；战略资源部分是最年轻的高级精英带低阶少壮派，形成三层结构。只要创造出成绩，就有机会在不同层面被提拔，发挥更大的价值。

因此，华为一直鼓励奋斗者勇敢地去"上甘岭"，去冲锋陷阵，不论资历、学历，只要能够多产粮食，就有晋升的机会。

9.4　实施能上能下和末位淘汰机制

华为通过实施干部能上能下机制，打破了终身聘用制的弊端，让落后的员工和平庸的干部难以找到立足之地。而末位淘汰制让员工时刻保持危机意识，能自觉地自我批判，以获得更大的前进动力。

9.4.1　干部不能终身制，要能上能下

为了确保合适的员工在合适的岗位上，且发挥出最大潜力，华为强调干部不能终身制，高级干部也要能上能下。任期届满，要通过自己的述职报告接受评议；降职的干部要调整好心态，正确反思，坦然接受新的工作安排，继续努力工作，振作精神，再次爬起来。

陈翔华曾是华为中国区 HUB 的业务部主管，2014 年由于一单客户投诉，他的年度绩效考核为 C。在收到投诉后，陈翔华拉上了流程 IT 的同事对事件进行了回溯，但并没有找到解决问题的办法。

在供应链签发了有关那次客户投诉的案例学习文件后，陈翔华就从管理岗位上被撤了下来。尽管他多少有些委屈，但经过一番自我审视后，他意识到自己确实存在问题：自己长期在机关工作，对一线和客户需求缺乏敏感性。总的来说就是在思想和行动上被现有模式捆住了手脚。迷茫之际，陈翔华的主管建议他先去海外训战，看看一线是如何运作的。当时正值供应链内部鼓励大家改变思维模式和工作方式，到一线去锻炼自己。

于是陈翔华前往菲律宾"二次创业"。陈翔华没曾想到，自己海外训战的第一站竟是铩羽而归的。和之前听说过的一线情况一样，菲律宾代表处的工作强度高，压力也大。陈翔华刚到岗，代表处就对他提出了严苛要求。

陈翔华发现一线供应链不再是原来印象中的只管下单要货和仓储运输，而是要对全流程的存货成本和收入负责，他还发现就连自己熟悉的

仓储业务也与机关存在巨大差异。因此，陈翔华根本无法迅速适应一线供应链岗位的工作要求，盘点货物进度严重滞缓。在灰头土脸地回国之后，虽然受到了打击，但陈翔华深刻认识到了自己的不足，认为自己还需要锻炼，于是便选择加入供应链供应经理资源池，继续到一线项目中实战。

经过一番努力后，陈翔华终于在南非重新证明了自己。2017年初，他还作为供应链的总裁个人奖获奖代表发言。

陈翔华在降职后没有气馁，而是认真反思，在发现自身的不足后，重新找机会进行充电，最终成为新岗位上的佼佼者。

【任正非观点】让能上能下的干部制度成为一种永恒制度

只要持之以恒地坚持能上能下，按岗位目标责任的标准使用干部，华为的红旗是一定可以持续飘扬下去的。华为的内部凝聚力是抵御外界风暴的盾牌。只要长期坚持剖析自己、寻找自己的不足与弱点，不断地改良，避免重大决策的独断专行，实行委员会制的高层民主决策，华为的星星之火一定可以燃烧成熊熊大火。

通过实行能上能下的干部制度，华为把有作为的员工提拔上来，把与岗位不匹配的、不能持续创造价值的干部降职，让人才流动起来，从而在公司形成一种有利于优秀人才成长的机制，支撑了公司的持续发展。

9.4.2　实施末位淘汰制，让惶者生存

为了保障组织活力，任正非提出："我们贯彻末位淘汰制，只裁掉落后的人，裁掉那些不努力工作的员工或不胜任工作的员工。"华为推行的末位淘汰制，不分新、老员工及干部，如果他们长期绩效不好，就会

降薪、下岗，以激发员工的工作积极性。末位淘汰并不是真的要开除员工，而是帮他们找到适合自己的岗位。

尹玉昆于2001年入职华为，成为一名网优工程师。由于出色的业务能力，2002年至2004年他实现了从网规网优经理、服务经理到客户经理的跨越。2005年3月，他主动向上级申请去刚果开拓市场，在短短几年间不断突破海外市场，他自己也从客户经理转身成为系统部主任。2010年他已经成为华为刚果代表处的销售副代表。

变故发生在2010年年底，时任地区部的两位副总裁找到了尹玉昆，告知他被干部末位淘汰了。当时的尹玉昆作为一个干部正培养着一个团队，却得到了自己没有资格带领团队的消息，受挫的他甚至一度产生了离职的念头。

就在尹玉昆浑浑噩噩犹豫不决的时候，上级突然派遣他去往埃塞俄比亚，当时的埃塞俄比亚是华为的重点竞争市场，长期被友商独家垄断。尹玉昆如果接受上级的安排，意味着他要承担巨大的压力拿下埃塞俄比亚市场。最终，尹玉昆毅然奔赴埃塞俄比亚，决定洗刷掉被末位淘汰的耻辱，重新开启自己的事业。

尹玉昆到达后，制定了一个目标：拿下埃塞俄比亚的市场，再次证明自己的能力。他全身心投入工作之中，用更加严苛的标准要求自己。

埃塞俄比亚激烈的市场竞争让尹玉昆逐渐意识到自己在刚果被淘汰是因为工作环境很熟悉，以至于有了惰性。在这里，陌生的环境、陌生的人刺激着他，使他始终充满斗志。平时他不是与项目组成员一起和客户商讨合作事宜，就是在办公室反复分析对手信息，制定竞争策略。最终在埃塞俄比亚代表处的推荐下，尹玉昆担负起了项目团队的日常组织运作，完成了华为交给他的重大项目和关键任务。在被末位淘汰之后，尹玉昆不仅完成了公司下达的任务，还带领团队为华为获得了更大的市场份额。

从上述案例中可以看出，末位淘汰制对不甘平庸者是一种特殊的激励方式，能牵引低绩效员工或干部主动转变，寻找自身原因，然后不断改进。正如华为的一位高层管理者所言："实行末位淘汰后，发现组织会发生一些以前所没有的变化。员工行动迅速极了，新员工日常学习意识、危机意识浓了。"

> 【任正非观点】实行末位淘汰制，导向多产粮食、增加土地肥力
>
> 通过末位淘汰制，将压力传递下去。在这个时代，每个人都要进步，时代不会保护任何人。不要认为华为公司有五彩光环，我们已处于风口浪尖，未来将走向何方没人知道。因此，我们各项工作都要导向多产粮食、增加土地肥力。

对于公司来说，末位淘汰制可以让员工时刻保持危机意识，有效鞭策他们坚持努力奋斗，适应公司发展的节奏，为公司创造更多的价值。

9.4.3　铲除平庸干部，用人力资源管理抵御外部打压

2019年，任正非在华为内部管理工作汇报会中说："抓紧时间精兵简政，加快干部专家破格提拔步伐，加快对平庸干部的淘汰。淘汰从机关开始，从高级干部开始，从一层AT开始。"

当时美国已把华为列入"出口管制实体名单"，为了生存下去，华为内部宣布进入"战时状态"。在人力资源方面，华为提出了"铲除平庸"的策略，即精兵简政，减少那些不贡献或贡献不大的员工，祛除那些已经产生怠惰的员工和干部，同时，对有突出贡献的优秀员工破格提拔任用，以支撑和保障一线作战队伍换血，从而保持华为强悍的战斗力。

> **【任正非观点】流水不腐，户枢不蠹**
>
> 　　要加快基层专家、客户经理、支撑服务的人员破格提拔的步伐，因为流水不腐、户枢不蠹，平庸与落后干部堆积，公司迟早要被败掉。
>
> 　　华为正在迎接历史上从未有过的战争，需要去争夺世界的制高点，绝不允许干部稀稀拉拉的样子。
>
> 　　我们现在就要通过 3 ～ 5 年把一批平庸或惰怠的干部更替掉，要下决心换一批血。不然 5 年以后，我们要去争夺世界战争的制高点时，干部还是稀稀拉拉的样子，那么现在留下那些干部有什么用？

　　在 2020 年 3 月 31 日华为发布 2019 年财报时，华为轮值董事长徐直军表示，2019 年对华为来说是极其不平凡的一年，随着外部打压持续，2020 年将是华为艰难的一年。"没有了 2019 年上半年的快速增长与下半年的市场惯性，除了自身的奋斗，我们唯一可依赖的是客户和伙伴的信任与支持。"

　　他还表示，要树立正确导向，铲除平庸干部，祛除惰怠员工，激活组织。干部和员工要祛除自身的惰怠行为。要强化 AT 责任，改进 AT 运作。AT 没运作好，首先是 AT 主任的责任，同时，要把不求进步、安于平庸、不敢管理的 AT 团队成员换掉。各级 AT 要真正建立成传承价值观、发展业务、带领与激励成员、推动企业管理改进的团队。高级干部不能自己"设计人生"，要时刻听从公司的召唤。各级干部要以公司大局为重，上火线、下战壕，到业务最需要的地方去，到艰苦区域作战。要实现常态化的"能上能下"，大胆在火线中选拔、在战壕中提拔，要让优秀的人员直接穿越上来，要把真正帮助客户成功、在关键岗位上做出贡献的人提拔上来。同时加快对平庸干部的淘汰，坚决把不思进取、靠混关系、做报告坐上管理岗位、历史上挖过坑的干部撤下来。要主动规划队伍的梯队化建设，干部队伍要保持 10% 的淘汰率。要打造一支作风过硬、能打胜仗的干部和员工队伍，组织充满活力，队伍充满战斗激情并具有高水准专业能力。

徐直军最后说道："对华为来讲，外部的打压和遏制是一次很好的自我激发、强身健体的机会，使我们更团结、更有战斗力，能够更好地应对未来的挑战。狭路相逢勇者胜，只要华为全体员工团结一致，在全球客户、伙伴和消费者的支持下，扎扎实实地为客户、为社会创造价值，任何艰难困苦都阻挡不了我们前进的步伐。"

徐直军的讲话表明，在当前形势下，华为会继续坚持把那些不能为公司做出贡献或者做的贡献比较小的平庸、惰怠和落后的高管淘汰掉，让基层的优秀员工有更多晋升的机会，激励他们继续坚持艰苦奋斗，为公司持续做出贡献，不断提升公司战斗力，从而克服外部的很难险阻。

9.5　岗位轮换和易岗易薪，向太平意识宣战

在华为，岗位轮换是一个常态，通过轮换，让员工走出"舒适区"，在新岗位继续学习，培养员工多样化能力，也促使员工摆脱惰怠；易岗易薪，更是为了打破"铁饭碗"，让员工始终保持危机意识。

9.5.1　定期轮岗，保障组织活力

华为员工的发展不是直线提拔，更多是"之"字形发展。在成长的过程中，每次岗位轮换未必都是提拔，有的可能只是平级调动，但能让员工积累不同的工作经验，也可以避免员工因为长期工作在同一岗位，导致职业发展变窄，进而产生倦怠。通过岗位轮换，让员工不断学习、汲取新知识，从而拓宽自己的视野，能站在全局的视角思考问题。

付旭照 2008 年 6 月入职华为。在工作初期，他有过迷茫和挣扎，曾

辗转于经营、运作支撑岗位,甚至管过宿舍和食堂。在 2011 年转岗之后,他坚持沿着"之"字形道路前行。

2011 年年中,付旭照转岗到 PMO 任区域 RPM（负责人）,参与了巴西的几个交付项目,尽管过程不够完美也算不上标准,但他觉得收获不少,还从项目中所有站点按时商用中找到了丢失的自信。

2012 年初,付旭照又转岗到了 TTM SWAP 项目担任 PM（产品经理）。该项目当时由于资源和物料不足、分包商搬迁经验欠缺、团队磨合度不高等问题,交付异常艰难缓慢,甚至出现了客户投诉项目团队的货物供应能力的问题。于是,付旭照将保障货物的供应作为自己项目管理的第一要务,积极确定计划和目标,完善运作流程,基本解决了过去生产环节中经常出现的关键物料短缺问题。

2013 年 3 月,付旭照又被调至华为巴西利亚办事处,负责子项目群交付和平台管理。在这里,他学会了如何进行客户需求管理和改善客户关系,明白了不需要跟客户站在对立面,而是要与客户建立统一战线,借助他们提升交付效率。

2015 年初,付旭照转任巴西 AM 子网系统部 PD,在巴西宏观经济形势不景气的情况下,经过摸爬滚打,让手头负责的项目成为代表处第一个 ISDP 成功上线的项目。

付旭照在不断的岗位轮换中学习和完善自己,提升自己的能力,勇敢面对新岗位的不断挑战。如今,他的"之"字之旅仍在延续。华为咨询顾问包政教授说:"如果长期不轮换,最怕的是干部已经养成了习惯,把自己手下的人培养出来,以为自己就能'提前退休'了,这是懈怠。"

岗位轮换可以在一定程度上避免人的僵化,有时被调整的岗位可能是员工未接触过的、完全陌生的业务,这样一来,大部分华为人就能时刻保持一种饱满的精神状态和工作动力,去学习、提升自己的能力,就如付旭照一样。

任正非曾这样评价华为的轮岗换位：“这是历练人才的重要工具，它能让全体华为人都动起来，使他们既有纵向晋升方面的移动，又有横向拓展上的移动。”华为强调定期轮岗必须依据业务需要，不能为了流动而流动。

9.5.2　易岗易薪，适配岗位价值

华为的工资是和岗位价值挂钩的。岗位价值不同，薪资也不同。员工在哪个岗位工作，薪资就要适配这个岗位。

外界对华为的直观印象就是工资高，但同时，工作也不轻松。确实，如果工作太舒服，工资还高，那么员工也就没有追求了。因此，华为对不能胜任工作岗位的干部和员工有调岗甚至淘汰的权力，如果调岗，薪酬就要和新的岗位适配（见图 9-2）。

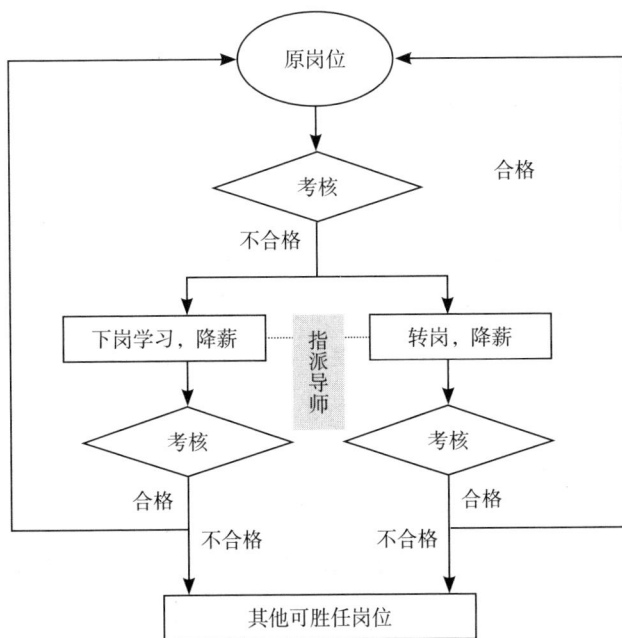

图 9-2　易岗易薪模型

一些因为身体状况和意愿，自愿申请调整到较低级别的岗位工作的老员工，也要进行易岗易薪。华为内部对员工的这种选择正常化看待，而不作为负面现象来看待。这也有效解决了老员工的退出问题。

员工易岗后要熟悉新的工作流程，适应新的组织或者区域，其组织关系会同时改变，任职资格认证也需要按新岗位要求重新认证。取得新岗位的任职资格后，才有机会进行人岗匹配，对应新的职级。

易岗易薪政策既激发出了员工的危机意识，又调动了员工的积极性，从而使得公司始终充满活力。

9.5.3　和公司共患难，自愿降薪度过冬天

第二次世界大战结束后，德国经济遭受很大的破坏，工会便联合起来，号召大家降薪，从而增加企业活力。任正非对此的看法是：德国工人把企业的生死存亡看得很重，华为也不能把员工培养成贪得无厌的人。

华为一向以危机意识强著称，早年任正非的《华为的冬天》，就体现了华为面对瞬息万变的市场环境，如履薄冰的精神。在华为的发展过程中，华为管理层也屡次以自愿降薪来和公司共渡难关。

2002 年华为的销售收入、营业利润都比上一年大幅度降低。当时也是泡沫经济时期，加之华为在 3G 上投资了十几亿元，却在国内打了水漂。2003 年，华为总监级以上干部（共计 454 人）向人力资源部上交自动降薪 10% 的降薪申请书。华为审核批复了其中的 362 份。通过自愿降薪，管理层将自己的利益与公司的利益紧紧捆绑在一起。

2019 年，美国把华为及其多家关联公司列入一份"实体名单"，限制国内供货商对华为销售产品。面对不利形势，华为已经做好了充分的准备，就连华为的员工、各级管理者也非常积极地响应公司的决策，并且说道："华为要自力更生，他国的砖头，修不了华为的长城，横梁和顶梁柱还得华为

自己造，如果公司需要，愿意接受降薪与减少年终奖，陪伴公司共渡难关。"甚至有员工表示，在这个关键时刻，已经取得了家属的同意，愿意自降年薪迎接挑战，很自豪亲历公司历史上这一重大事件，相信华为的伟大。

面对不利形势，19.4万名华为员工绝不屈服。

自愿降薪的想法和行动体现了员工在公司面临困难时的主人翁精神，表达出他们愿意和公司同甘苦、共命运的信心和决心。这种信心和决心犹如黑暗中的微光，鼓舞所有员工始终保持团结，坚持艰苦奋斗。

自愿降薪还开创了薪酬能升能降的先河，意味着华为的薪酬体系不再是刚性的，而是一种能适应市场周期性调整、在困难时期能保持公司竞争力的柔性的薪酬制度，这是华为过冬的保障之一。

华为的自愿降薪仅限总监级及行政主管以上级别的人员，对业务专家、骨干、普通员工并不作要求。这样做的目的是考验公司管理者在公司面临困难时的态度，激发他们在压力下生存的意识。相反，对于绩效出众、职业化技能不断提升的优秀员工，工资该涨的还要涨。"资源是会枯竭的，唯有文化才会生生不息。"通过自愿降薪，华为精神与文化得到了延续和继承。

9.6   在自我批判中，不断超越自我

坚持自我批判，去除身上的渣子和错误，不断超越自己，最终能成为真正的强者。正如任正非所说的："自我批判，不是自卑，而是自信。只有强者才会自我批判，也只有通过自我批判才会成为强者。"

9.6.1   在自我批判中成长

俗话说："责人易，责己难。"也就是说，一个人去指责别人的缺点

和错误很容易，而难以认知自身的不足，更不用说去批判了。但是缺少对自我的批判，人就很难很快地成长。

【任正非观点】自我批判是拯救公司最重要的行为

没有自我批判，我们就不会认真听清客户的需求，就不会密切关注并学习同行的优点，就会陷入以自我为中心，必将被快速多变、竞争激烈的市场环境所淘汰。

没有自我批判，我们面对一次次的生存危机，就不能深刻自我反省、自我激励，用生命的微光点燃团队的士气，照亮前进的方向。

没有自我批判，就会故步自封，不能虚心吸收外来的先进东西，就不能打破游击队、土八路的某些局限和习性，把自己提升到全球化大公司的管理境界。

没有自我批判，我们就不能保持内敛务实的文化作风，就会因为取得的一些成绩而少年得志、忘乎所以，掉入前进道路上遍布的泥坑陷阱中。

没有自我批判，就不能剔除组织、流程中的无效成分，建立起一个优质的管理体系，降低运作成本。

没有自我批判，各级干部不讲真话，听不进批评意见，不学习、不进步，就无法保证做出正确的决策和切实执行。

为此，华为强调员工要坚持开展自我批判，在批判中改进自身不足，提升自己的能力，实现不断成长。

2018年1月，华为发布了一份问责通报：

任正非罚款100万元，郭平罚款50万元，徐直军罚款50万元，胡厚崑罚款50万元，李杰罚款50万元。他们摊上什么事了吗？

原来近年公司部分经营单位发生了经营质量事故和业务造假行为：海外一些代表处虚增订货、经营数据造假，他们对此负有领导不力的管理责任。

此外，对那些涉嫌造假的主要高级干部降职降薪、冻结提升。

在1月17日，华为还召开了"自我批判大会"，上百个高级领导干部参加，全程进行直播，所有员工都可以观看。

由此可以看出，华为把自我批判当作不断提升公司活力、保持公司熵减、消除公司员工惰性的利器。

【管理策略】把握自我批判的标准

第一，不能为批判而批判，必须实事求是。

第二，不能无限度地为了全盘的否定而批判，自我批判不是全盘否定。

第三，提倡自我批判，而不是批判他人。

回顾华为的发展历程，虽多次遭遇波折，但每次都实现了超越。从HJD48的模拟PBX交换机研发开始，到JK1000，再到B型机，都是华为在判断不准确造成被动局面的情况下，敢于修正和迭代，最终走到正确道路上的。华为人在对错误、落后进行批判的同时，也使自己得到了成长，成了强者。

为了能让员工、干部不断进行自我批判，华为以《华为人报》《管理优化报》及心声社区为沟通平台，匿名/不匿名批判和反思自己的错误，还通过召开各种特别的"表彰"大会来不断公开自身的不足和错误，为华为员工自我批判提供了宽松的土壤，激发员工奋发进取，不断提升自己。

9.6.2　不断清零，不断超越自我

不断清零是华为的一种人才观。当一个员工工作久了之后，不可避

免地会在思想上出现僵化，在行动上表现出懈怠，也很难持续激发出活力。这无疑会对的绩效、创新及长远的发展产生影响。

随着公司业务的不断拓展，规模、利润的不断上涨，华为的部分员工开始不思进取，不再艰苦奋斗，对工作产生了懈怠。为此华为提出清零口号，让员工、干部清零自己的资历，重新开始新的"征程"。

作为高科技公司，加上大量招募应届毕业生，华为员工的年龄相对较小。任正非认为："华为的优点是年轻，缺点也是年轻。年轻往往都充满希望，干劲十足，但也容易很快就得到满足。"于是，他要求华为员工要不断清零，以打击倦怠，实现自我超越。

毛生江 1992 年正式进入华为，2000 年成为华为集团的执行副总裁。在这 8 年的时间里，毛生江被频繁地更换岗位和工作地点。有时候，连他自己都不确定自己在第二天会被派去哪个部门，要飞往哪个城市。

后来统计，毛生江在 8 年的时间里，横跨了 8 个部门的工作岗位，职位也随之变动了 8 次：1992 年 12 月任项目组经理；1993 年 5 月任开发部副经理、副总工程师；1993 年 11 月任生产部总经理；1995 年 11 月任市场部代总裁；1996 年 5 月，任终端事业部总经理；1997 年 1 月任"华为通信"副总裁；1998 年 7 月任山东代表处代表、山东华为总经理；2000 年 1 月被任命为华为执行副总裁。

在谈到毛生江，任正非曾用"烧不死的鸟就是凤凰"来形容，要求所有员工向毛生江学习。人非生而知之，而是学而知之。每个人都要认识到自己的不足，并且怀着"清空归零"的心态，不断学习，不断提升自己。

9.6.3　一杯咖啡吸收宇宙能量

为保持员工活力，提升公司的战斗力，任正非在 2014 年一次与上研专家的座谈会上提出了"一杯咖啡吸收宇宙能量"的理念，要求华为员工以开放和包容的心态去沟通、交流和学习，汲取外界能量，以提升自己。

【任正非观点】入乡随俗，多出去与客户交流沟通

　　不要自闭于代表处，自闭于首都，要大胆融入当地社会，更重要的是要融入当地的上层社会，市场的机会、格局的形成，都在他们手里。西方人好运动，你们固守在"闺房"中，如何交朋友？打球去、滑雪去、玩水上运动去……一切运动都是接近客户的机会。没咖啡，胜似咖啡。

　　任正非认为，华为要继续发展，就必须将技术专家都培养成为思想家。只要他们都能够多"喝咖啡"，吸收外界的信息，找准华为的发展方向，华为就能更好地走向未来。

　　2014 年，任正非在接受新华社记者的集体采访时，再一次提到了要靠"咖啡"来吸取能量，打破对未来的迷茫："即使有'黑天鹅'，也是在我们的咖啡杯中飞。我们可以及时把'黑天鹅'转化成'白天鹅'。我们内部的思想氛围是很开放自由的，'黑天鹅'只会出现在我们的咖啡杯中，而不是在外面。我们这里已经汇集了世界主要的技术潮流。"

　　任正非在谈话中提到的"黑天鹅"寓意着不可预测的重大事件，但任正非认为华为已经汇集了世界的主要技术，而华为的实力就是把握住手中的那个咖啡杯，通过杯中咖啡将"黑天鹅"转化成代表明晰未来的"白天鹅"。

　　2014 年，华为行政中心人工湖已正式命名为"天鹅湖"，湖中放养着从北欧引进的八只黑天鹅。这是华为在不断提醒所有华为人，要多"喝咖啡"掌握局势，打破不确定性，将代表迷茫的"黑天鹅"转化成代表确定性的"白天鹅"。

　　"咖啡"一词来自希腊语"Kaweh"，本义是"力量与热情"。任正非提到的一杯咖啡吸收宇宙能量，无疑是提倡华为人借助咖啡这一媒介，与外界进行思想和智慧的碰撞来吸取外部的正能量，消除懈怠，保持工作的热情，促进新陈代谢，增强实力，实现公司长久发展。

参考文献

［1］黄卫伟. 以奋斗者为本 [M]. 北京：中信出版社，2014.

［2］黄卫伟. 价值为纲 [M]. 北京：中信出版社，2017.

［3］黄卫伟. 以客户为中心 [M]. 北京：中信出版社，2016.

［4］程东升，刘丽丽. 华为三十年 [M]. 贵阳：贵州人民出版社，2016.

［5］杨少龙. 华为靠什么 [M]. 北京：中信出版社，2014.

［6］周永亮. 价值链重构 [M]. 北京：机械工业出版社，2016.

［7］于彬彬，蒋建军. 薪酬设计实战 [M]. 北京：机械工业出版社，2015.

［8］陈春花，赵海然. 争夺价值链 [M]. 北京：机械工业出版社，2016.

［9］李常仓. 人才盘点 [M]. 北京：机械工业出版社，2012.

［10］马作宽. 组织绩效管理 [M]. 北京：中国经济出版社，2009.

［11］杨雪. 员工胜任素质模型与任职资格全案 [M]. 北京：人民邮电出版社，2014.

［12］杨爱国. 华为奋斗密码 [M]. 北京：机械工业出版社，2019.

［13］王民盛. 华为崛起 [M]. 北京：台海出版社，2019.

［14］吴晓波等. 华为管理变革 [M]. 北京：中信出版社，2017.

［15］夏忠毅. 从偶然到必然——华为研发投资与管理实践 [M]. 北京：清华大学出版
社，2019.

［16］丁伟，陈海燕. 华为活力之源 [M]. 北京：中信出版社，2019.

［17］弗雷德里克·李普曼. 员工持股计划实施指南 [M]. 张新海等，译. 北京：电子
工业出版社，2002.

［18］塔玛拉·钱德勒. 绩效革命 [M]. 孙冰，陈秋萍，译. 北京：电子工业出版社，
2017.

［19］达纳·盖恩斯·罗宾逊. 绩效咨询 [M]. 易虹，张雪瓴，译. 北京：电子工业出
版社，2016.

［20］理查德·斯旺森. 绩效分析与改进 [M]. 孙仪等，译. 北京：中国人民大学出版
社，2010.

［21］伯纳德·尼斯塔特. 群体绩效 [M]. 曹继光，译. 北京：人民邮电出版社，2013.

［22］安妮·许勒尔. 触点管理 [M]. 于嵩楠，译. 北京：中国人民大学出版社，2015.

［23］约翰·W. 布德罗，彼得·M. 拉姆斯特德. 超越人力资源管理 [M]. 于慈江，
译. 北京：商务印书馆，2012.